冷戦史

1945-1991

その起源・展開・終焉と日本

The Cold War History

[編著]
松岡 完
広瀬佳一
竹中佳彦

同文舘出版

はじめに——冷戦とは、なんだったのか

冷戦とは、なんだったのか――◆

二〇世紀後半が、それ以前ともそれ以後ともいちじるしく様相が異なる時代であったことについては、異論はないだろう。それは、米国を中心とする西側諸国とソ連を中心とする東側諸国による、対立関係を基調とした時代であった。冷戦と呼ばれるこの時代の特徴を、フランスの社会学者R・アロンは「平和は不可能であるのに、戦争も起こりえない状況」と評した。しかし実際には、冷戦中に朝鮮半島、中東、ヴェトナム、キプロス、パキスタン、フォークランド、アフガニスタンなど、少なくとも二〇以上の戦争が起きた。ただ大国の間での直接戦闘は発生せず、「長い平和」（J・L・ギャディス）と呼ばれる表向きの安定状態にあったのも事実である。そのためアロンの定義には、少なくとも「大国間では」との但し書きが必要だろう。

冷戦の特徴はそれだけではない。「対立」の性質が特異であった。それは軍事力、経済力、科学技術力、天然資源、人口、領土などを含めた伝統的なパワーの対立という次元だけではなく、共産主義 対 資本主義というイデオロギーの次元での対立という、二重の性質を帯びていた。パワーの強さはある程度、相対的に測定可能だったが、イデオロギーは絶対的な価値体系だったために、パワーが均衡を保ったときでもきびしい対立関係はつづいた。のちにパワーの次元での対立の中心が、その飛躍的な破壊力のおおきさから「使用できない兵器」とされる核兵器になると、対立関係の固定化が進んだ。こうしてふたつの次元での対立が併存したことこそが、冷戦の特徴であった。

冷戦の起源をめぐって――◆

ところで、冷戦の本質を考える際の重要な論争に、その起源をめぐるものがある。冷戦のまっただなかにあった人々は、その起源をたどることで終結を模索したのである。冷戦起源をめぐる論争は、冷戦をどのようにとらえるかという問題と密接にかかわりながら、ほぼ冷戦の全期間をとおしておこなわれてきた。そこにはおおきく分けると三つの潮流があった。

正統主義として知られる考え方は、冷戦の起源を第二次世界大戦終了間際にはじまったソ連の膨張主義に求める。ソ連の西方領土の拡大、イランへの内政干渉にはじまり、東欧への共産主義の押しつけ、西欧諸国での共産党勢力の伸長の動きなどは、ソ連の膨張主義のあらわれとみられた。膨張主義のイデオロギー的側面を重視して、冷戦の起源を一九一七年の社会主義国家ソ連の誕生にまでさかのぼる考え方もあった。戦後のトルーマン米大統領は「冷戦の勇士」とされ、「封じ込め」にいたるトルーマンの政策は、共産主義の攻勢に対する自由世界の人々の勇敢で必要不可欠の反応とされた。

これに対して一九六〇年代になると、修正主義と呼ばれるグループが台頭する。その背景にはヴェトナム戦争が生みだした米国の外交政策への懐疑的風潮があった。修正主義の基本的な考え方は、戦後にソ連は引きつづき戦時中同様の協調関係を望んでいたにもかかわらず、米国の傲慢で非妥協的なふるまいがソ連を対決姿勢に追いこんだ、というものである。そしてソ連のいわゆる膨張主義に対しては、ソ連が歴史的になんども侵略を受けたこと、第二次大戦でもっともおおきな被害を受けたことなどから、一定の理解を示していた。そのうえでソ連の安全保障に対するそのような認識を理解せず、ソ連の行動をもっぱらイデオロギー的なものとして誤認した米国外交を批判していた。

また修正主義には、経済的要因を重視する考えもあった。それによると戦後の米国外交は、市場と資源を求める強引な門戸開放政策をおこなったのであり、ソ連や東欧の市場をこじあけようとしたために対立が生じたとして、米国の「帝国主義」的な門戸開放政策を批判している。

やがて一九七〇年代になると、のちにポスト修正主義といわれるグループが登場してくる。この背景には、米国、英国の一九四〇年代後半から五〇年代の一次史料が公開されるようになり、それらを利用した実証的研究がおこなわれはじめたことがあげられる。こうした研究の多くは、正統主義のイデオロギー重視の考え方を批判する一方で、修正主義者の経済決定論を根拠のないものとして否定するなどの共通項がみられる。そのうえでポスト修正主義者は、第二次大戦が各地にもたらした政治的・地政学的「力の真空（パワー・バキューム）」に焦点をあて、冷戦的対立がはじまったのは、こうしたパワー・バキュームを埋めようとした米ソ双方の行動に求められるのであって、米ソが当時、他を圧倒的に凌駕する軍事力、政治力を有していたがゆえに、これは必然であったと考える。そのうえで対立がエスカレートしたプロセスは、一方の安全保障の強化が他方にとっての脅威につながるという典型的な「安全保障ディレンマ」の連鎖であったととらえる。

米ソ以外の国の役割に着目した研究が活発になったのも、このポスト修正主義のひとつの特徴であった。とりわけ「大英帝国」から没落しつつあった英国外交が注目を集めた。「招かれた帝国」論（G・

ルンデスタット）に象徴されるように、米国をソ連との対立に引きずりこんだのが英国だったという主張もなされた。また、欧州以外の地域――東地中海、中東、東アジアなど――での対立に注目した冷戦研究がさかんになったのもこのころからであった。

新しい冷戦史へ――◆

これまで述べてきたような冷戦期における冷戦研究には、おおきく三つの制約があった。

第一に、それぞれの論者は、まさに冷戦という時代に生きていたため、その認識において時代状況の影響を強く受ける可能性があった。たとえば正統主義の時代の米国では、共和党が選挙のたびに民主党政権のソ連への弱腰ぶりを批判し、ソ連に対するヒステリックな反発を社会に醸成した。また修正主義の時代にはヴェトナム戦争があり、米国外交の倫理性に対する強い疑いがひろがっていた。

第二に、時代をへるとともに歴史史料の公開状況が変わった。正統主義や修正主義の時代には、東側はもとより西側においても一次史料はほとんど公表されず、主として西側の新聞報道や主要人物の証言、回想録に依拠していた。それが一九七〇年代にはいるとじょじょに米国の史料が公開され、ついで英国の史料の公開がはじまった。とはいえ東側の史料はほとんどでてこなかったので、ポスト修正主義の研究も、もっぱら西側からの視点に偏りがちであった。

第三に、冷戦が米ソを極とする対立であったため、冷戦史をアプリオリに米ソ枠組みでとらえる傾向があった。一九七〇年代にはいってから、米ソ以外の主体、とくに西欧諸国からの視点が導入されるようになったものの、アジアについては、本格的なとりくみは非常に遅れた。

このように考えると、冷戦のはじまりと終わりがほぼわかっている二一世紀にはいった現在、冷戦史を描くことには、いくつかの重要な意味があることがわかる。

第一に、冷戦が同時代ではなくなったいま、「冷戦」を歴史として客観的に見直す機会が訪れた。冷戦の「歴史の教訓」を冷静に読みとる環境が整ったのである。

第二に、冷戦終焉によって、かつての東側諸国の史料がでてきており、従来の西側史料に偏った歴史記述から、より公平な立場で冷戦史を編みだすことが可能となった。

第三に、冷戦終焉プロセスをとおして、米ソ間あるいは欧州の冷戦終焉の局面とそれ以外の地域――とりわけ日本とその周辺の東アジア地域――における冷戦終焉の局面との間に、明らかなタイムラグが生じている。そのため、日本を含めて東アジアでは冷戦は終わったといえるのか、そもそも東アジアの冷戦とは、なんだったのかということを検証する必要がでてきている。

このようにポスト冷戦期のいま、いわば「新しい冷戦史」を描くことのできる好条件がそろってきている。もちろんポスト冷戦期にいるわれわれも、時代状況に無縁ではいられないので、冷戦時代の研究者に比して制約がないわけではない。たとえば、冷戦後の東側の史料は、ときに内幕暴露的に明らかにされたり、センセーショナルな告発としてでてきたりする。これは大げさにいえば、冷戦がはじまったころの米国社会における「赤狩り」と同じような心理で、なんであれ社会主義体制に関係しているものすべてが否定される傾向が、一部にせよ生じている。そのなかに一定の真実があるにしても、そうした傾向は客観的な認識にプラスばかりとはいえない。

また東側の史料の公開状況は、西側史料のように研究者が主体的にアクセスできる状況にはほど遠い。そのため史料公開状況じたいにバイアスがかかっている可能性もある。

さらに東アジアの史料公開状況は、日本ではかなり進んできたものの、中国や朝鮮半島などを考えれば、きわめて貧弱なものである。そのために、欧米でてきた西側・東側の東アジアに関する史料にある程度、依存しなければならない。冷戦後といえども東アジアにおいては、冷戦を客観的に描くという作業は冷戦期と大差がないという側面がある。

本書は、以上のような点に留意しつつ、ポスト冷戦期における「新しい冷戦史」を描く試みとして編みだされた。

国際冷戦と国内冷戦――◆

ところで本書がその構成上、重視したのは、さきほどの第三の点に関連して、国際的な冷戦の展開と、国内の政治経済体制に対する冷戦の影響である。国際冷戦が、国内冷戦を生みだすのはもちろんのこと、国内冷戦が、国際冷戦を引きだし、激化させていくこともある。逆に、国際冷戦の緊張緩和が進めば、国内冷戦を弱めることもあるし、国内冷戦の緩和が国際的な緊張を和らげていくこともある。欧州や日本を含むアジアの各国で、その連動が、タイムラグをともないながら起こった。本書では、それを、日本を素材にして叙述している。

戦後日本の政治体制は、米国の占領政策のもとでつくられたが、国際冷戦の激化にともなって、米国が占領政策を転換すると、講和・安保をへて、日本国内には、旧体制や安全保障をめぐって、保守対革新の対立図式が形成されていった。一九五五年には、左右両派に分裂していた日本社会党が統一されると、社会党政権の成立を阻止するべく、自由党と日本民主党が合同して自由民主党が結成された。そして政党だけではなく、それを支持する集団も、保革イデオロギー軸上で対立し、保革対立は固定化されていき、国内冷戦は激化した。

しかし自民党の一党優位体制がつづくと、官僚制や利益集団など各アクターは、それが揺るがないという前提に立って行動するようになっていった。保守・革新に棲み分けていた諸集団が政権党から果実を得るべく行動するようになり、自民党の包括政党化が促されていくのである。一九七〇年代以降の社会・経済の変容は、国内の保革対立の契機を弱める要因となり、五五年体制を下（内側）から掘り崩していった。そして国際冷戦の終焉によって五五年体制の上蓋がとれると、社会主義化への懸念が一掃され、もはや国内冷戦を前提にして保守党が政権を独占しつづけることの意味が失われた。そのため自民党が分裂し、下野することが容認されたし、イデオロギー的に対立してきた自民党と社会党とが連立政権を組めたわけである。

最近再興している冷戦史研究には、冷戦史に関する新しい史料や解釈を提示する一方で、かつてのようにあらゆる事象を冷戦の文脈で考えることをやめる、「脱冷戦史」的とでもいうべき傾向もある。しかし国際的な冷戦の展開と日本の国内政治の展開とは、けっして無関係ではなかった。国際冷戦と国内冷戦の関係は、本書の重要な視点である。

本書の構成――◆

冷戦が終わった時代からみた「新しい冷戦史」として、本書は第一に、新たにでてきた史料を用いつつも、バランスのとれた記述を心がけた。第二に、米ソ中心史観だけではなく、欧州、東アジア、そして日本など、多様な主体・客体に目を配るようにした。第三に、日本における国内冷戦と国際的な冷戦との連動にも配慮した。こうした特徴に即して、本書は構成にも工夫を凝らし、冷戦を「起源」「展開」「終焉」の三部に分け、それぞれについて国際冷戦と国内冷戦の動きをたどった。

第Ⅰ部「起源」は、一九四〇年代中盤から一九五〇年代中盤までを対象としている。

第1章は「冷戦勃発」と題し、戦時「大同盟」として協調関係にあった米英ソ三大国が、いかにして冷戦的対立にいたったかを扱う。パワーとイデオロギーをめぐる英ソ、米ソの相互不信は、ソ連による東欧の共産化、トルーマン・ドクトリン、マーシャル・プラン、ベルリン封鎖とドイツ分断などをへて、やがて東西軍事ブロックの対峙をもたらす。東西対立はアジアにも波及し、インドシナ半島、朝鮮半島では「熱い戦争」が勃発した。

第2章は「国内冷戦の成立」と題し、敗戦前夜から吉田茂内閣の崩壊までを扱う。日本では連合国による占領改革によって徹底した非軍事化と民主化が進められたが、やがて国際冷戦が占領政策の転換を促し、サンフランシスコ平和条約と日米安全保障条約は日本を西側陣営にくみこんだ。それとともに旧体制と安全保障をめぐって保守 - 革新の対立、すなわち国内冷戦が形成されていく。

第Ⅱ部「展開」は、一九五〇年代中盤から一九七〇年代中盤までを対象としている。

第3章は「対立と協調のうねり」と題し、冷戦が内包する東西の対立激化と緊張緩和の両面を扱う。「スターリン批判」にともなう雪解け、キューバ危機、ヴェトナム戦争をへて、米ソは相互に行動様式を学習しつつ、冷戦構造は安定していくかにみえた。しかしこの冷戦構造は、一九六〇年代後半から、中ソ対立、ユーロデタントのはじまりとともに、多極化の波にもまれていく。

第4章は「国内冷戦の展開」と題し、鳩山一郎内閣の登場から三木武夫内閣の崩壊までを扱う。鳩山内閣が日ソ国交回復・国連加盟を実現した後、岸信介内閣は安保改定を行った。しかしそれは国論を二分させることになったため、池田勇人内閣以降は基本的に経済成長を優先させていった。佐藤栄作内閣は沖縄返還、田中角栄内閣は日中国交回復を実現し、三木内閣は世界のデタントの潮流に乗って防衛政策を転換していく。

第Ⅲ部「終焉」は、一九七〇年代中盤から一九九〇年代前半までを対象としている。

第5章は「米ソ二極構造の浸食と冷戦終結」と題し、ソ連のアフガニスタン侵攻に端を発する米ソ対立の新たな激化（「新冷戦」）から、ソ連・東欧ブロックの崩壊とドイツ統一までを扱う。国際的な冷戦の終結は、東西欧州のデタントの進展と、レーガン、ゴルバチョフなど指導者のイニシアティヴの両面から導かれた。

第6章は「国内冷戦の終焉へ」と題し、福田赳夫内閣の登場から自民党一党優位体制の崩壊・社会党

本書の構成

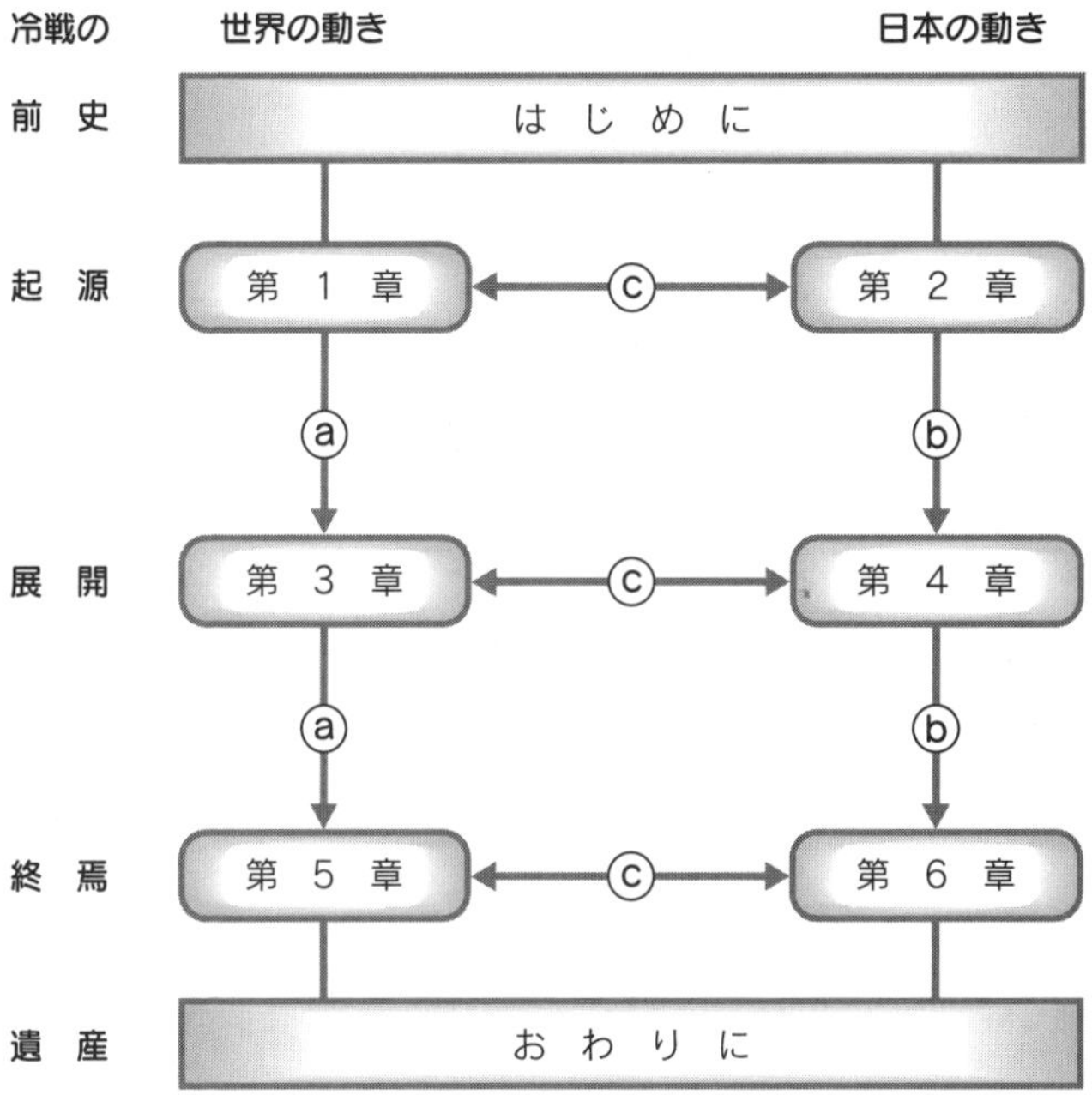

ⓐ 冷戦期の動き
(第１章→第３章→第５章)

ⓑ 冷戦における日本の歩み
(第２章→第４章→第６章)

ⓒ 各時代の日本と世界
(第１章↔第２章)
(第３章↔第４章)
(第５章↔第６章)

の政策転換までを扱う。一九七〇年代後半から日本はしだいに「西側の一員」路線に方向転換し、「新冷戦」下の中曾根康弘内閣は日米同盟関係を深めていく。国際冷戦が終結してもただちに国内冷戦が終焉したわけではなく、政党レベル・政策レベルでの国内冷戦が終焉したのは一九九〇年代なかばであった。「おわりに」は国際冷戦と国内冷戦とを並行して論じてきた『冷戦史』のエピローグとして、冷戦後の世界と日本の現状を俯瞰している。冷戦終結が世界にどのような変化をもたらしたか、そのもとで日本の政治と外交がどのように苦悶し、新たな道を模索しつつあるかを扱っている。

このように国際冷戦と国内冷戦の同時進行に念頭をおいた構成になっているため、第1章と第2章、第3章と第4章、第5章と第6章とをそれぞれ対比して読めば、国際冷戦の推移に対して、同時期の日本でどのように政治・外交が推移したかがわかるようになっている。また奇数章のみをとおして読めば、国際的な冷戦の通史として利用することもでき、偶数章のみをとおして読めば、戦後日本の政治・外交の通史としても読むことができる（図「本書の構成」参照）。読者の興味と関心に応じて、読み方をカスタマイズしていただきたい。さらに巻末に主要参考文献のリストを付した。読者が冷戦史を新たに読み直す際の手助けになれば幸いである。

二〇〇三年三月

広瀬　佳一
竹中　佳彦

冷戦史——その起源・展開・終焉と日本

CONTENTS

はじめに——冷戦とは、なんだったのか……iv

第Ⅰ部　起源　1940年代中盤▼1950年代中盤

第2章　国内冷戦の成立

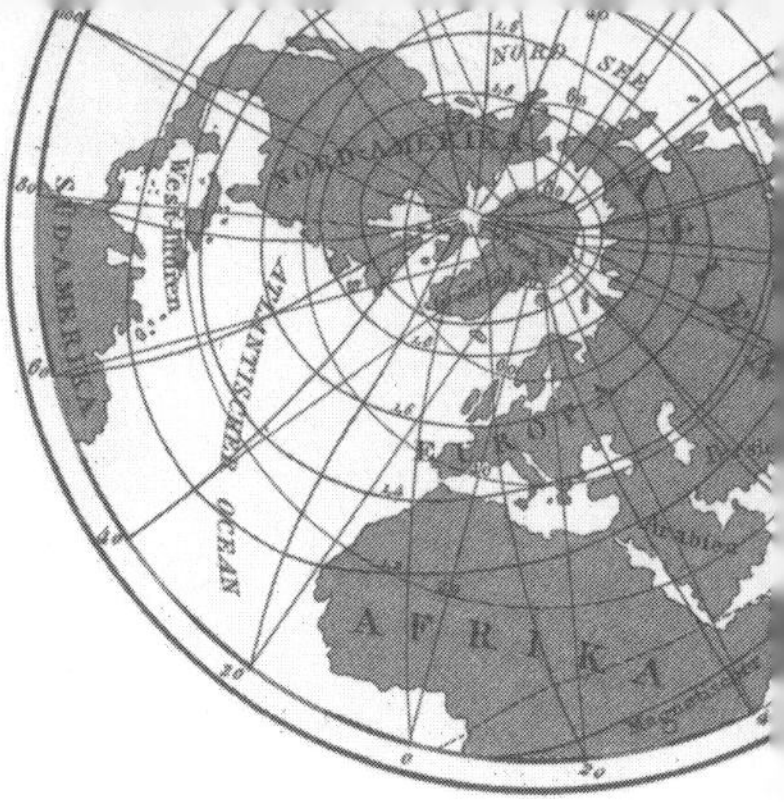

第Ⅰ部

冷戦の起源

1940年代中盤▼
1950年代中盤

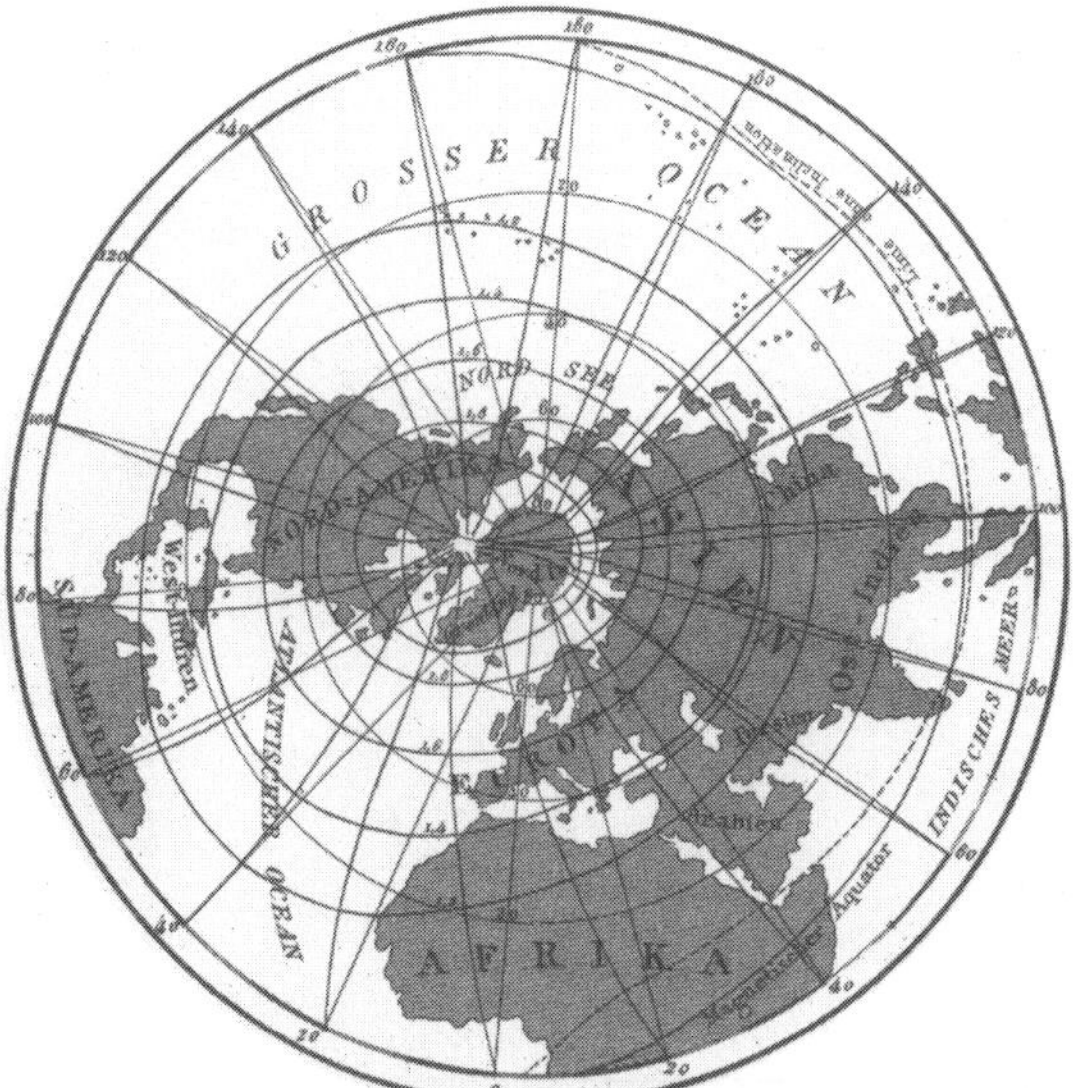

第Ⅰ部関連年表

年	月	世　界	日　本
1945	2	米英ソ，ヤルタ首脳会談	
	4	ローズヴェルト死去，トルーマン政権発足	
	5	ドイツ降伏	
	7	米英ソ，ポツダム首脳会談（～8月）	
	8	ソ連，対日宣戦布告	敗戦
	9		「降伏後における米国の初期の対日方針」発表
	10		GHQ が執務開始
1946	2	ケナン駐ソ米公使，「長文電報」送信	
	3	チャーチル，「鉄のカーテン」演説	
	5		極東国際軍事裁判開廷
	11		日本国憲法公布
1947	3	トルーマン・ドクトリン発表	
	6	マーシャル・プラン発表	
	7		米国，対日講和の予備会議開催を提案
	9	米州相互援助条約（リオ条約）調印	芦田均外相，米軍駐留容認のメモ提示 沖縄に関する「天皇メッセージ」
	10	コミンフォルム結成	
1948	1		ロイヤル米陸軍長官，日本を反共の砦にすると演説
	2	チェコスロヴァキアで共産党政権奪取	
	3	西欧5カ国によるブリュッセル条約調印	
	4	米州機構（OAS）設立	
	5		ジョンストン報告書発表
	6	米上院，ヴァンデンバーグ決議採択 ベルリン封鎖（～1949年5月まで）	
	8	大韓民国（韓国）成立	
	9	朝鮮民主主義人民共和国（北朝鮮）成立	
	10		芦田内閣総辞職，NSC13/2 承認される 山崎首班工作失敗，第二次吉田内閣発足
	11		極東国際軍事裁判でA級戦犯に有罪判決
	12		米政府，マッカーサーに経済安定九原則の実施を指令
1949	1	コメコン（経済相互援助会議）創設	第三次吉田内閣発足
	4	北大西洋条約調印	
	9	ドイツ連邦共和国（西独）成立 ソ連，原爆実験成功	
	10	中華人民共和国成立 ドイツ民主共和国（東独）成立	
	11		吉田首相，単独講和受け入れを表明
	12		社会党，平和三原則を打ち出す
1950	2	中ソ友好同盟相互援助条約調印	
	4	米国，NSC68 文書作成	
	6	朝鮮戦争勃発（～1953年7月停戦成立）	ダレス国務省顧問が吉田首相と会談
	7		マッカーサー，吉田首相に警察予備隊設置を指令
	10	中国人民義勇軍，朝鮮戦争への介入開始	
	12		芦田均，「芦田意見書」を GHQ に提出
1951	1		社会党，平和四原則を運動方針とする 芦田均，「芦田修正」の意図を公表 吉田 - ダレス会談始まる
	3		米国の対日講和条約草案が示される
	4	欧州石炭鉄鋼共同体（ECSC）条約調印	
	9		サンフランシスコ平和条約，日米安保条約調印
	10		社会党，講和条約をめぐって左右分裂
	12		中国承認問題をめぐる「吉田書簡」
1952	1		李ライン設定
	2		改進党結成，日韓会談開始， 日米行政協定調印
	4		サンフランシスコ平和条約発効， 日華平和条約締結，沖縄で琉球政府発足
	5		血のメーデー事件，IMF，IBRD に加盟
	7		破壊活動防止法施行，公安調査庁発足
	8		保安庁発足，「抜き打ち解散」
	9		ココム加入
	11	米国，水爆実験成功	

WORLD

第1章 冷戦勃発

●ヤルタ会談に臨む首脳ら（左からチャーチル英首相，ローズヴェルト米大統領，スターリン・ソ連首相）

第二次世界大戦中の米英ソによる同盟関係は，戦後構想をめぐる思惑の違いから，しだいに冷ややかなものになった。米英とソ連との間の相互不信の深まりは政治的対立をもたらし，やがてそこに軍事的次元が加わることで「冷たい戦争」，すなわち「冷戦」がはじまった。さらに冷戦は，欧州からアジアへと地理的に拡大することで，「熱い戦い」をもひきおこした。

(1945年2月，ヤルタ。写真提供：PANA)

SECTION 1 米英ソ対立の顕在化

ヤルタ――◆

一般に戦後の冷戦は「ヤルタ体制」とも呼ばれるように、一九四五年二月にクリミア半島の保養地ヤルタで開催された米英ソ首脳会談が、戦後の世界秩序を決めたというイメージがある。たしかにそれまでの戦時「大同盟（Grand Alliance)」の協調的関係からくらべると、しだいに冷たい関係へと移行しはじめた最初の会談という位置づけは、間違いではない。しかし英国がソ連に対する不信感を強めていたのに対して、米国は対ソ協調を基軸としているなど、ヤルタ会談の時点では戦後二極体制の構図はまだはっきりとはあらわれていなかった。

一九四三年一二月のテヘラン会談についで戦時中の二回目の首脳会談となったヤルタでは、戦後秩序に向けての問題が中心的に話しあわれ、国際連合創設、ドイツ管理方式、解放される欧州復興の方針などについて基本的合意がなされたほか、ソ連の対日戦参戦の確認とそれにかかわる極東の領土（南樺太、千島列島の引きわたしなど）のとり決めが秘密裡におこなわれた。しかし会期中、三大国の間でもっともはげしい論争がくりひろげられたのは、ポーランドの政権樹立をめぐる問題であった。ポーランド問題をめぐる八日間の全日程のなかで、一日をのぞいてポーランドの問題が話題にのぼらない日はなかった。ポーランド問題をめぐる外交闘争には、当時の三大国の戦後秩序構築に向けての立場のちがいが反映されていたのである。

テストケースとしてのポーランド――◆

チャーチル英首相は、グローバルなレベルでは「大英帝国」の権益保持に努力を傾け、欧州においては伝統的な勢力均衡による影響力保持をはかることで、戦後も大国としての英国の地位を守ろうと考えていた。そのため一九四三年ごろからソ連の東欧への影響力拡大に神経を尖らせていた。一九四四年一〇月にチャーチルが提起した有名なパーセンテージ協定（図「パーセンテージ協定」参照）は、バルカン方面へのソ連の圧倒的な影響力拡大に対する抵抗のあらわれであった。そうしたなか、赤軍の進出とともに共産主義者を中心とする行政機構がワルシャワに設置されたポーランドを、ソ連の意図を推しはかるテストケースとして英国は重視していた。

F・D・ローズヴェルトもポーランドをテストケースとみなしていた。しかしローズヴェルトにとってポーランドのもつ意味は、チャーチルとは異なり、解放される東欧において、いかに民主的に、とりわけ住民の意思を反映したかたちで、新しい政権を樹立するかという原則の問題にあった。ローズヴェルトは、三大国が署名をした大西洋憲章の諸原則（民族自決、住民の政体選択の自由など）を戦後秩序形成において適用すべきだと考えており、そうした最初のケースとしてポーランドをみていた。ただここで注意すべきは、ローズヴェルトが三大国を中心とする連合国（United Nations）の協調関係を、戦

パーセンテージ協定

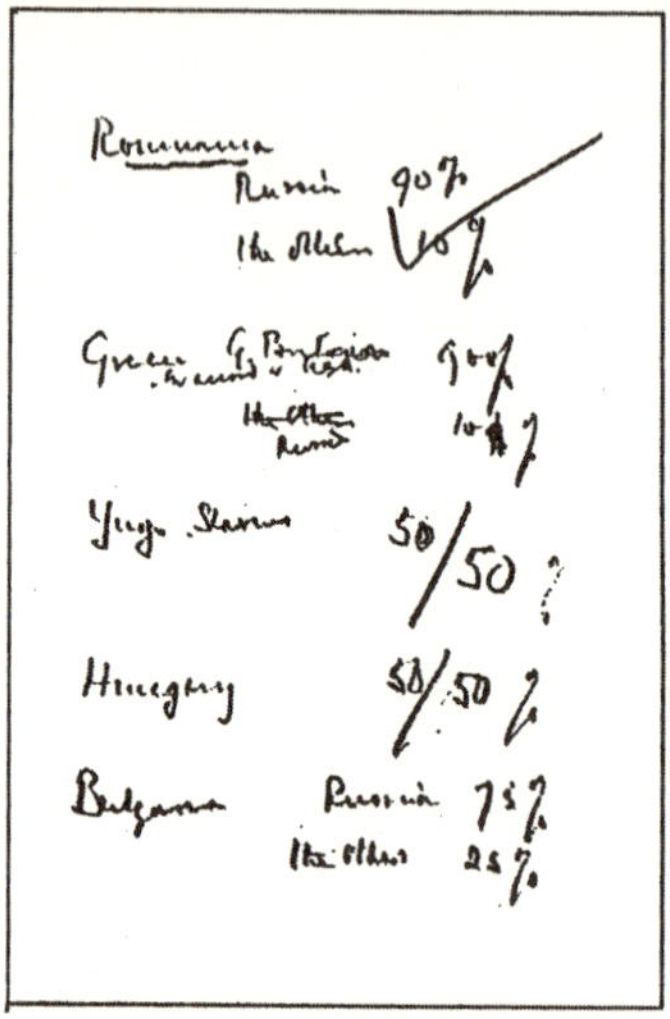

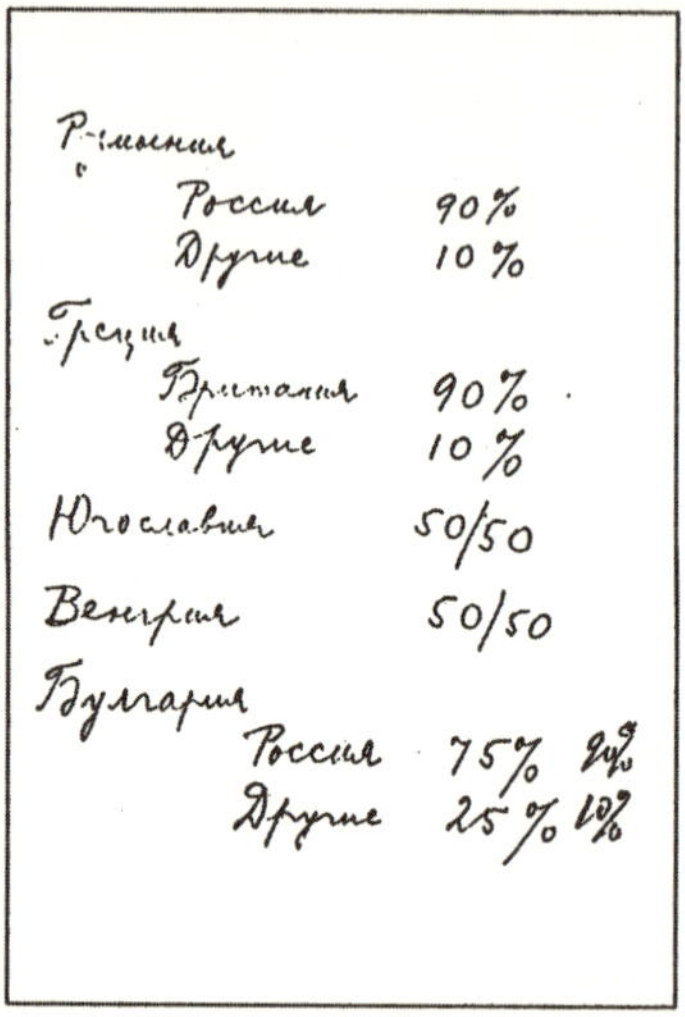

チャーチルが提示したとされるメモ　　ロシア語に翻訳されたもの（執筆者不詳）

出所：いずれも英国公文書館　PREM3, 66/7。

バルカン諸国	優先権比率（%）		備　考
	ソ　連	英国，その他	
ルーマニア	90	10	
ギリシャ	10	90	
ユーゴスラヴィア	50	50	
ハンガリー	50(80)	50(20)	英ソ外相会談の結果，括弧内の比率に改訂された。
ブルガリア	75(80)	25(20)	

後に強力な国際機構へと制度化し、そのもとでグローバルな戦後秩序形成をおこなうべきだとの構想にこだわっていた点である。そのため地域的・個別的問題ではソ連に妥協する傾向がみられた。

これらに対して、スターリンにとっては、ポーランド問題は安全保障の問題であった。ソ連は第一次世界大戦、第二次世界大戦と三〇年間に二度にわたって平坦な国ポーランドを越えて侵略された。したがって、まず第一に少しでもポーランドとの国境をモスクワから遠ざけるよう求め、そのうえでポーランドに強力でソ連に友好的な政権が形成されることを求めた。両者を同時に満たすことが反露感情の強いポーランドにおいてむずかしいことが判明した一九四四年以降、スターリンは共産主義政権樹立というイデオロギー要求をつきつけるようになっていた。

当時、ポーランドは連合国各国が承認する亡命政府をロンドンに擁していた。ソ連もこのポーランド亡命政府を承認していたものの、一九四三年三月に発覚した「カティンの森」事件（スモレンスク付近の森で行方不明であったポーランド人将校などの虐殺死体が発見されたもの。こんにち、ＮＫＶＤ（内務人民委員部、ソ連の政治警察）の仕業であったことが判明している）を契機に両国関係は国交断絶に陥り、ソ連は共産主義者を中心とする行政機構をモスクワに設立させた。やがて一九四四年末に赤軍がポーランドの東半分を解放すると、ソ連はこの機構を「臨時政府」として承認し、ヤルタ会談の直前にワルシャワに進出させていた。

ヤルタではこの「臨時政府」を西側に承認させ、これを基礎とする政権を樹立しようとするソ連と、ロンドン亡命政府を基礎とする政権を樹立させようとする英国との間ではげしい論戦がくりひろげられた。このときに鍵となったのが米国の態度であった。しかし米国は、かねてより懸案の国連創設を最優先させており、ソ連が投票権問題や安保理の拒否権問題で米国に譲歩するかたちで国連創設の基本方針が決まると、米国はポーランドについてはソ連の要求を受けいれ、「すでに存在する臨時政府に海外からの民主的ポーランド人を加えて再編成する」という文言のもと、共産主義者中心の「臨時政府」を事実上容認するかたちで決着した。いうまでもなく、この「臨時政府」が自由選挙を実施したうえで、正統政府が樹立される予定であったが、「自由選挙」の中身については、なんのとり決めもなされなかった。

こうしてポーランド共産化の道が開かれた。やがてソ連は軍事力を背景に共産主義者中心の政権樹立を強行したが、米英にはそれを阻止する手だてがなかった。そのうえソ連は、こうしたポーランドのやり方を、ルーマニア、ブルガリア、ハンガリーなど、他の東欧諸国の先例とみなしていたため、ポーランドの処理方式はその後におおきな問題を残した。ポーランドは第二次大戦の結果、「領土を占領するものは誰であれ自国の社会体制を押しつける」(スターリン)というパターンの最初のケースとなった。イデオロギーの問題がはっきり姿をあらわしたのであった。

トルーマンの登場

米国が、ヤルタ会談での対ソ協調姿勢から対ソ強硬姿勢に転じて冷戦の一方の主役を演じるようになるまでには、いくつかの展開があった。その最初の変化がはっきりあらわれたのは、大統領の交代であった。ヤルタ会談の時点で衰弱していたローズヴェルトは，四月一二日に死去し，副大統領トルーマンが米国第三三代大統領に就任した。

ミズーリ州選出の上院議員を一〇年間つとめた副大統領トルーマンは，そもそも外交問題について素人であったうえ，ローズヴェルトが個人外交を得意としたこともあり，副大統領となってからも，重要な外交・安全保障問題の意思決定に関与していなかった。そのためトルーマンは就任当初から，外交については国務省に依存する傾向がみられたので，外交政策の立案・決定に国務省が復権を果たし，トルーマンに強い影響を及ぼすようになった。このことは，ローズヴェルト政権からの外交政策が変化する重要な背景をなした。

たとえばトルーマンは，大統領就任直後の四月から五月にかけて，国務省からいかにソ連が一連の国際とり決めに違反しているかの説明を受けていた。そのうえで一九四五年四月なかばに一時帰国したW・A・ハリマン駐ソ大使が，トルーマンに対して，ソ連が東欧を支配し西欧に浸透しようとしていると報告し，ソ連は戦争で疲弊しているので，経済的に圧力をかけてかれらの東欧や西欧への野心を止めなければならないと説くと，トルーマンはさっそくハリマンらの助言をいれて，五月の対独戦終了直後にソ連への武器貸与を一方的に停止した。さらに四月に国連創設準備のために米国を訪れたソ連外相V・M・モロトフに，「私は他人にそのような言い方をされたことはない」と言わせるほど率直なもの言いで，ヤルタ協定のとり決めを遵守するよう強く迫った。

ポツダム――◆

一九四五年七月中旬から八月はじめにかけて、ベルリン近郊のポツダムに、トルーマンとチャーチル（途中から総選挙による政権交代のためC・R・アトリー）、スターリンの三大国首脳が集い、ドイツ占領管理問題、中・東欧の秩序再建問題、対日戦後処理問題等を話しあった。ここでは戦後ドイツを、非軍事化、非ナチ化、民主化、経済の非集中化という統一方針のもとで分割占領することについて合意が形成され、日本に対しても無条件降伏を勧告するポツダム宣言が発出された。

ポツダム会談の最大の特徴は、トルーマン大統領率いる米国代表団が、ローズヴェルト時代とは異なり、個々の案件をめぐってソ連と対立したことであった。これにはヤルタの時点で病魔におかされ、行動に精彩を欠いていた前任者とくらべ、トルーマンが「自信に満ち、意志強固で、曖昧なもの言いをしない」（チャーチルの評）性格であったことも作用していた。とりわけ東欧問題では、ソ連がポーランドの例をあげながらルーマニア、ブルガリアの政府承認を求めたのに対して、米国は英国とともに、自由選挙が実施されていないことを理由にはっきりこれを拒絶したため議論は紛糾し、結論は後の外相会議へもち越しとなった。当時、ルーマニアでもブルガリアでも共産主義者がソ連軍の存在を後ろ盾として民主主義勢力に対して威嚇をおこない、あるいは反対政党への「浸透」によって切り崩しをはかるなどにより、政権を掌握しつつあった。こうしてヤルタ会談からポツダム会談の間に、戦後秩序構築に向けての協力体制の可能性には、はっきりと暗雲がただよいはじめた。

第二次世界大戦直後の東欧

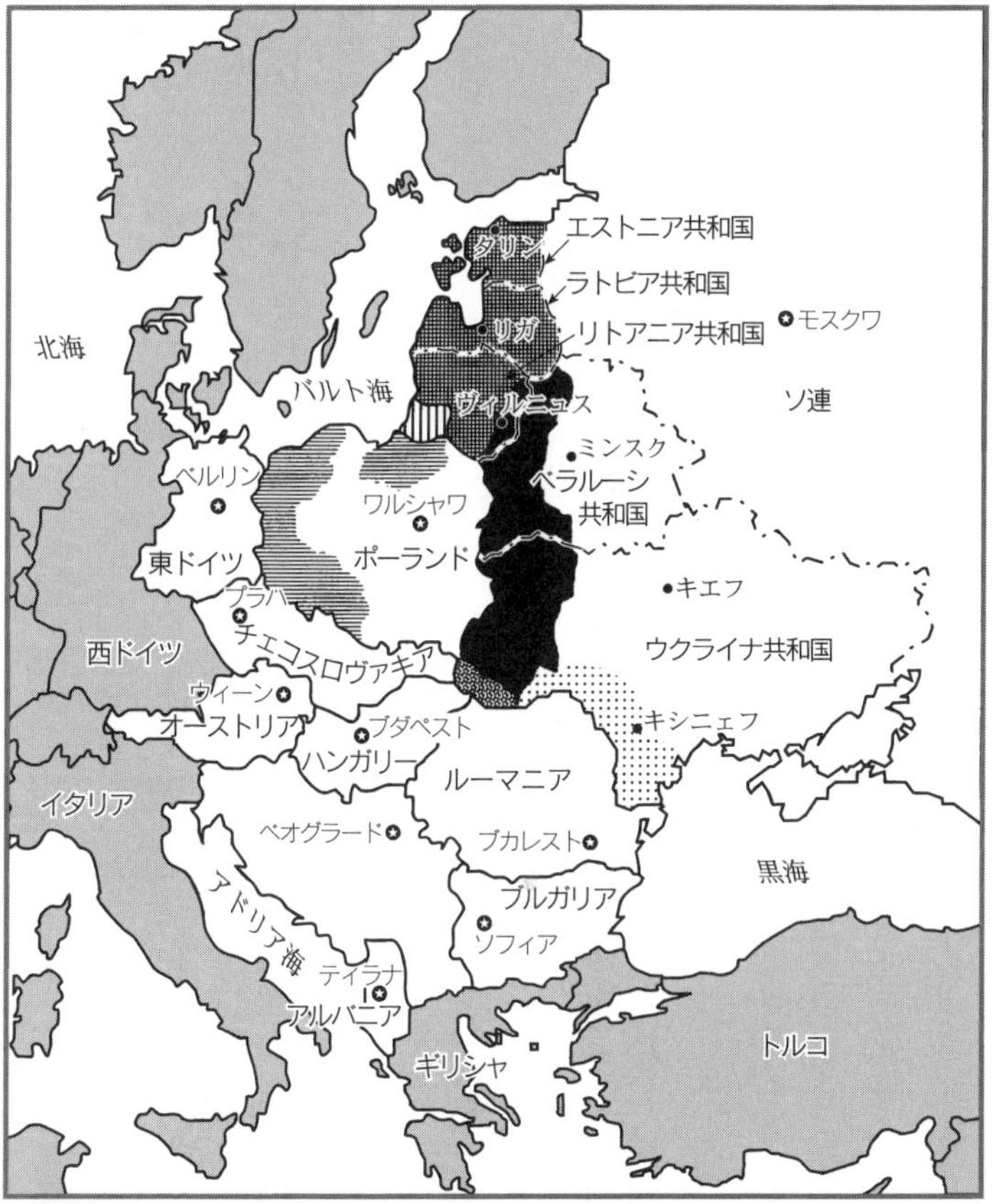

1939年から40年にかけてソ連に併合された地域
1939年から40年にかけてポーランドからソ連に併合された地域
1940年にルーマニアからソ連に併合された地域
1945年にドイツからソ連に併合された地域
1945年にチェコスロヴァキアからソ連に併合された地域
1945年にドイツからポーランドに併合された地域
ソ連内の共和国の境界線

なおトルーマンは、原子力爆弾を外交に利用するために、原爆実験が間にあうようポツダム会談開催を遅らせた。原爆じたいは対日戦を早期に終結させ米兵の犠牲をなるべく抑えるという目的で使用されることがみこまれていた。しかし同時にトルーマンは原爆を外交カードに使うことで、ソ連に対する交渉を有利に進めようとした。ところが当時、米国にいるスパイ網から原爆の情報を十分仕入れ、自国の原爆開発を急がせていたスターリンは、トルーマンによる「新型爆弾の実験成功」のニュースにもさして驚くことはなく、それによって交渉において譲歩をすることもなかった。トルーマンの原爆外交は不発に終わった。

ポツダム会談を受けて米英ソ外相と中仏外相は、一九四五年九月、ロンドンで外相会議を開いた。しかし東欧・バルカン問題をめぐって米英とソ連がはげしく対立し、なんの成果ももたらさなかった。そこでJ・F・バーンズ米国務長官は具体的な成果を求めて一二月にモスクワで米英ソ外相会議開催を提案し、その席でバーンズは対日占領についてソ連の形式的な関与を認め、同時に懸案のルーマニア、ブルガリアについて、民主化を条件に事実上の承認を与えた。しかしこうしたバーンズの対ソ柔軟姿勢は、トルーマン政権内ではげしい批判を浴びた。トルーマン自身も「ソ連をあやすのにうんざりした」とこぼすほどだった。

ケナンの「長文電報」――◆

一九四六年二月九日、スターリンは演説をおこない、そのなかで資本主義諸国との共存が不可能であると唱え、将来の衝突が不可避であることを説いた。こうしたスターリンの姿勢は、たんなるイデオロギー的プロパガンダなのか、あるいは新たな西側への攻勢の予兆なのか、当時の米政府内においても、ソ連評価をめぐって迷いがみられた。そうした矢先にワシントンに飛びこんだのが、駐ソ代理大使G・F・ケナンによる、「長文電報」と呼ばれる分析である。ケナンは戦前にラトヴィアの首都リガでロシア語の訓練を受けた職業外交官であった。一九四五年にモスクワに赴任し、現場において米国の対ソ政策に方向性も目的も欠如していることを痛感していた。

一九四六年二月二二日付けの八〇〇〇語にも及ぶ「長文電報」でケナンは、「クレムリンの神経症的世界観の根底には、伝統的で本能的なロシアの安全保障上の不安感がある」とみなしていた。そしてそうした安全保障上の不安や国内の独裁体制および暴力的統治手法などを正当化するために、ソ連指導部はマルクス主義の教義を利用していると断じていた。同時にソ連は西側世界に対してはまだ弱体で、国内も安定しているとはいえないと分析したうえで、ソ連は「力の論理には非常に敏感」であり、強力な抵抗に遭遇すれば自制すると指摘していた。

そうした観察をふまえてケナンは、米国として「医者が手に負えない異常な患者を診察をするときと同じような気もちで接し、淡々と客観的かつ感情的にならないようしっかりした気もちで対処しなければならない」と述べ、「国際共産主義とは病気の組織のみに巣くう悪性の寄生虫のようなもの」なので、「米国社会は活気と健全さを保たねばならない」と説いた。そのうえで「多くの国々、少なくとも欧州の国々は、戦争によって疲弊しおびえきっているため、抽象的な自由の価値よりも安全保障の確保に関心をもって」おり、かれらは支援を求めているので、「米国はソ連に先んじてそれらの国々に支援を与えなければならない」と主張していた。

この「長文電報」はワシントンに反響を巻き起こした。もやもやしていた対ソ政策の方向におおきな影響を与えた。J・V・フォレスタル海軍長官が「長文電報」をみて数百部のコピーを作成して政府部内に配布したのは、当時のトルーマン政権の反応を象徴していた。これ以降、米国はしだいに対ソ強硬姿勢に傾き、封じ込め政策へといたった。ケナンは翌一九四七年には国務省に新設された政策企画室長として呼び戻され、欧州復興計画、対日占領政策の立案にあたった。

なおケナンは一九四七年七月には『フォーリン・アフェアーズ』誌に「ソ連の行動の源泉」というタイトルの論考を寄稿した。当時、要職にあったことから「X」という筆名を使ったため「X論文」と呼ばれるこの論考は、「長文電報」の内容をふまえ、より直接的に「ソ連の膨張的傾向に対する長期的な辛抱強い、しかも断固とした封じ込め」を求めた。「封じ込め」政策の開始である。なお、このケナン論文への批判的コメントをまとめた評論家W・リップマンの本のタイトルが『冷戦（*The Cold War*）』で、この言葉はこれ以降、人口に膾炙するようになった。

イラン問題と英国——◆

「長文電報」の余韻が醒めやらない一九四六年三月五日、おりから訪米をしていたチャーチル前英首相が、「シュテッテンからトリエステまで、鉄のカーテンが大陸を覆っている」とする演説をミズーリ州のフルトンでおこなった。このチャーチルの「鉄のカーテン」演説は、米英軍事同盟、統合軍事努力、海外基地の共同利用、兵器類の標準化等を呼びかける点において、ケナンよりはるかに具体的な内容を含んでいた。

そもそも英国は一九四五年の七月の時点で、米国よりもはるかに深刻にソ連をとらえていた。ケナンがソ連を「ヒトラー・ドイツとは異なり、計画的でもなければ冒険主義的でもなかった」としていたのとは裏腹に、英国外務省は、スターリンを「ヒトラーよりもさらに巧妙で危険」だとみなし、戦略的に重要と考える国々で、「イデオロギー的生存圏（ideological 'Lebensraum'）」とでも呼ぶべきものをつくりだそうとしているとみていた。そのうえで英国は、戦後の対ソ関係においては米国の支持を確保することの重要性を強く認識していた。英国はソ連に対するにあたって、米国を巻きこもうとしていたのである。その格好の舞台となったのがイランであった。

イランは、第二次大戦中は英国の対ソ支援のための南ルートとして、重要な戦略的位置にあった。そこでドイツの侵入を防ぐため、イラン、ソ連、英国の三カ国協定（一九四二年一月調印）により北部にソ連軍が、南部に英国軍が進駐していた。この進駐は戦争終了後六カ月以内の撤退を条件としていた（一九四六年三月二日が撤退最終期限）。ところがこのとり決めにもかかわらず、一九四五年になってソ連は、イランの石油資源をねらって居座りをはかる気配がみられ、英国が神経を尖らせていた。さらに同年一二月にソ連はイラン北西部にアゼルバイジャン自治共和国とクルド人民共和国を樹立させ、これに対するイラン政府の介入を阻止していた。そのうえでソ連はイラン政府に対して、英国と同様の石油採掘権を主張していた。

イランをめぐる英ソ間の摩擦と対立は、石油という戦略物資がからんでいただけに、米国の関心をも引きつけた。しかしこの問題はポツダム会談後の九月のロンドン外相会議でも、一二月のモスクワ外相会議でも決着をみなかった。そこでイラン政府は、国連の最初の総会（一九四六年一月一〇日開会）において、ソ連との紛争を安全保障理事会に提訴していた。

トルーマンも三月二日を過ぎてもイラン北部に居座るソ連の意図に不信感をいだき、国連の場などにおいて、再三にわたりソ連に対して三カ国協定のとり決めに従いイラン北部の軍を撤収するよう強く求めた。こうした英米の強硬な態度の結果、五月二〇日までに、ソ連軍はすべて撤収した。こうしてイランは、ソ連が軍を進駐した地域で、ほとんど条件らしき条件を付さずに撤収した数少ないケースとなった。このことは米政府において、あらためてケナンの「長文電報」の分析への信頼性を高めることになった。

◆——クリフォード報告

このような情勢のなか、トルーマンは対ソ政策を再構築するために、これまでのソ連とのとり決めを詳細に調査し、ソ連がいかに国際的なとり決めを破ってきたかをまとめたうえでソ連評価をおこなうよう、法律顧問のC・クリフォードに指示した。この調査の注目すべき点は、クリフォードが助手のG・エルゼーとともに、陸軍省、海軍省、統合参謀本部などに質問票を作成して送付し、回答をとりまとめたうえで報告書を作成したことであった。つまりクリフォードの調査は、ソ連の意図と能力についての、当時の米政権内の評価を広範に反映することになった。

一九四六年九月二四日にトルーマンに提出された七九ページ（全六章）に及ぶ「米国とソ連との関係」と題された報告書（以下、「クリフォード報告」）では、まずソ連の指導者が資本主義国との対決を不可避とみていることに注目し、そうした対決に備えるべくソ連は核兵器や生物兵器の開発を含めて陸海空の軍事力を急速に増強するとともに勢力圏を増やしており、敵をあらゆる手段で弱体化させ、転覆させようとしているとの見解が示された。そのうえで国際とり決めにもかかわらずソ連は東欧の自決権を侵害し、ドイツから違法に賠償を求め、イランにも浸透をはかることで米国の中東の油田へのルートを危機にさらしており、中国では共産主義者と共謀していると論じていた。しかしソ連の力は米国に比してまだ弱いので、機会主義的に行動することも指摘されており、ソ連は「力の真空（パワー・バキューム）」を満たすべくバルカン、東欧、中東、満州、朝鮮半島へと動くが、米国との直接衝突は避けているとの見方が展開されていた。

以上からクリフォードは、勧告として、米国の対ソ政策の最大の目標は、戦争不可避論を捨てさせ、国際協力システムへの参加がソ連にとっての利益となることをわからせることであり、戦争不可避論を捨てさせないかぎりソ連とのとり決め、協力や妥協は弱さと受けとられてしまうので危険だと断じていた。そしてソ連が理解するのは軍事力だけなので、米国はソ連を抑止するため、核兵器を含めた強力な軍事力を整備すべきだとしていた。さらに西欧、中東、中国と日本がソ連の勢力圏とならないように注意すべきだと指摘したうえで、まだソ連の勢力圏にはいっていないすべての国に対して、共産主義の「浸透」に対抗するため、寛大な経済援助と政治的支援をおこなうべきだと主張していた。

クリフォード報告は、国際関係を単純化し、基本的には米ソの力関係から解釈していた。これはケナンの「長文電報」のもつ分析力とは差があった。しかしソ連専門家でもないクリフォードに与えられた課題が、ソ連の外交行動の客観的な評価というよりも、各省庁でバラバラの対ソ認識をまとめあげ、政権内に対ソ政策についてのコンセンサスをもたらすことであったとすれば、クリフォード報告は成功であった。トルーマン、バーンズ国務長官、フォレスタル海軍長官、J・F・ダレス国務次官らの見解はほぼ一致した。ソ連との協調を強く唱えていたH・A・ウォーレス商務長官は、クリフォード報告が提出された九月に解任された。こうして一九四六年年秋までに、ソ連はイデオロギー的な意味でも敵であるとする合意が米政権内に形成された。冷戦ははっきりと姿をあらわした。

トルーマン・ドクトリンの政治力学——◆

米国がケナンの「長文電報」によって理論武装してあたった最初のケースが英国が焦点をあわせたイラン問題であったように、クリフォード報告によっていっそう対ソ強硬認識を導入されたトルーマン政権が最初の対応を迫られたのも、英国が提起したギリシャ問題であった。

一九四四年一〇月のパーセンテージ協定で英国がもっとも重視したのはギリシャであった。英国にとって地中海の海上ルートの確保は、中東、インド、中国方面への重要なルートであり、そうした地域との貿易によって戦後復興をはかりたい英国として、ギリシャがソ連の影響下にはいることはなんとしても避けなければならなかった。ギリシャがソ連の影響下にはいった場合、すでにイランに地歩を築いているソ連が、次にその矛先をトルコに向けることは明らかであり、その場合、ソ連海軍が黒海からトルコ海峡（ダーダネルス海峡、ボスポラス海峡）をへて地中海に進出することを意味した。実際ソ連は、一九四五年八月からトルコ海峡の通航権の要求をトルコ政府に突きつけ、英米との間に緊張を生みだしていた。

ギリシャは大戦末期の一九四五年三月に英国によって解放され、ロンドンから亡命政府が戻って四六年三月の総選挙をへて新政権を樹立していた。しかし国内で抵抗運動をつづけていた左派・共産主義者はこれに反発し、武力闘争を開始、国内は内戦状態となっていた。英国は新政府を支えるため約一万六〇〇〇の軍を派遣し、軍事援助などもおこなって梃子入れをはかった。しかし経済的に疲弊した英国には長期にギリシャを支える余力はなかった。そこで一九四七年二月、ついに米国に対して援助の肩代わりを要請した。

ギリシャの喪失はトルコの喪失につながり、やがて東地中海全体がソ連の影響下にはいることで、中東情勢にも影響を及ぼしかねないと判断したトルーマンは、英国に代わってギリシャとトルコを支援することを決定した。ギリシャとトルコへの援助を議会に要請した際の演説が、「トルーマン・ドクトリン」と呼ばれるようになった。

一九四七年三月におこなわれたこの演説のなかで、トルーマンははっきりと「世界はふたつの生活様式のいずれかを選ぶよう迫られている」としたうえで、ひとつは、「多数の意志に基礎をおき、自由な制度、代議政体、自由選挙、個人の自由の保障、言論と宗教の自由、そして政治的圧制からの自由によって特徴づけられる」とし、他方は、多数の意志に反して「力により強制された少数者の意志に基礎をおき、恐怖と圧制、統制された出版と放送、形式的選挙、個人の自由の抑圧によって成立するもの」と規定し、「武装した少数派や、外部の圧力による征服に抵抗しようとしている自由な諸国民を援助することこそ、米国の政策でなくてはならない」と高らかに宣言した。戦後の二極体制を示唆したこのレトリックは、実質的なソ連への宣戦布告であった。議会がこれを承認した結果、米国は四億ドルにのぼる援助を中心とする支援をおこない、ほぼ一年半でギリシャ、トルコ情勢は安定した。これは米国にとって、直接的利害が存在しない地域への対外的コミットメントのさきがけであった。

もっとも一見、非常に好戦的な印象を与えるトルーマン・ドクトリンのレトリックは、もともと議会に根強い孤立主義者を説得するという意味あいが強かった。興味深いことに最近の研究では、ソ連側の反応も比較的控え目なものであったことが指摘されている（マストニー『冷戦とは何だったのか』）。ギリシャもトルコも、基本的には西側の勢力圏であり、力の信奉者としてスターリンは、それらが東欧に適用されないことを正しく理解していた。トルーマン・ドクトリンは、強い調子のレトリックに似ず、その内容は思いのほかソフトであった。

マーシャル・プランの牙――◆

一九四七年一月にバーンズに代わって国務長官に就任したG・C・マーシャルは、新設の政策企画室の室長に招いたケナンの協力により、四七年六月、ハーバード大学の卒業式の演説で大規模な欧州への経済復興援助計画を発表した。いわゆる「マーシャル・プラン」である。ここでマーシャルは欧州の惨状を訴え、米国が援助を与えないかぎり欧州は経済のみならず社会・政治情勢も悪化するとして、大規模経済援助計画を発表した。やがて明らかになった内容は、一九四八年から四年間にわたり総額一三〇億ドル（大部分は贈与）の援助を実施するというものであった。この計画の特徴は、被援助国の自主性を尊重するというもので、そのため援助受けいれ機関として一九四八年四月、OEEC（欧州経済協力機構、のちのOECD〔経済協力開発機構〕）が結成された。

この計画は当初、全欧州を対象としていたが、ソ連がこれをスパイなどの情報から米国の経済力による東欧への事実上の巻き返しとみて警戒し、みずから参加を拒否しただけではなく、チェコスロヴァキア、ポーランドなど参加に意欲を示していた東欧諸国にも圧力を加えて参加を断念させた。これによって東西欧州の分断傾向がいっそう明確になった。この援助を受けた西欧の一八カ国は驚異的な経済復興をとげ、GNP（国民総生産）は約三割増大し、その後の西欧の繁栄と統合への基盤となった。

マーシャル・プランは一見、寛大な内容をもったソフトな政策にみえた。しかし実際には、トルーマン・ドクトリンとは対照的に隠された牙ももっていた。米国は経済力によって、東欧に対する一種の巻

COLUMN　小国チェコスロヴァキアの悲劇

東欧の共産化が進むなかで、西側にとっての唯一の希望はチェコスロヴァキアであった。この国は、戦前に国際連盟で集団安全保障の制度化に努力を傾けたE・ベネシュ大統領のもと、共産主義者を含めた連立政権を樹立しており、「東と西の架け橋」を標榜していた。戦前には第一〇位の工業国チェコスロヴァキアは、貿易の七割以上を西欧とおこなっていたので、一九四八年七月にパリで開催されるマーシャル・プラン準備会議への参加招請にポーランドとならんでいちはやく受諾を決めたのは当然であった。

しかしモロトフ・ソ連外相が、同プランを米国によるソ連孤立化政策と決めつけ交渉の席を立つや否や、東欧諸国に対してパリ会議へ参加しないようソ連から猛烈な圧力がかかった。この直後、協議のためにモスクワに赴いたチェコスロヴァキア政府代表団は、経済復興と貿易振興のためにマーシャル・プラン参加の必要性を訴えたが、ソ連によって参加中止を余儀なくされた。このときのチェコスロヴァキア政府代表団の一員で、建国の父マサリクの子息ヤン・マサリク外相は、「われわれは主権国家の代表としてモスクワに赴き、奴隷として帰国した」と述べている。この不吉な言葉どおり、一九四八年二月には共産党によるクーデターが発生し、三月にはマサリク外相自身が謎の死を遂げた。一九三八年の「ミュンヘン宥和」によってヒトラーの手に渡ったチェコスロヴァキアは、この「二月クーデター」によって今度はスターリンの手に渡ったのである。

き返しをおこなおうとしたのである。ソ連もトルーマン・ドクトリン発表時よりはげしくこれに反発した。

コミンフォルム成立——◆

ソ連には第二次大戦で荒廃した経済を建て直すため、ローズヴェルト時代からの米ソ協調を前提に、米国との実務的協力関係の継続や、経済援助を求める動きがあった。しかしトルーマン政権の成立以後、しだいにそうした期待は薄らぎ、すでにみたように一九四六年二月には、スターリンが資本主義諸国との戦争不可避性を説いていた。同年九月には駐米ソ連大使N・ノヴィコフが米国の対ソ政策について報告を送り、そのなかで米国を「独占資本主義の帝国主義的傾向を反映して、世界の覇権をめざしている」と断じていた。やがて一九四七年にトルーマン・ドクトリン、マーシャル・プランと次つぎに対ソ強硬姿勢が明らかになるにつれて、ソ連もいっそう、西側への対決姿勢を示すようになった。

一九四七年一〇月五日、ソ連は東欧の六カ国と仏伊の共産党代表をポーランドのシクラルスカ＝ポレンバに集め、コミンフォルム（欧州共産党情報機関）を結成した。コミンフォルム議長に就任したA・ジダーノフは、ここでトルーマン・ドクトリンのレトリックを逆さ映しにしたような激烈なイデオロギー色の強い演説をおこなった。ジダーノフは、世界が米国を中心とする帝国主義陣営とソ連を中心とする民主主義陣営に分かれたと唱え、トルーマン・ドクトリン、マーシャル・プランを非難したのである。これはいわばソ連からの冷戦開始宣言であった。

SECTION 2

冷戦の軍事的次元――東西軍事ブロック対峙の構図

米国にとってのソ連の脅威

一九四七年までに顕在化した米ソ対立は、当初、政治的対立の色あいが濃かった。しかし一九四八年以降、しだいに対立には軍事的性格が加わった。

ソ連が軍事的に脅威であるかどうかについては、じつは米国と西欧には受けとめ方に差があった。米国は、すでにみたクリフォード報告の強烈なレトリックにもかかわらず、ソ連が軍事的に米国の脅威になるかどうかについては、西欧ほど深刻な見方はしていなかった。ケナンもクリフォードも述べているように、ソ連の野心については警戒を要するとしつつも、現状ではソ連は強くはないとみていたのである。たとえば一九四六年七月から八月、米軍の情報機関は、ソ連がマンパワーの損失を補うのには一五年、技術者の不足を充足するのには一〇年、戦略空軍を創設するには五年から一〇年、外洋艦隊を整備するには一五年から二五年、原爆開発には三年から一〇年、それぞれ要すると予測していた。そのため米軍は急速な動員解除を実施し、一九四五年六月に一二〇〇万の兵力が、四七年六月にはわずか一五〇万まで減少し、軍事予算もおよそ九〇〇億ドルから一〇〇億ドルちかくへと急落していた。

しかしソ連と陸つづきの西欧は、当然のことながら米国と同じ評価にはならなかった。西欧諸国はソ

COLUMN　ソ連脅威論の虚実――「二五〇万人一七五個師団」？

一九四八年ごろよりソ連の地上兵力が「二五〇万人一七五個師団」であると喧伝され、西側地上兵力が二〇個師団に満たない状態だったことから、これがソ連脅威の根拠とされてきた。この数値は、ナチス・ドイツ軍の情報機関が利用していたソ連軍各部隊の野戦郵便番号を通信傍受等で照合・確認するシステムを、そのまま用いて算出されたものだった。しかしここには、師団の定員充足率、装備の充足率などの情報が加味されておらず、実態を反映していなかったとの批判があった。とくに修正主義者は、トルーマン政権がソ連脅威を実態よりおおきくみせることで軍拡を推進したとの批判をおこなった。

やがて「スターリン批判」後の一九六〇年に、フルシチョフが一九四〇年代から五〇年代のソ連の軍事力を公表した。西側情報機関もその信憑性を確認したフルシチョフの公表によると、一九四八年時点でソ連の陸上兵力は、一八〇万であったことが判明している。つまり四割ちかくの過大評価がおこなわれていたことになる。

もっとも西側はその後もどういうわけか一九六〇年まで、四八年ごろと同じ「二五〇万人一七五個師団」という数値でソ連の軍事力を評価していた。フルシチョフによると一九五五年の時点ではソ連が東欧とあわせて三六〇万人に増強されていたので、この時点では西側は逆に約三割の過小評価をしていたことになる。

軍事力の評価・検証のためのテクノロジーがあまり発達していなかった時代には、ソ連・東欧のような閉鎖社会の軍事力の実態を解明するのは困難を極めた。そのため実際には、米国の軍拡も厳密な脅威評価によっておこなわれたのではなく、むしろ国際環境、国内経済状況、世論、政策決定者の心理イメージなど、さまざまな要因が絡みあっていたのである。

連によって数日にして席巻され、ふたたびダンケルクから追い落とされるのではないかとの恐れをいだいていた。「軍事的ノイローゼ」とケナンに揶揄されるほどの西欧のソ連に対する恐怖感には、しかし根拠があった。当時、「鉄のカーテン」の向こう側には一七五個師団のソ連軍が存在するとされていたのに対して、西欧側はわずか二〇個師団を保有しているのみであったからである。

◆――英国の思惑

ドーバー海峡を挟んでいたとはいえ、英国にとっても、ソ連の軍事的脅威は切迫していた。戦時中から英国はソ連の脅威を鋭敏に感じとっており、現実的に当時のソ連に対して西欧で対抗できるのは英国のみであった。しかし英国の防衛・安全保障政策は、「大英帝国」の遺産を引きずっており、すぐさま西欧防衛に集中できるほど話は単純ではなかった。

そもそも英国は莫大な戦費負担と戦災による被害によって経済的に疲弊していた。工業生産高も戦前（一九三七年）の約三分の二にまで落ちこみ、米国に約六〇億ドルの低利融資を求めるほどの経済的苦境にあった（米国は三七億五〇〇〇万ドルを承認）。そうした英国が、戦後復興の期待をかけたのが、英連邦諸国や植民地との貿易であった。とくにインドまでの通商路である地中海から中東にかけての安全確保が、英国の戦後復興と安全保障にとってきわめて重要となった。そのため英国は、イランやギリシャ、トルコへの共産主義の浸透の可能性に米国よりも鋭敏に反応し、米国を巻きこんでこの解決にあたったのであった。

こうしたなかで英国参謀長委員会は、戦後の戦略的重点目標について検討を重ねたうえで、「三つの必須要件」をとりまとめ、一九四七年二月に閣議において了承された。それによると、英国の戦略的重点目標は、①英本国防衛、②海上交通路の支配、③中東の堅固な保持、であった。とくに③については、エジプトを中心とした中東への影響力を保持することで、インドへの通商路を安全にし、石油資源を確保するとともに、バクーなどソ連の石油施設への攻撃拠点を得ることが重要とされていた。このように英国は英連邦、植民地との結びつきを重視しており、欧州大陸の防衛・安全保障に対する優先順位はけっして高いものではなかった。

「第三勢力」と西方同盟――◆

一九四七年当時の英国には、欧州の防衛・安全保障政策について、理論的には三つのオプションがあった。それは英ソ条約更新、英米同盟の強化、「第三勢力」の結集であった。しかし第一の英ソ条約(一九四二年五月締結、期間五年)の更新は、東欧、バルカン、中東へのソ連の進出を脅威とみなしている英国にとっては現実的ではなかった。第二の英米同盟については、戦時中の一九四二年に設置された英米統合参謀本部の拡張・強化を軸に構想が練られたが、米国側の孤立主義、英国側の秘密主義から、協力関係はとりあえず非公開で継続されていた。

第三の「第三勢力」とは、西欧諸国を英仏が中心にまとめあげ、米国と協力しつつソ連に対抗できるような勢力を形成するという構想であった。その第一歩が一九四七年三月に英仏間で締結されたダンケルク条約であった。これは直接的にはフランスが強く懸念していたドイツ再興の脅威に対処するものであったが、英国側はこれを将来のソ連に対抗する西欧復興の枠組みとみなしていたのである。

この時期、英国で西欧防衛について積極的に構想を練っていたのは、A・ベヴィン外相であった。一九四七年をとおして、ソ連との交渉に行き詰まりを感じていたベヴィンは、やがて第二と第三のオプションを連動させる構想を描きはじめた。一九四七年一一月から一二月のロンドン外相会議で、ドイツの占領地域の統合と経済再建構想をめぐってソ連と決定的対立が生じ、会議が決裂すると、ベヴィンはこの機会をとらえて米国務省のマーシャル長官、J・ヒッカーソン欧州局長に、二つの環を描いて英国の構想を説明した。それによるとひとつの環は西欧諸国による緊密な結びつきで、もうひとつの環はそれに米国とカナダが加わるゆるやかな結びつきであった。ヒッカーソンの回想によると、大西洋という言葉こそ使われなかったものの、後者が北大西洋条約の起源であった。

一九四八年一月、ベヴィンは西方同盟の構想を下院で発表した。それによると、西欧諸国はソ連の脅威に対抗しなければならず、そのためには植民地を含む西欧諸国の結びつきを緊密なものとし、米国と英連邦の経済的後ろ盾を得ながら、米国やソ連とならぶ第三の勢力を築く、というものであった。

西方同盟結成のための交渉がはじまると、フランスがダンケルク条約同様ドイツを脅威とすることを求め、ベネルックス三国がそれに反発するなど、難航した。しかし一九四八年二月に、チェコスロヴァキアで共産主義者による政権奪取、いわゆる「二月クーデター」が発生すると、いっきに合意が形成された。チェコスロヴァキア大統領E・ベネシュの名声とともに、「東と西の架け橋」として高い評価を得ていた小国に対する共産主義勢力のクーデターは、西欧諸国におおきな衝撃を与えた。一九四八年三月一七日、ベルギーの首都で英、仏、オランダ、ベルギー、ルクセンブルクはブラッセル条約（「経済的、社会的および文化的協力ならびに集団的自衛のための条約」）に調印した。

しかしこの西方同盟は、経済的な統合推進に向けてモメントムを与えたものの、肝心の集団防衛のための実行力をもたなかった。唯一、一定の軍事力を運用できた英国においては、そもそも欧州大陸防衛は優先度が低いうえ、軍事力、経済力の限界から西方同盟が必要とする安全保障を提供できなかった。そのため米国の関与が焦眉の急となった。

ドイツ分断――◆

欧州ではチェコスロヴァキアの「二月クーデター」の衝撃がおさまる間もなく、今度はドイツをめぐって東西対立がいっそう深化した。ドイツの戦後構想については、一九四五年のポツダム会談で基本的には「経済的な一体性」を維持することが謳われており、東西に分かれて占領行政が行われていたとはいえ、それはそのまま分断を意味するものではなかった。

しかしその後、ドイツからの賠償取り立てをめぐって、東西間の対立は先鋭化していた。ソ連はみずからの占領地区で苛酷な取り立てをおこなった以外に、西側占領地区からも賠償を求め、西側と対立した。やがて一九四七年末までにドイツ経済再建の方針をめぐる東西交渉が最終的に決裂すると、四八年二月に米国と英仏およびベネルックス三国は西側占領地区の経済統合推進を決め、同年六月には全西側占領地区における通貨改革を断行した。

こうした動きに苛立ちを強めていたソ連は、一九四八年五月ごろより、東側占領地区に島のように浮かぶ西ベルリンへの陸上輸送(道路、鉄道)に対して規制を強化し、ついで六月には陸上輸送、水上輸送、電力・石炭供給などを停止する措置にでた。これが「ベルリン封鎖」のはじまりであった。

米国はただちに大量の輸送機で必要なあらゆる物資の空輸を開始し、「ベルリン封鎖」の脅しに屈しない姿勢を示した。同時に核爆弾搭載可能なB29戦略爆撃機六〇機を英国に配備した。米国の輸送機が一機でも撃墜されれば、第三次世界大戦となりかねない事態であった。結局「ベルリン封鎖」は、米国の断固とした態度を前にソ連が譲歩をし、翌一九四九年五月に終結した。この事件は、たんにドイツ分断を決定づけた(一九四九年五月ドイツ連邦共和国〔西独〕成立、同年一〇月ドイツ民主共和国〔東独〕成立)のみならず、東西対立が軍事的性格を帯びはじめてきたことをも示した。

北大西洋条約締結――◆

ソ連に対する不信感を強めていた米国は、ドイツ問題をめぐる交渉が決裂した一九四七年末以降、国務省のヒッカーソン欧州局長を中心にブラッセル条約諸国と米国、カナダを含む、よりおおきな安全保障の枠組みの検討を開始した。そもそもブラッセル条約を、フランスが主張するドイツの脅威対処から、集団的自衛のものとするよう助言を与えたのも米国であった。

こうした雰囲気のなか、一九四八年三月二二日から四月一日、米、英、カナダの三国代表はワシントンでの秘密会合（ペンタゴン・トーク）をもち、西欧防衛に対して、米国とカナダがどのようなかたちで貢献できるか、その方法の検討を開始した。

この会議の内容は「ペンタゴン・ペーパー」と呼ばれる極秘文書にまとめられたが、それによると米国は西方同盟と北大西洋地域の集団防衛についての交渉を開始し、さらにノルウェー、デンマーク、スウェーデン、アイスランド、イタリアとも接触して、これらの国々がそうした交渉に参加する用意があるかどうかを確認しつつ、将来的には北大西洋地域における安全保障体制を構築するとされていた。

しかしこの段階では、米議会に平時での軍事同盟締結や欧州問題への米国の関与について、いまだに懐疑的な空気が強く、計画の公表は見送られた。そこでこの計画の重要性を認識していたトルーマン政権は、議会に対する水面下での働きかけを強めた。ヒッカーソンはとくに、議会の有力者で条約批准の鍵を握る上院外交委員会委員長Ａ・Ｈ・ヴァンデンバーグ議員に接触した。

ドイツ問題をめぐる東西対立の激化と「ベルリン封鎖」は、こうしたさなかに勃発した。一九四八年六月一一日、米上院は圧倒的多数で決議第二三九、いわゆるヴァンデンバーグ決議を採択した。これはソ連の拒否権乱発（一九四六年のイラン問題での拒否権発動以来、二〇回以上行使）により安保理が麻痺状態のため国連が機能不全に陥っていることをふまえ、国連憲章第五一条の集団的自衛権にもとづく安全保障条約を締結することで、平和維持と国連強化に役立たせるよう行政府に促すという趣旨のものであった。この決議は、西欧防衛に米国の関与を求めたいトルーマン政権の思惑と、国連をないがしろにするのではなく強化するという姿勢を打ちだしたい議会の思惑を、ともに反映したものであった。これによって集団的自衛権にもとづく北大西洋地域の安全保障条約への道が開かれた。

一九四九年四月四日、ワシントンにおいて北大西洋条約が調印された。加盟国は、ブラッセル条約加盟国と米国、カナダ以外に、ノルウェー、デンマーク、ポルトガル、アイスランド、イタリアの一二カ国となった。これらの加盟国のうちノルウェー、デンマーク、ポルトガルは、それぞれ米国が対ソ戦略上重要な大西洋上の拠点とみなすスピッツベルゲン諸島、グリーンランド、アゾレス諸島を領有しており、アイスランドはそれじたいが欧州への中継地点であった。またイタリアについては、国内共産主義勢力の台頭を抑えるという政治的ねらいがこめられていた。

東西軍事的対立の構図——◆

ソ連は一九四八年以降、東欧諸国に対する締めつけを強化し、スターリンとはげしく対立したティトーのユーゴスラヴィアをコミンフォルムから追放したうえで、ポーランドのW・ゴムウカなど、いわゆる民族派共産主義者の粛清に着手した。また一九四九年一月にはソ連・東欧の経済協力を強化するためにコメコン（経済相互援助会議）を結成した。さらに同年九月にソ連は原爆実験を成功させ、米国による核の独占が破られた。中国で共産党が勝利をおさめ、中華人民共和国の成立が宣言されたのもこのころだった（一〇月一日）。

東西の対立が拡大していくなかで一九五〇年四月、米国の国家安全保障会議は、NSC68（「国家安全保障のための米国の目標と計画」）文書を作成した。この文書は通常兵力の増強のみならず、水爆の

分断されたヨーロッパ（1955年）

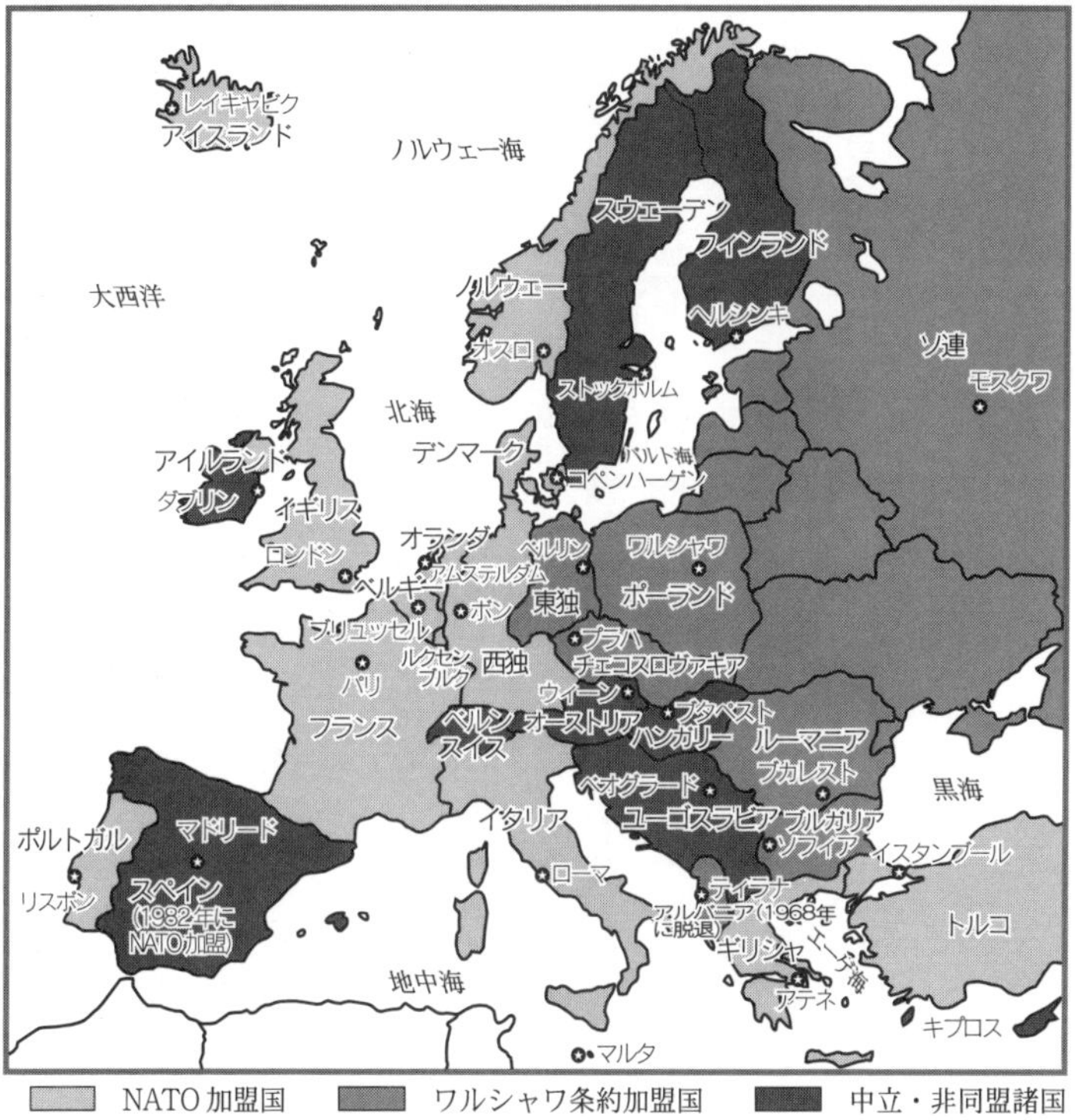

開発までをも織りこんだソ連に対する軍事的封じ込め路線の勧告にほかならなかった。政治的「封じ込め」の提唱者ケナンが水爆の開発に反対して企画室長を退いたあと、後任のＰ・ニッツェを中心に立案されたこの文書は、軍事費の大幅な増額を要するためにトルーマンは承認を躊躇した。しかし東アジアで六月に朝鮮戦争が勃発すると、九月になってトルーマンはＮＳＣ68文書を承認した。

　北大西洋条約も軍事的封じ込め政策の柱として同盟関係の制度化が推進され、統合軍事機構が設置され、文字どおりNATO（北大西洋条約機構）が成立した。初代最高司令官には第二次大戦の英雄、米国のアイゼンハワー将軍が就任（一九五〇年一二月）、初代事務総長には、英国の欧州安全保障への関与をはやくから唱えていたL・イズメイ卿が就任した（一九五二年三月）。

NATOは一九五二年にトルーマン・ドクトリンにより混乱がおさまりつつあったギリシャとトルコを加盟国としてむかえた。しかしソ連との全面衝突を想定した場合、西側防衛にとっての最大の課題は西欧最大の人口と潜在的に強力な経済力を有する西独の扱いであった。西独の再軍備・NATO加盟は、ソ連の大軍への対処を考えれば軍事的には必要不可欠であったが、ヒトラーの記憶が醒めやまぬ西欧諸国（とくにフランス）にとって、政治的には困難な課題であった。しかし西方同盟の改組（WEU〔西欧同盟〕）を通じて西独の軍備管理を実施するという英国の政策により、西独は一九五五年五月五日にNATO加盟を果たした。こうして冷戦期をとおしていわれたNATOの基本的性格「米国を引きこみ、ロシアを締めだし、ドイツを押さえこむ」（イズメイ）が確立した。

NATO成立そのものには具体的に対抗しなかったソ連は、西独の再軍備・NATO加盟には強く反発し、一九五五年五月一四日、すでに二国間条約によって同盟関係にあった東欧七カ国（ポーランド、チェコスロヴァキア、ハンガリー、東独、ルーマニア、ブルガリア、アルバニア）との間に、集団的自衛権にもとづくワルシャワ条約機構を発足させた。

こうして冷戦ははっきりと軍事的次元をもつにいたった。

SECTION 3

アジアにひろがる冷戦

日本が残した真空

欧州にややおくれる形で，アジアの冷戦も激化していった。そのきっかけは，第二次大戦での日本の敗北が，ひろい範囲で政治的・軍事的な真空をつくりだしたことにある。東南アジアの諸民族にとってそれは，悲願の独立を達成する機会にほかならなかった。その先陣を切ったのがオランダ領東インド，現在のインドネシアである。一九四五年八月一七日，つまり日本降伏の二日後にスカルノが独立を宣言し，初代大統領となった。しかしオランダはこの独立を認めず，両者の間で戦いがはじまった。国連の停戦決議を受け，インドネシアが正式独立を果たすのは一九四九年のことになる。

日本の占領（「仏印進駐」と称された）による植民地統治の中断，そして日本の敗北は，仏領インドシナ，とくにヴェトナムにとっても朗報となった。ヴェトミン（ヴェトナム独立同盟）を率いるホー・チ・ミンが九月二日，ハノイでヴェトナム民主共和国の独立を宣言したのである。だがインドネシアの場合と同様，一九四六年末には宗主国フランスとの間で第一次インドシナ戦争（抗仏救国戦争）がはじまった。

英領マラヤ（のちのマレーシア）では，共産党系のゲリラが活発に動いていた。一九四六年に米国か

COLUMN ホー・チ・ミンと米国

一九五〇年代にフランスを支援し、六〇年代にはみずからヴェトナム戦争にのめりこんだ米国にとって不倶戴天の敵が、ホー・チ・ミンである。だがヴェトミンが結成されたころ、米国はかれらをひそかに支援していた。日本軍を背後で撹乱し、またその情報を収集するためである。マラリアに苦しむホーを救ったこともある。ヴェトナム民主共和国独立宣言のモデルも、仏人権宣言と米独立宣言だった。ところが皮肉なことに、独立を希求するヴェトナム人たちの前に立ちふさがったのもそのふたつの国、とくに米国だった。

ら独立したフィリピンでも、フクバラハップ（抗日人民軍）が農地改革などを要求して武力闘争にはいった。一九五〇年代なかばまでにマラヤもフィリピンも平穏をとり戻した。しかしこうした民族主義の高揚をことごとく共産主義者の策謀とみた米国は、東南アジアへの関与をじょじょに深めていく。

なかでもインドシナ戦争は、典型的な冷戦の舞台とみなされた。だがその初期、国内の再建や東欧の掌握などに忙殺されていたソ連は、ヴェトミン支援に積極的ではなかった。東南アジアじたい、ソ連自身の安全や利益とは縁遠い場所だった。しかもフランスで共産党や社会党の勢力が伸びていたから、インドシナ独立を支援して仏国民を刺激する愚はおかしたくなかった。

マーシャル援助がインドシナに流用されるのを黙認したように、米国には冷戦における同盟国フランスを支援したい気持ちもあった。しかしそれ以上に、伝統的な反植民地主義感情が、一九四〇年代末まで表だった関与を押しとどめた。膠着状態の戦局にいらだつフランスは一九四九年夏、前皇帝バオ・ダイを国家元首に担ぎ、ヴェトナム国を樹立した。だが植民地統治時代と同様、バオ・ダイがフランスの傀儡であることは一目瞭然だったから、米国はフランスに十分肩入れできなかった。

ドミノ倒壊を防ぐために——◆

米国が冷戦論理を振りかざし、フランスに梃子入れするきっかけがほどなく訪れた。一九四九年一〇月、中国内戦が共産党の勝利に終わったのである。年末までには中国共産党軍がインドシナとの国境沿いに進出し、山岳地帯に根拠地をもつヴェトミンに武器などを供給しはじめた。中国は一九五〇年一月一七日にヴェトナム民主共和国を承認、ソ連も三一日、これにつづいた。

二月七日、米英はそれまでの躊躇をかなぐり捨ててヴェトナム国を承認した。インドシナ半島における民族主義と植民地主義の戦いが、冷戦の戦場にはっきりと転化したわけである。米国は五月に軍事援助を開始し、朝鮮戦争勃発後の八月にはＭＡＡＧ（軍事援助顧問団）を発足させた。一九五三年には戦費のほぼ八割を米国が負担するまでになった。

米国の介入拡大の根拠となったのが「ドミノ理論」だった。インドシナが失われれば、マラヤ、インドネシア、ビルマ、インド、中東、日本、そして西欧までも共産化の危険にさらされるという、将棋倒しへの強い危惧である。なかでも日本は太平洋防衛の「スーパードミノ」とみなされた。一九五三年にアイゼンハワー大統領がドミノの駒にたとえてインドシナ保持の重要性を訴えたことから有名になったが、じつはそれ以前から、欧州でも中南米でも中東でも、米国の冷戦外交にいっかんする鉄則だった。

1950年の東アジア

出所：筆者作成。

米国はインドシナ半島のさらに南方の防衛にも心を砕いた。第二次大戦終結直後は日本軍国主義復活への備えがもっとも緊急な課題だったが、しだいに共産主義膨張への懸念が優先されるようになった。一九五一年に米国・オーストラリア・ニュージーランドが結んだANZUS（太平洋安全保障条約）もそうした脅威観の産物である。その脅威とは、中国大陸に源泉をもつものであった。

竹のカーテン――◆

中国大陸では一九四六年夏までに、日本の敗北で共通の敵を失った共産党と国民党の内戦が本格化した。ソ連は当然共産党を支援するものと思われたが、一九四五年八月の中ソ友好同盟条約によって蔣介石政権を中国の正統政権と認めた。戦後復興の苦しいなかからかれらに援助を与え、国民党軍の満州進出も認めた。ソ連の関心は、ロシア帝国時代に満州（中国東北部）に確保した権益をいかに守るかにあった。長春鉄道の共同経営権や、旅順港の共同使用権、大連港の国際化、外モンゴルの独立などである。インドシナの場合と同じく、中国内戦もはじめから冷戦の舞台であったわけではない。

一九四八年になってもソ連は中国共産党に十分な軍事的支援を与えず、国民党との妥協を勧めていた。かれらが勝つとは信じていなかったし、米国が国民党の側にたって介入する恐れもあった。共産党がいずれティトーのユーゴスラヴィアと同様、ソ連に抵抗する道を選ぶのではという懸念もあった。むしろ米国に迎合し、弱体な蔣介石の政府に恩を売っておくほうが得策に思えた。

米国は内戦期をつうじて、国民党側に二〇億ドルを超える援助を与えている。しかし一九四〇年代後半は、欧州での冷戦に忙殺されていた。しかも米国内で蔣介石への失望は強まるいっぽうだった。その政府は腐敗と独裁で知られ、国民の多数を占める農民の支持を得られず、軍の士気も低く、ずるずると後退をつづけていたからである。

だが一九四九年一〇月一日、事態は一変した。共産党の指導者・毛沢東は中華人民共和国の成立を高らかに宣言した。その翌日にソ連は新中国を承認、一二月には毛沢東をモスクワにむかえた。翌年二月、米国と日本を事実上の仮想敵国とする中ソ友好同盟相互援助条約が結ばれた。ソ連は今後五年間に三億ドル相当の借款を中国に与え、長春鉄道・旅順港・大連の権益も返還すると約束した。中国共産党をほとんど無視してきた過去を打ち消すための譲歩である。だがそれは米国を刺激せずにはいなかった。

中国側からすればソ連の支援は十分ではなかったし、外モンゴルの独立、新疆へのソ連の進出といった代償をともなっていた。それでも日本との戦いや内戦がもたらした疲弊からの復興をとげるため、かれらは自尊心を呑みこみ、ソ連に頼るしかなかった。毛沢東は中ソ蜜月を世界に誇示し、一致団結して米国に立ち向かう姿勢を示した。

敗れた蔣介石政権は台湾に移り「大陸反攻」の機をうかがった。だが一九五〇年一月、トルーマン米大統領は、台湾に新たな軍事援助を与えないと声明している。D・G・アチソン国務長官は、朝鮮半島とならんで台湾を米国の西太平洋の防衛線に含めなかった。国務省を中心に、伝統的な中国人の反ロシア感情などを背景に、新中国の「ティトー化」、つまりソ連圏からの離脱への期待が高まっていた。

トルーマン政権は一九四九年八月に『中国白書』を刊行、中国共産化の責めは国民党の腐敗と無能にあるとした。だが一九五二年の大統領選挙で、民主党は中国「喪失」や朝鮮戦争勃発などの責任を糾弾され、二〇年ぶりにホワイトハウスを失った。しかもJ・マッカーシー上院議員率いる「赤狩り」の嵐のなか、多くのアジア専門家が事実上追放の憂き目をみた。米国のアジア外交は現実に対応するどころか、中華民国のみを中国の正統な政権として認め、大陸を無視するという虚構の維持に汲々とするようになった。

一九四九年一月、トルーマン大統領は「ポイント・フォア」として知られる発展途上地域への援助計画を打ちだしている。貧困や飢餓などを利した共産主義の拡大を、とくにアジアで防ぐためである。アジア大陸に降りた「竹のカーテン」周辺に位置する反共勢力の強化は、中国内戦終結の直前からはじまっていたが、朝鮮戦争以降さらに米国外交のおおきな柱となった。だがこうした姿勢が新中国を、ほんらいかれら自身も望まなかったソ連への依存に追いやってしまうのである。

北緯三八度線占領分割ラインの設定──◆

一九四五年八月一五日、日本の無条件降伏によって朝鮮は三六年もの長きにわたる植民地統治から解放されることになった。しかしこのころ、すでに米国政府内では朝鮮半島に対して北緯三八度線を米ソ両軍による朝鮮駐留日本軍の武装解除分担ラインとすることが決定されていた。

一九四五年八月八日にソ連は日ソ中立条約を一方的に破棄して日本に宣戦布告し、一三日にはソ連軍が朝鮮半島東北部の清津に大規模な上陸作戦を展開した。これに対し米軍は当時沖縄に上陸作戦を展開しており、朝鮮への進攻は事実上困難であった。にもかかわらず、朝鮮の首都・京城（現ソウル）を含めた北緯三八度線以南を米軍が、そしてその以北をソ連軍がそれぞれ占領し、日本軍の降伏接受と武装解除にあたるという提案をソ連側におこなったのである。

米国がこのようにソ連に対して一方的に朝鮮半島の分割占領を提案したのは、ポーランドがそうであ

COLUMN 米国の賭け——北緯三八度線分割占領ラインの設定

対日参戦したソ連軍は、破竹の勢いで満州になだれ込み、さらに朝鮮半島北部の港湾に爆撃を加えた。ソ連軍が朝鮮半島全域を占領した場合に生じる政治的影響、つまり朝鮮が「極東のポーランド」になることを憂慮していた米国政府は、ソ連軍の突然の侵攻にその対応を急いだ。国務省は、満州および朝鮮半島地域に関して米軍による日本軍降伏受けいれ地域をできるかぎり北にまで広げるよう国務・陸軍・海軍三省調整委員会に提案した。これに対して軍部は、米軍兵力の不足と現地に到達するまでに必要な時間的制約を理由に米軍があまりに北の地域にまで手を伸ばすことを躊躇した。

この国務省の政治的な要請と軍部の時間的・能力的な制約のもとで、米ソ両軍による日本軍の降伏受けいれ分割ラインとして北緯三八度線が最終的に決定されたのである。この米国政府による一方的な決定は、連合国軍最高司令部一般命令第一号としてソ連側に伝えられた。当時、この北緯三八度線占領分割ラインの策定にかかわった米軍将校が述懐するように、このラインは、もしソ連側が同意しない場合、実際に米軍が到達できるよりもはるかに北に位置し、朝鮮の首都であった京城（現在のソウル）や主要な港であった仁川が米軍側の占領地域に含まれていた。にもかかわらず、ソ連がこの米国政府の決定を受けいれたことにかれ自身が驚いている。

ったように、ソ連一国による占領で朝鮮半島全体が共産化されることを憂慮したためであった。米国は朝鮮の占領に米軍が加わることで、そうした事態を阻止しようとしたのである。この米国の提案がソ連側に受けいれられ、朝鮮半島は解放直後から米ソ両軍によって南北に分割占領されることとなった。

第二次大戦中における米国の朝鮮に対する戦後計画は、米英中ソの四カ国共同による朝鮮占領と民事行政を実施し、その後にこの四カ国を中心とする国際的な信託統治制度を朝鮮に適用することであった。この米国の計画は、朝鮮が日本や中国、それにロシアといった列国に挟まれ、これまでさまざまな干渉を受けてきたという朝鮮の歴史的・地理的環境と、長い間植民地とされた朝鮮人の自治能力に対する懸念から導きだされたものであった。朝鮮を利害関係のある国が共同で管理することによって互いの利害調整をはかり、朝鮮をめぐる紛争を防ぐとともに、信託統治の期間中に朝鮮人を教育・保護して自治能力を高めようとする、パターナリズムの考えにもとづいていたのである。

しかし、この複数国による共同管理と信託統治計画は、他方では戦後にソ連による朝鮮半島に対する影響力の増大を牽制するものでもあった。朝鮮を複数国が共同で管理することによってソ連の発言権を何分の一かに低下させることができたのである。

一九四五年一二月に開かれた米英ソ外相会議で米国は、朝鮮問題に関してこの米英中ソの四カ国による信託統治の実施を骨子とする提案をおこなった。これに対してソ連は、朝鮮臨時政府の樹立と、臨時政府を樹立するための米ソの交渉機関として米ソ共同委員会を設置する案を提起した。両国の交渉の結果、信託統治の実施とソ連側が提案した米ソ共同委員会の設置、そして五年後の独立を保障したモスクワ協定の朝鮮条項が合意された。

◆解放された朝鮮——

一方、日本から解放された朝鮮国内では、全国各地で自主的にさまざまな政治活動団体が組織された。なかでも、呂運亨を中心に樹立された朝鮮建国準備委員会や、同委員会が母体となって組織された朝鮮人民共和国が全国的な組織基盤を築きあげるまでになった。当時の大多数の人々は植民地統治の圧政によって困窮していたため、朝鮮建国準備委員会や朝鮮人民共和国の勢力（左派）が掲げる土地改革や企業の国有化などの共産主義的な政策が多くの民衆の支持を得たのである。

しかし、南朝鮮を占領した米軍はこうした共産主義的な傾向をもつ左派勢力によって朝鮮半島全体が共産化されるとの危機感をいだき、かれらに対抗するために朝鮮人地主や企業家などの保守的な人々を南朝鮮を統治する軍政府の官吏に登用するとともに、独立運動の英雄として名高かった李承晩や金九などの大韓民国臨時政府の指導者たちを帰国させ、かれらを利用して政治的主導権を掌握しつつある共産主義勢力に対する巻き返しにでたのである。

これに対して、ソ連軍が占領した北朝鮮では共産主義勢力と保守派の勢力によって各地に人民政治委員会や人民委員会が組織され、同委員会に行政権が委譲されていった。しかし、一九四五年一〇月から一一月にかけておこなわれた人民委員会の選挙を通じて共産主義勢力が台頭し、各地の政治的実権を掌握していった。だが、この過程で朝鮮共産党内部では、ソウルの党中央に従おうとする国内派と海外から帰国した金日成ら海外派との間で主導権争いが展開された。海外派共産主義者たちは、北朝鮮独自の党組織を設立することで、ソウルの党中央の統制からしだいに離脱しようとした。そして金日成は、朝鮮共産党北朝鮮分局の第一秘書となって、北朝鮮における党の実権を掌握したのち、一九四七年二月には北朝鮮全体の中央行政機関である北朝鮮臨時人民委員会の委員長に就任し、土地改革や重要産業の国有化を実施するとともに、急速にみずからの体制固めを進めていったのである。

南北の分断──◆

南北朝鮮のこうした状況のなかで第一次米ソ共同委員会は開催された。米国は北朝鮮に臨時人民委員会が組織されたことで、ソ連が一部の共産主義者を通じて北朝鮮を支配しようとしていると受けとった。そのため共同委員会では、朝鮮臨時政府を樹立する際に協議する対象として南朝鮮の保守派勢力を前面にだして、北朝鮮の共産主義勢力に対抗させようとした。しかし、ソ連側が、南朝鮮の保守派勢力が信託統治の実施に反対しているという理由でかれらとの協議を拒否したことから交渉は難航し、ついに一九四六年五月に無期休会となった。

もともと米国にとって朝鮮半島は、戦略的にはそれほど重要ではなかった。しかし、朝鮮半島が共産化されてソ連の支配下にはいることは、極東における米国の脅威となり、また政治的にも米国の威信を失墜させ、ドイツなどほかの重要な地域に影響を与えることになる。したがって、朝鮮の共産化をできるだけ阻止する一方で、早期に米軍を朝鮮から撤収させ、同地域を軍事的な中立地帯とすることがもっとも米国の利益にかなう方向であった。

このため米国は、米ソ交渉の早期打開をはかって南朝鮮から軍隊を撤収させるために、共同委員会でソ連側が受けいれやすいように南朝鮮で左右の中間派勢力を中心とする政治勢力の統合（左右合作運動）を試みた。保守派に代わってかれら中間派の勢力を朝鮮の臨時政府樹立の際に利用し、北の共産主義勢力の防波堤にしようとしたのである。

しかし、この米国による左右合作工作も南朝鮮の政治勢力間の主導権争いによって失敗し、米国は共同委員会における朝鮮人勢力の拠り所を失ってふたたび保守派に依存せざるをえなくなった。そして、一九四七年五月から開かれた第二次共同委員会は第一次のときと同様に保守派を協議対象からはずそうとするソ連側と対立し、交渉はもの別れに終わった。

そのため米国は、共同委員会を通じてのソ連との直接交渉を断念して、ソ連の反対にもかかわらず九月一七日に朝鮮問題を一方的に国連に上程したのである。国連総会で米国は、朝鮮臨時委員会を設置して同委員会のもとで国民議会を構成するための選挙を南北で実施するという決議案を提出し、これを可決させた。しかし、ソ連が朝鮮臨時委員会の北朝鮮立ち入りを拒否したために、米国は南朝鮮単独政府樹立へと方針を転換し、朝鮮臨時委員会を受けいれる南朝鮮だけでの選挙実施を求める決議案を国連に提出したのである。

この米国の決議案が国連総会暫定委員会で採択されたことから、米ソ交渉を通じての南北統一政府樹立への道は閉ざされることとなったのである。

国連決議にもとづいて南朝鮮だけで実施された選挙では、左派勢力や中間派、それに一部の保守派が南朝鮮単独選挙に反対して選挙をボイコットしたことから、保守派の李承晩勢力が多数の議席を占める結果となった。そして、一九四八年八月に李を大統領とする大韓民国政府が樹立された。一二月に韓国政府は国連総会において唯一合法政府としての承認を獲得したが、一九四九年四月の安全保障理事会では国連への加盟が否決された。

韓国政府が成立したことにともない、米国は米軍の撤収を開始し、韓国側から駐留継続の要請があったにもかかわらず、一九四九年六月に五〇〇人の軍事顧問団のみを残して完全に引きあげた。韓国政府には国内の治安維持に限定される範囲の軍事援助と経済復興のための援助を与えられることが米国から約束されたにすぎなかった。

SECTION 4 朝鮮戦争

朝鮮戦争勃発――◆

一九五〇年一月にアチソン米国務長官は、外部からの攻撃に対して米国が防衛責任を負う、いわゆる〝防衛ライン〟をアリューシャンから日本をへて沖縄、フィリピンを結ぶアジアの沿岸島嶼帯とする発言をおこなった。アチソンのこの発言は、米国の主要な戦略的利益が欧州にあるために、ソ連との全面戦争の際には欧州における戦略的攻撃とアジアにおける戦略的防衛を遂行するという方針のもとで、アジアに関しては最小限の軍事的能力によって有効な防衛のできる地域を明らかにしたものであった。米国は朝鮮半島から軍隊を撤収し、さらにこの防衛ラインからも除外したが、朝鮮半島を完全に放棄したわけではなかった。依然として朝鮮半島は、米国にとって政治的威信のかかった重要な地域であった。ただ米国としては、韓国政府の樹立に国連がかかわったことから、引きつづき朝鮮問題に国連を関与させ、韓国が共産軍によって攻撃された場合には国連を通じての介入をおこなって、米国単独でのコミットメントを回避しようとしたのである。

一方、北朝鮮では一九四八年八月に最高人民会議代議員選挙が実施され、九月に金日成を首班とする朝鮮人民共和国の樹立が宣布された。北朝鮮政府はすぐさま米ソ両軍の撤退を要請し、ソ連軍はこれにこたえて一二月に全軍の撤収を完了した。

朝鮮半島が共産化されることを恐れた李承晩政権は、国内の左派勢力を弾圧するとともに、武力による北進統一を掲げて北朝鮮を挑発した。これに対して北朝鮮は、一九四九年六月に祖国統一民主主義戦線を結成して南北の平和的統一を呼びかける一方で、中国から国共内戦に従軍していた朝鮮人兵士の引き渡しを受けて軍事力を増強するとともに、三八度線を越えてパルチザン（遊撃隊）を浸透させ、南朝鮮での混乱を助長させた。米軍が撤収して以降、三八度線付近ではしばしば両者の間で小規模な武力衝突が発生するようになり、九月には国連監視団が朝鮮半島での戦争勃発の危険性を警告するような状態であった。

こうしたなか、一九四九年八月二九日にソ連は原爆実験に成功して核兵器を手にいれた。そして、一〇月一日には内戦状態にあった中国大陸で中華人民共和国の樹立が宣言され、中国共産党に敗れた蔣介石の国民党は台湾に追いやられた。北朝鮮は中国と国交を樹立し、またソ連も一九五〇年二月に中ソ友好同盟相互援助条約を締結して中国との結束をはかったことから、朝鮮半島をとりまく国際情勢はおおきく変化した。

こうした情勢の変化を受けて金日成は武力による南北統一を決意し、当初、南への武力侵攻には慎重であったソ連のスターリンおよび中国の毛沢東から南侵に対する同意をとりつけた。さらにソ連側から武器や装備などの軍事支援を得て、南侵への準備を進めていったのである。そして一九五〇年六月二五日に北朝鮮軍は、三八度線を越えて南に侵攻し、朝鮮戦争が勃発した。

国連軍の派遣

朝鮮半島で全面的な戦闘が開始されたという報告に米国はすぐさま国連安全保障理事会の開催を求め、同問題を安保理に提起する措置をとった。そして、一九五〇年六月二五日に安保理では米国の決議案をもとに北朝鮮軍の武力攻撃を侵略とみなし、敵対行為の即時停止と三八度線以北への撤退を要請する決議がおこなわれた。このときソ連は、国連の中国代表権問題をめぐって西側と対立していたために、すでに一月から安保理を欠席していた。

しかし安保理の決議にもかかわらず、北朝鮮軍は南朝鮮の解放を掲げて南下をつづけたため、米国は一九五〇年六月二七日に米空海軍による韓国軍支援を実施するとともに、安保理に対して北朝鮮の武力攻撃を撃退し、国際平和と朝鮮半島の安全保障回復のために必要な援助を国連加盟国がおこなうとする決議案を提出して、これを可決させた。さらに、二八日にソウルが陥落して韓国軍の劣勢が明らかになると、三〇日には米陸軍の投入を決定した。そして七月七日に、依然としてソ連が欠席したままの状態で安保理は、韓国支援に兵力を提供する国連加盟国の軍隊を米国の指揮下に統一し、国連軍とする決議案を採択した。この国連軍として実戦部隊を派遣した国は、米国をはじめ、英、仏、オーストラリア、カナダなど一六カ国に及んだ。韓国政府も韓国軍の指揮権を国連軍総司令官に移譲し、国連軍に編入された。こうして、米国は単独で朝鮮戦争に介入することを避けつつ、韓国政府を樹立させた国連の威信を守るとの名目で国連軍を率いて朝鮮戦争に介入したのである。

朝鮮戦争勃発の際になされた一連の安保理の決議採択に、ソ連が引きつづき欠席したことは謎である。おそらくソ連は、米国の決議案に拒否権を行使することで、北朝鮮軍の南侵にかかわりがあると疑われ、朝鮮での紛争が米ソの直接対決にまで拡大することを避けようとしたためと思われる。だがその一方で、ソ連は北朝鮮に対して南侵実行のための軍事的支援を与えただけではなく、その後も引きつづき戦略物資を供給し、作戦面においても支援をおこなった。さらに、参戦した中国軍にも軍事援助を与えたうえ、戦闘が北朝鮮に不利になった一九五〇年一一月ごろからは空軍を派遣して、戦争に直接関与したのである。

中国の参戦――◆

米極東軍司令官D・マッカーサーが国連軍総司令官に任命されたことで、米軍は本格的に戦闘に参加するようになった。しかし、北朝鮮軍の南下を阻止することができず、一九五〇年八月に韓国政府は朝

朝鮮人民軍の進撃（1950年6月～9月）と国民軍の反攻（1950年6月～10月）

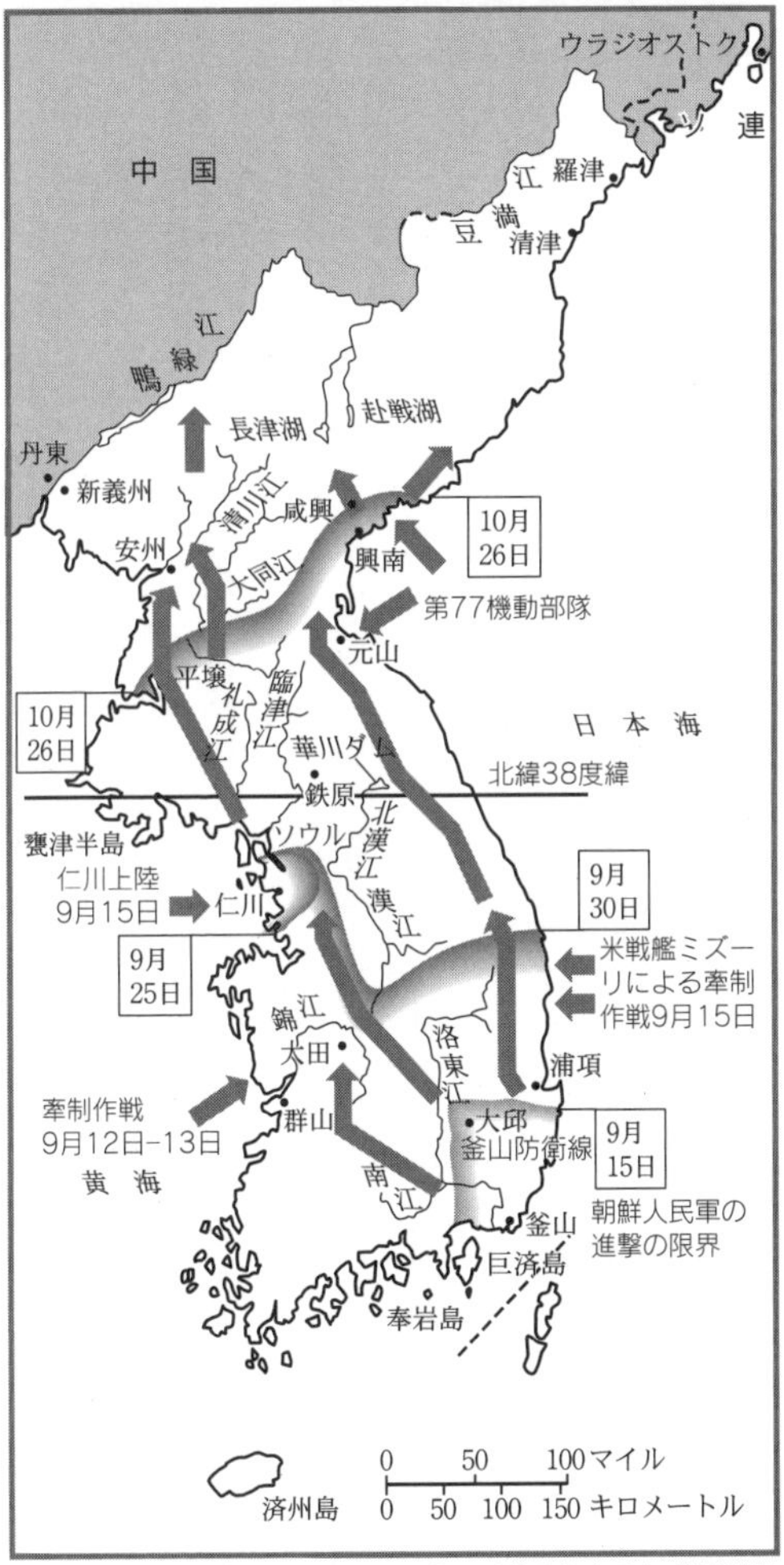

出所：J. ハリディ／B. カミングス（清水知久訳）『朝鮮戦争――内政と干渉』岩波書店，1990年，88ページ。

鮮半島の南端に位置する釜山一帯にまで追いつめられた。北朝鮮軍によって占領された地域では朝鮮共産党の党組織が復活し、人民委員会が設置されて土地改革などが実施されたが、人民裁判や志願兵を強制的に徴兵するなどしたために住民の反発もおおきかった。このとき、南朝鮮の人々のなかに北朝鮮に対する憎悪や不信感が生まれ、のちに南北両政府間で南北統一の話しあいがおこなわれる際に心理的な障害となるのである。

一九五〇年九月一五日に国連軍は中部西海岸に位置する仁川に上陸を敢行して、北朝鮮軍を南北両面から挟み撃ちにする作戦を展開したことで形勢は逆転した。国連軍は南朝鮮各地で反撃に転じて北朝鮮軍を敗走させ、九月二八日にはソウルを奪還した。

急遽、朝鮮戦争に介入することになった米国の当初の目標は、北朝鮮軍を三八度線以北へ押し戻して原状回復させることであった。しかし、戦況がしだいに国連軍に有利になるにつれ、米国政府内では北朝鮮軍を敗北させ、北朝鮮を共産主義政権から解放することが方針として掲げられるようになった。その結果、一九五〇年九月下旬になって国連軍の作戦範囲を三八度線以北にまで拡大させることが決定された。これにより一〇月一日に、まず北朝鮮軍最高司令官の金日成に対して降伏勧告がおこなわれ、さらに同日韓国軍が三八度線を越えて北進を開始した。そして、一〇月七日には国連総会で、「国連のもとで全朝鮮の安定を確保し、統一・独立・民主政府を樹立するための措置がとられることを求める」とする英国など西側八カ国が提出した決議案が採択された。この国連決議によって、国連軍は朝鮮半島に統一政府を樹立することを目標として朝鮮全土を対象に作戦行動を展開することが公式に認められたのである。
マッカーサーは同決議にもとづき、国連決議と同じ日に再度金日成に対して降伏を勧告し、一九五〇年一〇月九日に国連軍を三八度線を越えて進撃させた。韓国軍と国連軍は二〇日に北朝鮮の首都平壌を陥落させ、さらに中国との国境である鴨緑江にまで接近した。

このころ中国は、米国に対して北朝鮮に対する侵略行為を非難し、韓国軍以外に国連軍が三八度線を越えた場合には、中国の抵抗にあうであろうとの警告をくりかえし発していた。中国にとって朝鮮の共産主義革命を失敗に終わらせることは、中国東北部における防衛負担を増大させるとともに、アジア全域において中国に不利な状況が生じる。それだけではなく、朝鮮の次はいずれ自分たちが米国の標的になると中国は認識していたのである。

劣勢に追いこまれた金日成はマッカーサーの降伏勧告を拒否し、スターリンにソ連軍による支援と中国軍の派兵を中国に働きかけてくれるよう求めた。さらに直接中国に対しても、軍隊の派遣を要請した。金日成の要請に対してスターリンは、中国に義勇軍として軍隊を派遣することを求める一方、ソ連空軍の実戦配備を展開した。そして中国も、ソ連と北朝鮮の求めに応じて中国人民志願軍を創設し、北朝鮮への派遣を決定した。一〇月はじめからなかばにかけての時期である。

中国人民志願軍は一九五〇年一〇月なかばに鴨緑江を渡って北朝鮮に進攻し、韓国軍と国連軍の前方に軍隊を展開した。そして北進する韓国軍および国連軍に奇襲攻撃を加えて、大混乱に陥れた。国連軍側は一時後退させられたが、補給を整えて一一月二四日にふたたび鴨緑江に向かって本格的な攻撃にでた。しかし、中国と北朝鮮の共産軍による大規模な反撃にあって総退却を余儀なくされ、一二月はじめには平壌からも撤収せざるをえなくなっ

休戦への模索——◆

こうした事態の急変にトルーマンは一九五〇年一一月三〇日に朝鮮に原爆を使用する可能性があることを明らかにした。原爆の使用については米軍部内ですでに検討されていたが、その効果に対する不確定さや国際世論の動向、さらにはソ連の反応など複雑な要素が絡んでおり、容易に使用できる状況ではなかった。にもかかわらずトルーマンは、原爆を中国に対する脅しとして利用したのである。そして一二月一六日には、国家非常事態を宣言して、国連原則の保持、国連軍の防衛線の堅持、そして陸海空軍の強化と経済発展の必要性を国民に説いた。

こうして米国は戦争継続の意思を明らかにする一方で、実際には国連を通じた停戦への道を模索しはじめていた。一九五〇年一二月はじめに米英首脳会談がおこなわれた後の一四日に、国連総会はインドを含めた一三カ国が提案した、両者に休戦を求める決議案を可決させ、カナダ、インド、イランの代表で構成される三人委員会を設置して、同委員会を通じて中国側に休戦を申しいれた。

しかし、中国は一九五〇年一二月二二日に国連の提案を拒否し、二五日には三八度線を越えて共産軍を南下させた。そして、一九五一年一月四日にふたたびソウルを占領した。国連は再度、朝鮮以外の軍隊が撤退することなどを内容とする五項目の休戦案を決議したが、これも中国に拒否されてしまった。

中国軍・北朝鮮軍の進撃（1950年10月〜1951年1月）

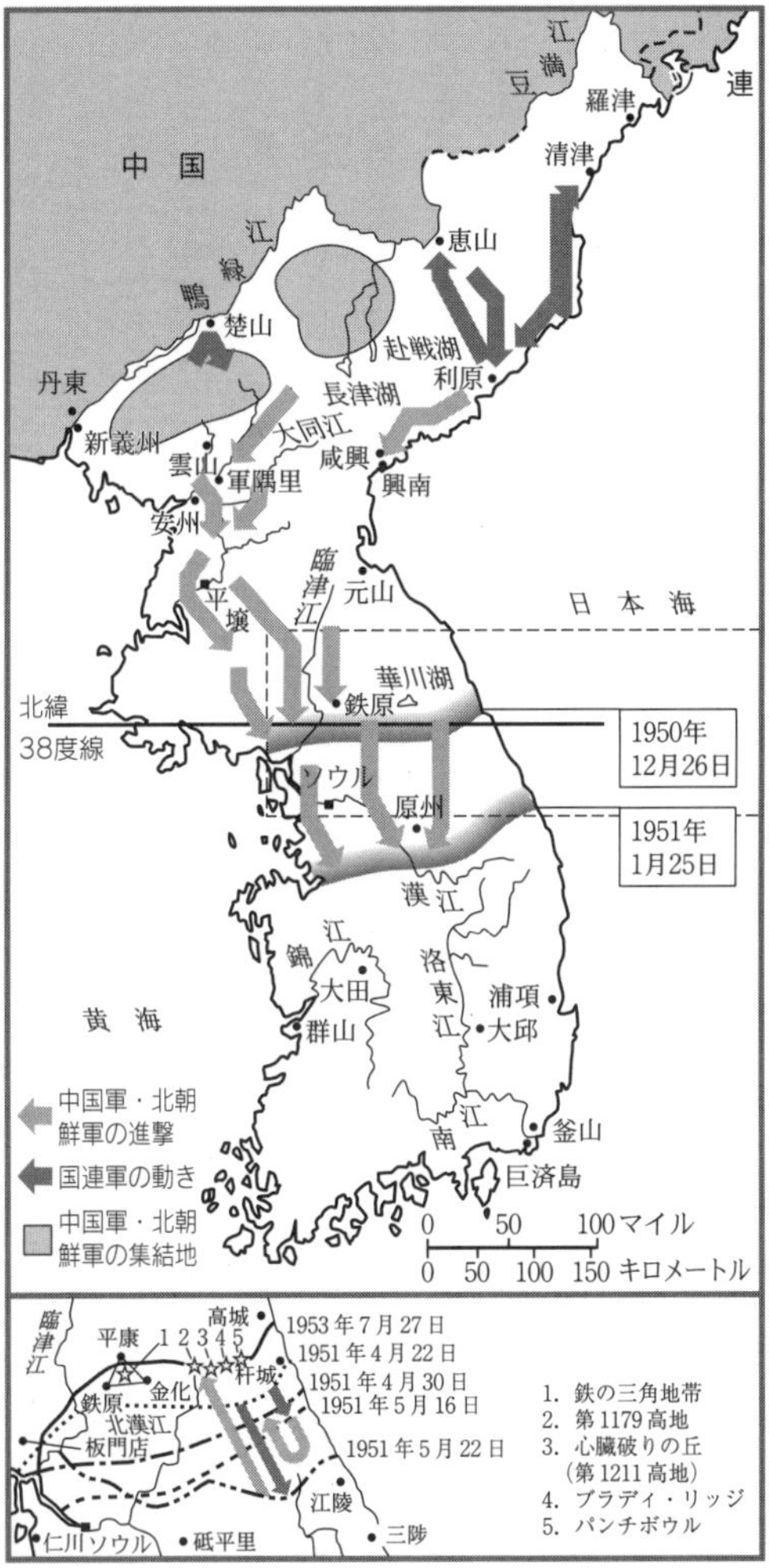

出所：J. ハリディ／B. カミングス（清水知久訳）『朝鮮戦争——内政と干渉』岩波書店，1990年，88ページ。

こうした行動に米国は二月一日に中国を侵略者として非難する決議案を国連総会に提出して可決させ、中国側に圧力をかけた。

この間、防戦を強いられていた国連軍は一九五一年一月二五日に反撃を開始し、共産軍を撃破して三月一五日にふたたびソウルを奪還するにいたった。米国は原爆を実戦配備して共産軍側のさらなる大攻

COLUMN 朝鮮戦争の英雄 マッカーサー解任される

仁川上陸作戦を成功させて国連軍を優勢に導いたD・マッカーサーは、しだいにワシントンからの指令を無視して独断で作戦を展開するようになった。そして、中国人民志願軍の参戦によって国連軍が敗退を強いられると、中国への報復として、中国本土への爆撃や蔣介石軍の韓国派遣などをワシントンに進言した。さらにかれは、ワシントンが停戦への道を探りはじめると、アジアにおける共産主義への敗北は欧州にも悪影響を与えるとして、あくまでも勝利をめざして中国大陸にまで戦争を拡大する必要があるとまで主張した。このときかれは、満州と朝鮮を遮断するために中国東北部だけではなくソ連のシベリア地域の都市にまで原爆を使用する作戦を検討していた。戦争を朝鮮半島に限定させようとするワシントンは、かれの言動が今後の国連軍の作戦および休戦交渉におおきな障害になることを憂慮し、ついに一九五一年四月にかれを解任した。かれの後任には第八軍司令官として一九五一年一月にはじまった、国連軍の大反撃に功績のあったリッジウェー大将が就任した。

勢に備えたが、戦線は一進一退をくりかえし、六月には三八度線のほぼ北側で膠着状態にはいった。

三八度線を回復させた米国は、あらためて休戦の可能性を探るために水面下でソ連と折衝をおこなった。同じころ、消耗戦に疲弊した共産軍側も休戦を望んでいた。中国と北朝鮮は、スターリンに対して休戦に向けての働きかけを要請したのである。一九五一年六月二三日、ソ連のI・A・マリク国連代表は、国連軍および共産軍の双方に休戦のための話しあいをはじめるよう提案する声明を発表した。このマリクの声明は、休戦に対する両者の要望にこたえたものであった。

マリク声明を受けて、一九五一年六月二九日にM・B・リッジウェー国連軍総司令官が共産軍側の司令官に対して停戦交渉をおこなうことを提唱すると、中国および北朝鮮はこれを受諾し、七月一〇日から共産軍が占領する開城で休戦会談が開始された。

休戦会談はそれぞれの政府の代表によってではなく、韓国軍を含めた現地司令官の間でおこなわれた。米国側からすれば中国および北朝鮮を政府として認めておらず、また中国側も正規軍ではなく、あくまでも志願兵として参戦したというたてまえがあったからである。

難航する休戦交渉——◆

休戦交渉の開始という新しい事態を受けて、米国政府内部ではすぐさまその対応が検討された。その結果、休戦が成立した場合には、民主統一朝鮮樹立のための政治的解決に向けた交渉をおこなう国連委員会を設置することや、みずから防衛の責任を負えるよう韓国軍を強化すること、国連軍の維持などの方策をとることが方針として決められた。しかし万一交渉が失敗した場合には、全面戦争の危険に対応するための国内動員、朝鮮における軍事作戦規模の拡大、必要ならば中朝国境沿いのダムや発電施設および中国軍の空軍基地に対する爆撃などの措置をとることが確認されたのである。

開城ではじまった休戦会談のおもな議題は、軍事境界線の設定、休戦監視の方法とその機関の構成、戦争捕虜のとり扱いなどであった。しかし会談は、軍事境界線の設定をめぐって最初から難航した。国連軍側が現時点で双方の軍隊が対峙している三八度線より北側に位置するラインを主張したのに対して、共産軍側は戦前の三八度線を境界線にすることを主張して譲らず、結局交渉はまとまることなく一九五一年八月五日に中断した。

この間、国連軍は休戦交渉を継続しながらも限定的な攻撃をおこなっていたが、一九五一年八月中旬ころから前線一帯で作戦を展開するとともに、北朝鮮の港湾に爆撃を加えて共産軍に多大の損害を与えた。こうした国連軍側の攻勢に共産軍側は、ふたたびリッジウェーの呼びかけに応じて一〇月二五日に板門店で交渉を再開することを受諾した。

再開された交渉では軍事境界線に関して双方が妥協し、三〇日以内に休戦協定が締結されるという前提のもとで現在両軍が接触しているラインを境界線とし、同期間中に休戦協定が締結されない場合は、協定締結時における両軍接触ラインを境界線とするという合意が両者の間でなされた。さらに、中立国監視委員会の設置についても合意された。しかし戦争捕虜のとり扱いについて、捕虜を強制送還するかあるいは捕虜の自由意思によるかをめぐってふたたび対立し、交渉は暗礁にのりあげた。一九五二年六月にはいって米国は、事態の打開をはかるために大規模な北爆を敢行し、平壌をはじめ北朝鮮の主要都市と国境沿いの水力発電所を爆撃して共産側に圧力を加えたが効果はなく、一〇月に会談は休会となった。

しかし一九五三年に、朝鮮戦争の早期終結を掲げたアイゼンハワーが大統領に就任し、さらに同年三月五日にスターリンが死亡したことは、休戦会談の進展におおきな転機となった。

アイゼンハワー政権は朝鮮政策に対する見直しをおこない、休戦交渉については共産軍側とのこれまでの合意を受け入れて継続することが決定された。そして休戦の目的を朝鮮問題の政治的解決にあるとし、最終的には民主統一朝鮮の実現をめざすという方針をとった。

また、共産軍側でも休戦交渉の再開に向けて動きはじめ、一九五三年三月二八日に国連軍に対して交渉の再開を提起した。さらに三〇日には、中国が戦争捕虜のとり扱い問題について譲歩したことから交渉の糸口が開かれ、四月二六日に休戦会談が再開されることとなった。

休戦の代償

戦線の膠着状態から脱するために休戦交渉を進めようとする米国に対して、李承晩政権はあくまでも共産軍を敗北させて朝鮮の統一を実現させようとした。マリク声明が発表されたとき、李はすぐさま休戦交渉には反対することを米国政府に伝え、さらに休戦受諾の前提として中国軍の撤退と北朝鮮軍の武装解除、国連監視下での北朝鮮総選挙など共産軍側にとって到底受けいれられない条件を主張した。

そして共産軍側から休戦会談再開の提案がなされたとき、かれはふたたび反対を表明し、韓国軍単独で北進すると言明したうえ、再開された休戦会談の場から韓国軍代表を引きあげさせたのである。そのため米国政府内部では、休戦交渉を成功させるために李たち休戦に反対する勢力を軟禁して、南朝鮮に臨時政府を樹立させる方策まで検討された。

しかし、李が休戦に同意する条件として米韓相互防衛条約の締結を提示してきたことを受け、休戦への韓国政府の同意と協力を得るために米国はこの要求を受けいれた。一九五三年六月六日にアイゼンハワーは李に対して相互防衛協定を締結する用意があると伝えたのである。

この結果、一九五三年七月二七日にようやく国連軍と共産軍との間で休戦協定が調印されたが、韓国政府は同協定が実施されることについては妨害しないとしながらも、協定に不参加を表明して署名しなかった。そして一〇月一日に米韓相互防衛条約が締結され、韓国は米国の軍事同盟国の一員となった。

共産主義の防壁としての韓国——◆

当初、米国は韓国側が休戦への代償として相互防衛条約の締結を求めてきたとき、これを拒否した。なぜなら、朝鮮半島は米国にとって依然として戦略的には重要ではない地域であり、防衛条約の締結は米軍の負担の増大を意味していたからである。しかし、休戦に対する韓国政府の協力をとりつけるために相互防衛条約の締結は避けられなかった。そのため米国は、同盟国としての韓国という現状を受けいれるとともに、他方では休戦協定に記された朝鮮問題の平和的解決をはかるための政治会議の場で朝鮮半島の統一・中立化をはかり、それによって米軍を撤収させて朝鮮半島への関与を軽減しようとしたのである。

しかし同じころに米国が進めていた日本の再軍備計画は、思うように進展しなかった。日本に軍備を増強させてアジアにおける共産主義の防壁にしようとする米国の思惑が、日本の国内政治の混乱や経済状況、さらに日本側の抵抗にあって挫折しようとしていた。

また、朝鮮問題を平和的に解決するための政治会議はその予備会談の段階で、会議に参加するソ連を参戦国とするか、中立国とするかの問題で対立し、ついに決裂した。さらに一九五四年四月に、朝鮮問題を解決するために開かれたジュネーヴ会議も、南北朝鮮や関係諸国がそれぞれの主張を展開して妥結にいたらず、なんら成果を得ることなく終わった。

その結果、韓国は米国の同盟国としてとどまっただけではなく、朝鮮戦争を通じて増強された韓国軍は、日本に代わってアジアにおける共産主義の防壁として米国の対ソ戦略のなかに位置づけられていくのである。

第2章　国内冷戦の成立

JAPAN

●サンフランシスコ講和条約に調印する吉田茂
（中央・吉田茂主席全権，後列左から，徳川宗敬（緑風），星島二郎（自），苫米地義三（民），池田勇人蔵相）

なぜ日本国憲法第９条が存在するにもかかわらず，自衛隊が存在するのだろうか。なぜ日本は，独立国であるにもかかわらず，国内に米軍基地を抱えているのだろうか。──こんにちの日本が抱えている問題のなかには，敗戦から講和にかけての時期にその原点を求めることができるものが少なくない。ここでは，敗戦後の占領下，民主国家に改編された日本が国際冷戦のなかでどのような道を歩んだのかを論じていく。

（1951年９月，サンフランシスコ。写真提供：毎日フォトバンク＝PANA）

SECTION 1

国内冷戦の萌芽

◆――敗戦

「朕ハ帝国政府ヲシテ米英支蘇四国ニ対シ其ノ共同宣言ヲ受諾スル旨通知セシメタリ」。一九四五年八月一五日正午、ラジオをとおして全国に玉音放送が流れた。敗戦や降伏という言葉はいっさい使われておらず、「国体ヲ護持シ得」たとする、国民にとってはやや難解で、かつ雑音で聞きとりにくい放送であった。しかし多くの国民は、はじめて聞く昭和天皇の肉声――録音されたものであったが――で日本の敗戦を知った。

日本軍は、一九四一年一二月八日の真珠湾攻撃で戦果をあげたが、四二年六月五日のミッドウェー海戦以後、米軍に押され、「転進」という名の撤退と「玉砕」戦法をくりかえした。一九四五年三月九日から一〇日には空襲によって首都・東京が焼け野原となり、四月一日には米軍が沖縄本島に上陸し、地上戦がくりひろげられた。六月二三日に第三二軍（沖縄守備軍）の牛島満司令官らが自決することで組織的抵抗は終結し、この日が「沖縄慰霊の日」とされている。しかし第三二軍が降伏文書に調印したのは九月七日であり、その間も「集団自決」などが引き起こされた。

一九四五年七月二六日、米・英・中三カ国はポツダム宣言を発表し、日本に無条件降伏を迫った。し

COLUMN 終戦決定の過程

一九四五年八月九日、ポツダム宣言を受諾するかどうかをめぐって最高戦争指導会議と閣議が開かれたが、結論はでなかった。このため午後一一時五〇分、昭和天皇臨席のもとで最高戦争指導会議が再開された。東郷茂徳外相・米内光政海相・平沼騏一郎枢密院議長は「国体護持」を条件に宣言を受諾することを主張した。他方、阿南惟幾陸相・梅津美治郎陸軍参謀総長・豊田副武海軍軍令部総長が「国体護持」以外にも条件が必要だとして徹底抗戦を主張した。三対三で意見が分かれるなか、一〇日午前二時、鈴木貫太郎首相は昭和天皇の前に進み、「聖断」を仰いだ。それを受けて、天皇は、宣言を受諾することを決断した。これは、当時の意思決定としては異例なことであったが、事前に鈴木首相や木戸幸一内大臣、米内らの間ではかられたことであった。

日本政府は、中立国を通じて、連合国に、「天皇ノ国家統治ノ大権ヲ変更スルノ要求ヲ包含シ居ラザルコトノ了解ノ下ニ」ポツダム宣言を受諾することを通告した。だが八月一一日の連合国の回答は、「降伏の時より天皇及び日本国政府の国家統治の権限は……連合国最高司令官の制限の下に置かるるものとす」とされ、かつ「最終的の日本国の政府の形態は『ポツダム』宣言に遵ひ日本国国民の自由に表明する意思により決定せらるべきものとす」とされており、天皇の地位がどうなるのかに直接回答していなかった。

日本側は連合国の真意がつかめず、八月一四日に御前会議が開かれ、ふたたび「聖断」によって、ポツダム宣言の受諾を決定したのである。陸軍の一部将校は、終戦を阻止するため宮城に乱入し、森赳・近衛第一師団長を射殺したが、玉音放送の録音盤を奪えず、失敗した。玉音放送まで——あるいはそれ以降も——状況は緊迫していた。なお阿南陸相が政府の決定に最後まで反対すれば、内閣を瓦解させることもできたが、阿南はそれをおこなわず、割腹自殺をとげた。

米軍は、一一月に南九州へ、翌年春に関東地方へ上陸することを計画しており（オリンピック作戦、コロネット作戦）、降伏していなければ甚大な損害がでていただろう。

かし陸軍が「本土決戦」を主張しており、「日本国国民の自由に表明せる意思に」（一二項）もとづく政治体制を求めるポツダム宣言では、天皇の地位が保障されていないとして、二八日、鈴木貫太郎首相は、これを「黙殺」し、戦争を継続することを表明した。そのため米軍は、七月に実験成功したばかりの原子力爆弾を八月六日に広島へ、九日に長崎へ投下した。八日（日本時間九日未明）にはソ連が日ソ中立条約を破棄し、満州に攻めこんだ。こうして日本はポツダム宣言を受諾し、降伏したのである。

八月一五日、鈴木内閣は総辞職し、一七日、はじめて皇族の東久邇宮稔彦王が組閣する。そして重光葵外相らが全権として、九月二日、米艦ミズーリ号上で降伏文書に調印した。

日本軍の武装解除は六〇日ほどで終わった。しかしすべて平和裡に終わったわけではない。ソ連軍が満州に攻撃を加えたとき、関東軍は、開拓民や居留民を置き去りにして撤退したため、シベリア抑留や中国残留孤児などの悲劇を招いた。またソ連の第二極東軍は、八月一八日、北千島の占守（シュムシュ）島の日本軍守備隊を攻撃し、二日間にわたって戦闘がくりひろげられた。八月二三日に日ソ間で停戦協定が結ばれ、二七日までにソ連軍は中千島南端の得撫（ウルップ）島沖まで南下したが、それ以南は米軍の担当だとして、島の周辺を回航するだけで三一日まで上陸しなかった。他方、南樺太（サハリン）を制圧した第一極東軍は、八月二九日から九月五日までに択捉・国後の南千島、色丹・歯舞を占領し、軍政を敷いていく。

◆──間接統治

一九四五年八月三〇日、米太平洋陸軍（一九四七年一月「極東軍」に改称）司令官D・マッカーサー元帥が、SCAP（連合国最高司令官）として厚木飛行機に降りたった。九月一七日、マッカーサー率いる太平洋陸軍司令部は、皇居に面した日比谷の第一生命ビルへ移り、一〇月二日、日本の占領行政を担当するSCAP／GHQが設置され、執務を開始した。

GHQ（連合国最高司令官総司令部）は、日本を間接統治によって占領した。つまりGHQの指令のもとに日本政府が統治するという形態である。内務省以外の官僚機構はほぼ温存された。マッカーサーは、日本を直接軍政下におくことも考えたが、重光外相らの説得で断念した。ただし米本国のPWC（戦後計画委員会）は一九四四年五月、占領のコストを低めるために間接統治の方針を打ちだしていた。

一九四五年九月二七日、昭和天皇がマッカーサーを訪問した。このとき天皇は、戦争の責任は一身にあると言ったとされ、その姿勢にマッカーサーは感動したといわれている。ただし二〇〇二年一〇月に外務省および宮内庁が公開した会見録によれば、天皇は「此ノ戦争ニ付テハ、自分トシテハ極力之ヲ避ケ度イ考デアリマシタガ戦争トナルノ結果ヲ見マシタコトハ自分ノ最モ遺憾トスル所デアリマス」と述べるにとどまっている。連合国のうち、英・ソ・オーストラリアなどは天皇の廃位を主張し、米国にも世論のなかに天皇制廃止が有力な見解として存在した。しかしマッカーサーは、少なくとも天皇との会見以降、天皇制の維持を必要だと感じ、米政府にもそれを働きかけた。

ただしGHQは、第一回めの天皇‐マッカーサー会見を効果的に利用した。このとき米軍は、天皇とマッカーサーの二人がならんだ写真を撮影し、一九四五年九月二九日の新聞各紙の一面トップに掲載させた。開襟シャツで両手を腰にあてたマッカーサーの脇に、背丈の小さい天皇が、モーニングを着て直立不動で立っている写真である。内閣情報局は、「不敬」だとして新聞各紙を発禁処分にしたが、GHQはその処分をとり消させた。この写真は、敗戦と「碧い眼の大君」の支配という現実をあらためて国民に思い知らせたのであった。

日本占領はしばしば米国による単独占領といわれる。一九四五年八月から九月にかけて、米統合参謀本部の下部機関JWPC（統合戦争計画委員会）は、北海道・東北をソ連、関東・信越・東海・北陸・近畿を米国、四国を中華民国、中国・九州を英国が分割占領する案を検討していた。この案は正式に提案されることはなかったが、実際の占領においては英連邦占領軍が兵力を拠出した。中華民国は国共内戦によって兵力をだすことはできなかった。

一九四五年八月一二日、V・M・モロトフ・ソ連外相が日本の米ソ共同管轄を米国に求めて拒否された。また八月一六日、スターリンは千島列島と北海道北半分をソ連軍に投降する地域とするようにトルーマン米大統領に求めた。翌日、トルーマンは、千島については受けいれたが、北海道北半分については拒否した。北方領土を含む千島は、ローズヴェルト米大統領が一九四三年のカイロ会談以前からソ連に「引き渡す」べきだと考え、ヤルタ協定で密約を交わしていた。それは、ソ連を対日戦争に参加させるための戦利品の意味をもっていたからであると同時に、米ソ両国を含む連合国にとって、日本の軍国主義の復活に対する戦略拠点をもつ必要があったからであった。そのため米国は米軍基地を千島につくることを検討し、トルーマンは、八月一七日のスターリンへの回答のなかで千島に米国の軍民両用の航空基地権を要求した。スターリンはこれを受けいれなかった。

しかしスターリンは、一九四五年一〇月下旬、駐ソ米大使W・A・ハリマンに対して、連合国が日本を共同占領するのではなく、米国の単独占領でおこなわれるべきであり、日本政治の根本的な問題については、連合国による管理委員会が必要だが、ルーマニアやハンガリーについてはソ連の司令官に最終権限があるように、日本についてはマッカーサーに最終権限を与えるべきだという考えを示唆した。この示唆は、対米強硬派のモロトフ外相がマッカーサーに最終権限を与えることを牽制したのと背反するものであったが、いずれにせよソ連は、千島・樺太を除いて日本に軍隊をださなかった。

連合国最高司令官の権限を制約する連合国の機関としてFEC（極東委員会）がワシントンに設けられた。その構成国は、米・英・ソ・中・仏・インド・オランダ・カナダ・オーストラリア・ニュージーランド・フィリピンである。FECの「出先機関」として東京におかれたのがACJ（対日理事会）である。しかしFECの設置が決まったのは一九四五年一二月であり、第一回の会合が開かれたのは翌年二月二六日であった。しかもFECの決定は、米国政府を通じてマッカーサーに伝えられることになっていたので、実質的には米国の意向が占領に反映されていた。

◆占領改革による旧体制の解体——

米国の対日占領の目的は非軍事化と民主化であり、それらによって日本を無害化することであった。一九四五年九月六日、トルーマン大統領の承認を受け、「降伏後における米国の初期の対日方針」（SWNCC150／4）という文書がマッカーサーに送られた。SWNCC（国務・陸軍・海軍三省調整委員会）は一九四四年一二月に設置され、対日政策を検討した機関である。この文書には、封建的・権威主義的政治形態の変更、信教の自由、民主的政党の奨励、政治犯の釈放、財閥解体などが示されており、政治的民主化だけではなく経済的民主化も徹底させるべきだとするものであった。

戦争末期、J・グルー国務次官らの「知日派」は、日本には浜口雄幸や若槻礼次郎、幣原喜重郎らに指導されていた経験があるので、日本を暴走させた軍部をとり除き、かれらが支配していた一九二〇年代の日本を再現させればよいと考えていた。そのためには天皇制の護持を保証し、日本に無条件降伏を早期に働きかけるべきだと主張していた。これに対して軍部をとり除いただけでは不十分で、政治・経済・社会全般の民主化をおこなう必要があると主張する人たちもいた。前者は日本に宥和的な「穏健な平和」（soft peace）を追求する「親日派」、後者は日本に懲罰的な「峻厳な平和」（hard peace）を追求する「親中派」とされることもある。国務省では一九四五年七月から九月にかけて、長官がE・R・ステティニアスからJ・F・バーンズに、次官がグルーからD・G・アチソンに、極東局長がJ・W・バランタインからJ・C・ヴィンセントに交代したことも影響して、初期対日占領政策はニューディー

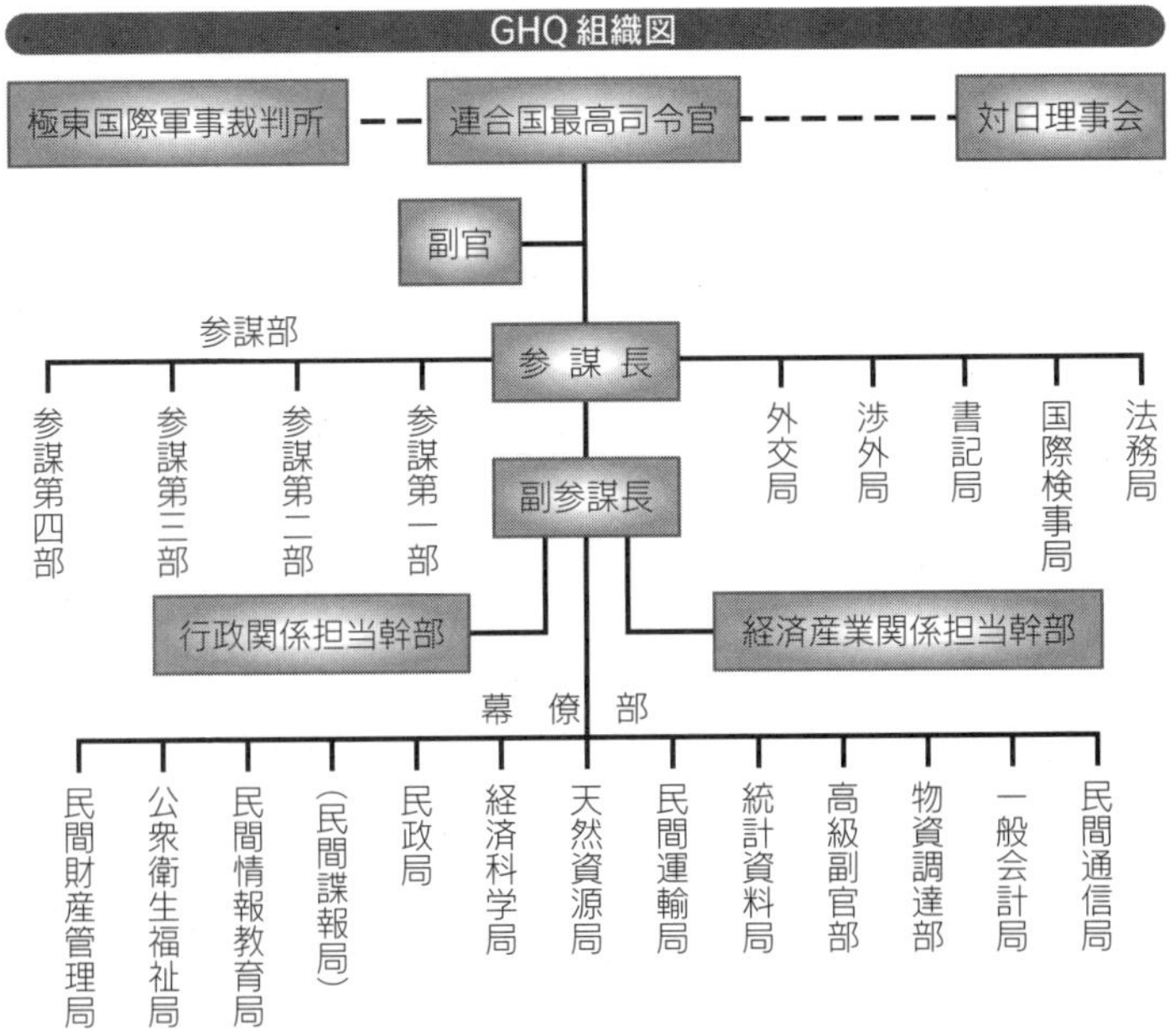

注：1946年8月時点。
出所：竹前栄治『GHQ』岩波書店，1983年，91ページ。

ラー――F・D・ローズヴェルト政権によって展開されたニューディールを経験し、社会民主主義的な思想をもつ人びと――的な発想のもとに展開されることになった。

GHQは、本来は軍の指揮をする参謀部と、占領行政を担当する幕僚部とに大きく分けることができる（図「GHQ組織図」参照）。参謀部は、G1（参謀第一部、企画・人事・庶務担当）、G2（参謀第二部、諜報・治安担当）、G3（参謀第三部、作戦・引き揚げ・命令実施担当）、G4（参謀第四部、予算・補給・民間航空・石油配給・武装解除担当）からなる。幕僚部には、GS（民政局）、経済の非軍事化を進めるESS（経済科学局）、教育・宗教などの改革を進めるＣＩＥ（民間情報教育局）、農地解放を進めるＮＲＳ（天然資源局）などの部局があった。

ＧＨＱのなかで占領政策の中心を担ったのはＧＳであった。ＧＳは、ＳＣＡＰに、非軍事的＝民事的事項全般について助言することを目的として設けられた。局長はＣ・ホイットニー准将であり、次長には一九四六年八月にＣ・Ｌ・ケーディス大佐が昇格した。ＧＳにはニューディーラーが多かった。

ＧＨＱは、思想・言論の自由の保障、女性の解放、教育の自由化、特別高等警察の廃止、国家と神道との分離、財閥解体、農地解放など、政治・経済・社会・教育・労働などのほぼ全面にわたって、次つぎと改革を指令し、戦前体制（旧体制）は否定されていった。ＧＨＱは共産党から「解放軍」と規定されるほどで、労働組合の結成も奨励した。歴史上、労組の組織率は、敗戦直後の時期がもっとも高く、労働争議も頻発した。一九四七年、二・一ストはＧＨＱによって中止命令がだされたが、当時の社会状況は革命前夜のような面もあった。

連合国は、戦争犯罪を処罰する方針を戦争中から明確にしていた。連合国は、一九四五年八月のロンドン協定で、通常の戦争犯罪に加えて、新たに「平和に対する罪」と「人道に対する罪」を設けた。そのため連合国による戦争犯罪の処罰は、罪刑法定主義に反するのではないかという考えが有力である。連合国は、戦争の計画・開始・遂行をした者をＡ級戦犯、従来の戦争犯罪に該当する者をＢ級戦犯、虐待など非人道的行為をした者をＣ級戦犯に分けた。

ＧＨＱは、一九四五年九月一一日、東条英機ら三九人の戦争犯罪人の逮捕を命じた。東条は、ピストル自殺をはかったが、一命をとりとめた。一二月六日には近衛文麿元首相や木戸幸一内大臣ら九人の逮捕が命ぜられ、近衛は逮捕直前に服毒自殺を遂げた。

マッカーサーは、一九四六年一月一九日、A級戦犯を裁くために極東国際軍事裁判所の設置を命じ、J・B・キーナン首席検事に被告を選定させた。開戦当時の東条内閣の閣僚を中心に二八人が起訴され、五月三日から裁判がはじまった（東京裁判）。この裁判の過程で、張作霖爆殺事件や満州事変などの真相がはじめて国民に明らかにされた。三人が病死等で免訴となるが、一九四八年一一月一二日、裁判所は、東条や広田弘毅ら七人に絞首刑、一六人に終身禁錮刑、東郷茂徳に禁錮二〇年、重光葵に禁錮七年を言い渡した。東条らは一九四八年一二月二三日、絞首刑に処せられた。翌日、不起訴となった岸信介らA級戦犯容疑者一九人が釈放された。朝鮮半島や台湾の出身者を含むB・C級戦犯は、アジア各地に設けられた四九の軍事法廷で約五七〇〇人の被告のうち、九八四人が死刑、四七五人が無期刑、二九四四人が有期刑になったといわれている。

昭和天皇については、開廷前に被告人のリストから外されたものの、その場へ引っ張りだそうとする力も働いていた。そのため天皇や宮内庁御用掛・寺崎英成らは、B・F・フェラーズ准将の勧めに従い、和英両文で「独白録」を作成した。「独白録」では、天皇は、かれの叱責によって田中義一内閣が崩壊したという経験から、帝国憲法のもとでは立憲君主としてふるまわざるをえず、二・二六事件と終戦における決断は例外的なもので、戦争への突入は天皇の意思ではなかったとみずから語った。

戦犯裁判が司法的措置であったのに対して、公職追放（パージ）は、軍国主義的な日本の指導者を行政的に一掃する措置であった。公職追放とは、追放指令に該当する者を、公職から排除し、その公職に直接的・間接的な影響を及ばせないようにするとともに、新たな官職に就任できないようにするものである。ＧＨＱは、特高や教職者に対する追放をすでに一九四五年の段階で実施していたが、四六年一月四日、突如、日本政府に対して公職追放の指令を発した。さらにＧＨＱは、地方公職や経済界、言論界への追放令の拡大を求め、日本政府は、一九四七年一月、それに従って追放令を改訂した。資格審査委員会で審査対象となった者は七一万人以上に及び、レッド・パージ（共産党員およびその支持者の公職・企業からの追放）を含む追放者総数は二一万二八八人に達したといわれている。ただし結果的に新しい人材を輩出するという効用もあった。

政党の復活◆

一九四五年九月、政党復活の動きが起こる。その動きのひとつが、鳩山一郎・芦田均・植原悦二郎らのグループであった。かれらは、一九四五年一〇月七日に結党準備会を開き、一一月九日、日本自由党の結成大会を催した。総裁には鳩山、幹事長には河野一郎が就任した。

他方、戦前、離合集散をくりかえした旧無産政党を糾合した社会主義政党をつくるため、一九四五年九月二二日、懇談会が開催され、一一月二日に日本社会党の結党大会が開かれた。同党は、党首制ではなく合議制を採用し、書記長に片山哲を選んだ。その後、片山は、一九四六年九月に執行委員長に選出され、後任の書記長には西尾末広が就任した。

これらに加わらない衆議院議員の大部分は、一九四五年一一月一六日、日本進歩党を結成した。進歩党は当初、総裁をおかず、幹事長に鶴見祐輔を選出したが、寄りあい所帯による無統制を曝けだしたため、一二月一八日、町田忠治を総裁に据えた。

一九四五年一〇月四日の「民権自由の指令」により政治犯・思想犯が釈放されたが、そのなかに獄中で非転向を貫き、一八年を過ごした徳田球一・志賀義雄、一二年を過ごした宮本顕治らがいた。かれらを中心として日本共産党の再建が進められ、一一月八日に全国協議会、一二月一日に第四回党大会が開催された。

このほか一九四五年一二月に、日本協同党が結成された。だが公職追放により、政党は打撃を被り、二七四人の議員を擁していた進歩党は、町田ら多くの者が追放対象となり、一九四六年四月の総選挙への立候補資格確認を通過したのはわずか一四人であった。自由党も四三人中三〇人が、社会党も一七人中一〇人が、協同党も二三人中二一人が追放されたといわれる。その後の社会・共産両党をのぞく政党の変遷については図「保守合同までの分離集合」を参照されたい。

憲法研究会案——◆

復活した政党は、一九四五年一一月から翌年二月にかけて、それぞれ憲法草案を発表した。民間からも多くの憲法草案が考えられた。ただ、自由党案や進歩党案は、大日本帝国憲法を抜本的に見直そうとするものではない、保守的なものであった。社会党案も君民同治的性格の強い草案であった。

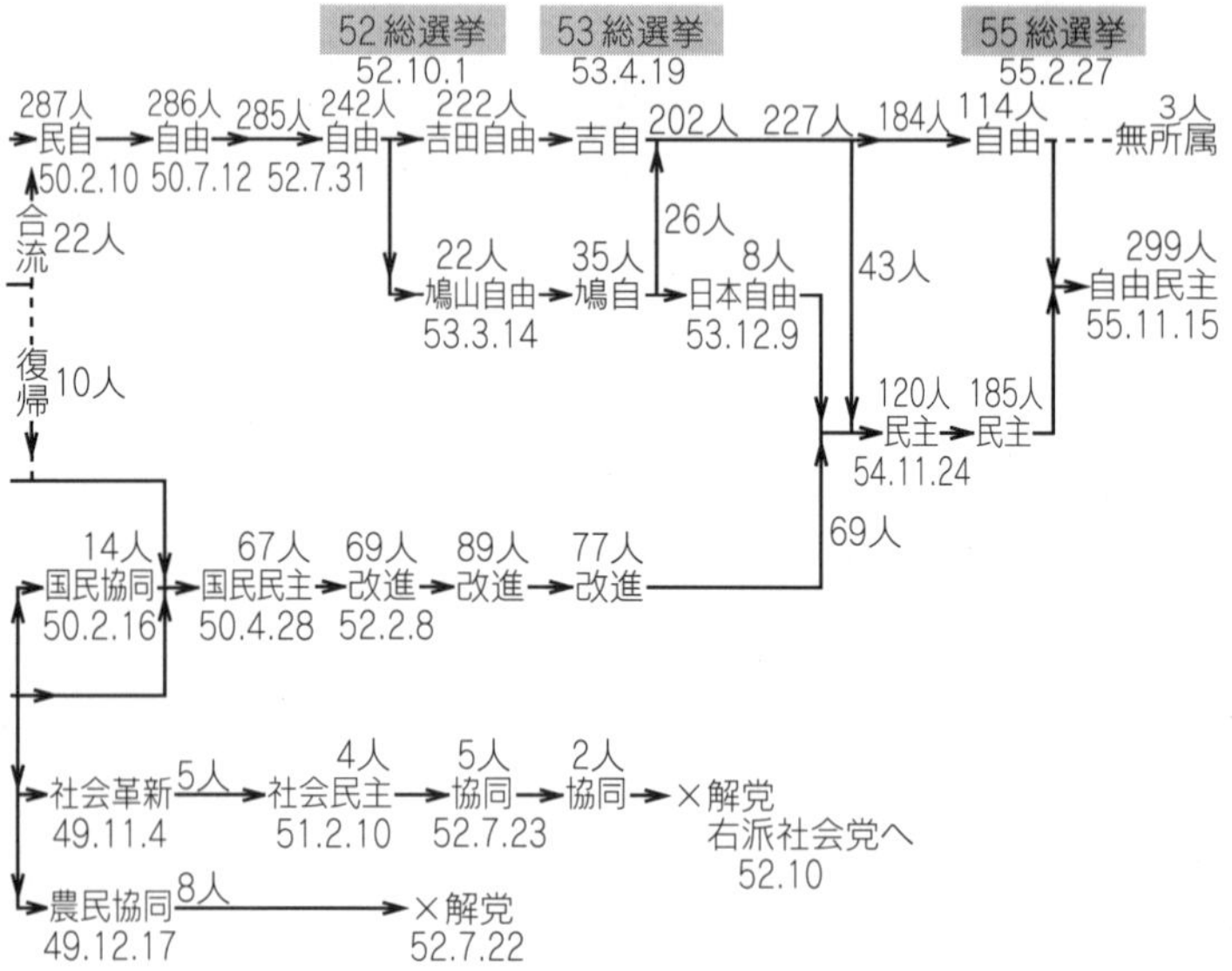

合計等は，必ずしも合わない。人数は衆議院議員のみ。

こうした憲法草案のなかでGHQがもっとも注目したのが、一九四五年一二月二六日に発表された高野岩三郎・馬場恒吾・杉森孝次郎・森戸辰男・岩淵辰雄・室伏高信・鈴木安蔵の憲法研究会による「憲法草案要綱」であった。GSによれば、憲法研究会案は、「民主主義的で、賛成できるものである」と評され、犯罪被疑者の権利保護、婦人参政権、地方自治の三つの欠如をのぞけば、「相当に満足できるかたちで網羅されていた」とされている。

日本国憲法の制定――◆

幣原喜重郎内閣のもとで発足し

保守合同までの分離集合

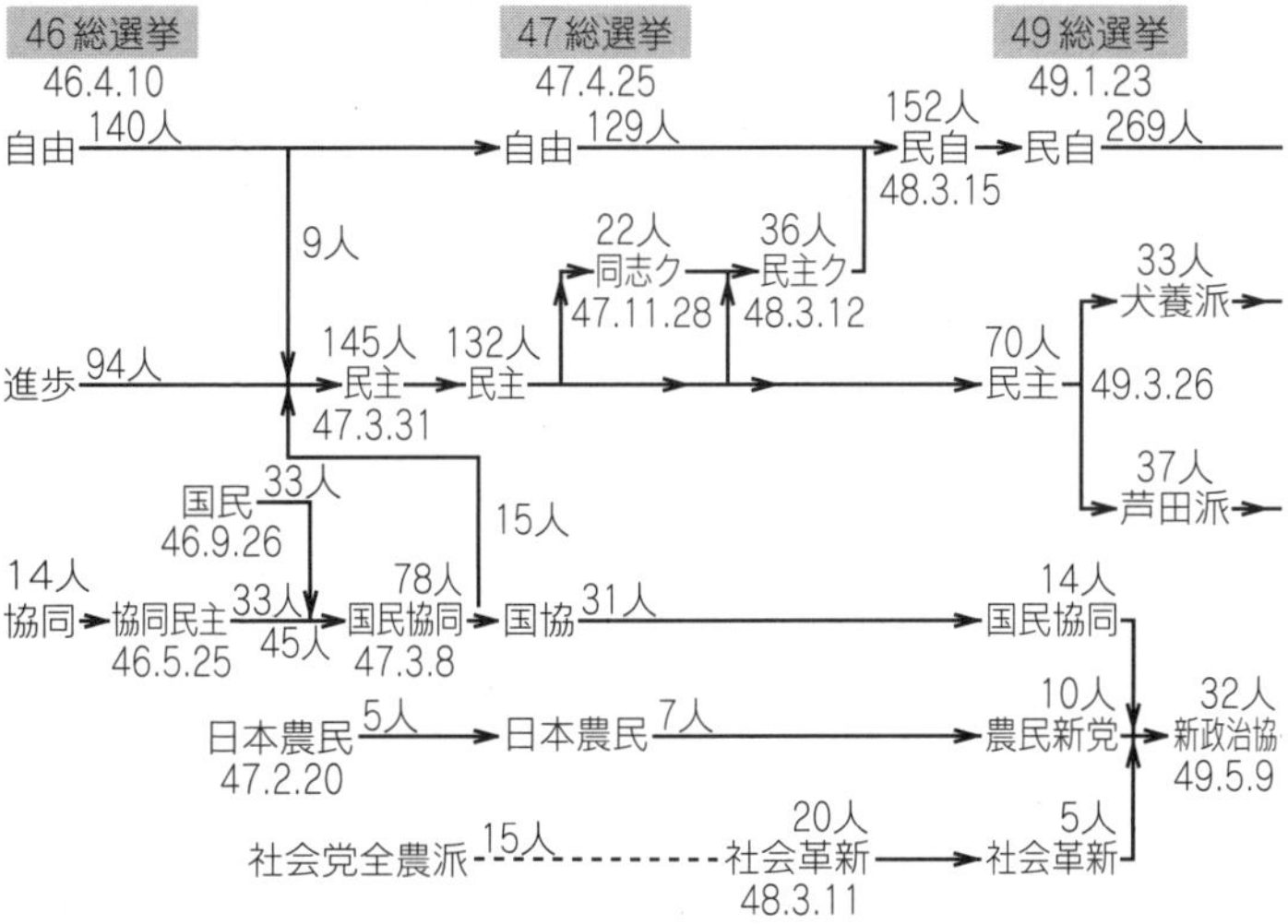

備考：1. 党名下の数字は，成立，合併，分離の年月日。
2. 各党の分離，集合は諸派，無所属議員らも参加して行われたので，人数の
3. 一部は省略してある。

出所：石川真澄『戦後政治史』岩波書店，1995年，74〜75ページ。

た憲法問題調査委員会は、元東京帝国大学教授（商法）の松本烝治国務相が委員長となったので、松本委員会と呼ばれる。松本の作成した「憲法改正要綱（甲案）」は、天皇の地位や大権などに手を加えておらず、大日本帝国憲法をほぼ踏襲していた。したがってGSは、「もっとも保守的な民間草案よりも、さらにずっと遅れたものである」と断じている。

政府は天皇制護持を目標としていたが、松本案では帝国憲法のままの部分が多すぎて、かえって目標を達成できないのではないかという反対が他の閣僚からだされ、閣議決定はされず、天皇への奏上

もあくまで松本の「試案」としてなされた。天皇は、松本が、帝国憲法の内容を変更していない部分について議会で議論がだされても変更しないと考えていることに懸念を示した。しかし政府は、一九四六年二月八日、閣議決定もしていない松本案を、表面上、政府案のかたちをとって、GHQの反応をみるために提出した。

しかしこれは、GHQに受けいれられず、一九四六年二月一三日、GHQ案を手交されることになる。GHQ案は、二月一日の『毎日新聞』による憲法問題調査委員会の草案といわれるもののスクープによりはじまり、二週間足らずで完成されたわけではない。GSは、帝国憲法と統治機構の研究を数カ月にわたって実施しており、おりあらばみずから憲法制定作業にのりだそうとしていた。

一九四六年三月になると、天皇制の廃止を主張する連合国が加わる極東委員会の活動が本格化することが決まっていた。GHQは、憲法の内容に対して極東委員会が容喙してくる前に、憲法草案を確定しようとした。「憲法改正草案要綱」(三月六日案)のための勅語は、五日夜、幣原らを急拠招いてだされた。木下道雄侍従次長の日記によれば、東久邇宮がAP通信記者R・ブラインズに天皇に退位の意思ありと披瀝したため、GHQが「一刻も早く日本をして民定の民主化憲法を宣言せしめ、天皇制反対の世界の空気を防止」しようと考えたのである。日本側にとって、恒久的な憲法に天皇の地位を明示しておくことは天皇制の護持にとって有利なことであった。そのため日本政府は、GHQ案を受けいれることを決するや、主権在民を曖昧にするなど、国体護持の印象を与えるための修正をしたうえで、成立を急ごうとした。

「三月六日案」は口語で条文化されて、一九四六年四月一七日に「日本国憲法草案」として公表された。草案は、帝国憲法第七三条の改正手続きに従って枢密院を無修正で通過して、第九〇回帝国議会が開院された六月二〇日、衆議院本会議に提出された。衆議院は、六月二八日に芦田均を委員長とする「帝国憲法改正案委員会」を設け、さらに非公開の「帝国憲法改正案委員小委員会」(芦田小委員会)をおいて、第九条の修正や生存権規定の挿入などをおこなった。八月二四日、衆議院本会議を通過した修正案は、二六日、貴族院に移される。貴族院でも、「帝国憲法改正案特別委員会」とその小委員会が設けられ、「文民」条項の挿入などがなされた。一〇月六日、貴族院本会議を通過した修正案は衆議院で可決され、枢密院の諮詢をへて、一一月三日、公布されたのである。

日本国憲法の三大原理は①国民主権、②戦争放棄、③基本的人権の尊重である。大日本帝国憲法では神聖不可侵の天皇が統治権を総攬し、議会の協賛によって立法権を行使し、国務大臣の輔弼を受けることになっていた。裁判も天皇の名において行われた。また天皇は陸海軍を統帥し、編制大権、宣戦講和や条約締結の権限も有していたし、緊急勅令や戒厳令をだすこともできた。臣民の居住の自由、言論・集会・結社の自由は「法律ノ範囲内ニ於テ」認められるにすぎなかった。

しかし第九〇回帝国議会で政府が「国体護持」を強調したにもかかわらず、日本国憲法では主権が国民に移ったのは明白である。また基本的人権は不可侵のものとされ、自由権だけではなく、生存権を含む社会権も保障された。「健康で文化的な最低限度の生活を営む権利」を保障する日本国憲法は社会民主主義的なものと位置づけることもできよう。とはいえ日本国憲法は「平和憲法」といわれるように最大の特徴は第九条にあろう。第一項の戦争放棄は一九二八年に締結された不戦条約の内容と同じであり、フランスやブラジル、スペイン、フィリピンの憲法にも前例がある。しかし第二項の戦力の不保持と交戦権の否認は世界的にも稀なものであった。第九条は敗戦直後の日本人の厭戦気分によくなじむものであった。

だが冷戦下、第九条こそが「力の真空（パワー・バキューム）」を生み、国家安全保障にとって有害だという認識がでてきた。とくに占領下に憲法が制定されたのは「占領者ハ……占領地ノ現行法律ヲ尊重シ」なければならないという「陸戦ノ法規慣例ニ関スル規則」（ハーグ陸戦規程）第四三条に反しているとし、憲法の無効を唱えた論者もいる。一九五〇年代に改憲論が登場してくるが、その共通項は①天皇の元首化、②戦力の保持、③国民の義務の追加などであった。

SECTION 2

国内冷戦の形成

第一次吉田内閣から片山内閣へ――◆

一九四六年四月一〇日、戦後最初となる第二二回衆議院議員総選挙が実施された。自由党が一四〇議席を獲得して第一党となったが、自由党の総裁・鳩山一郎は、五月三日、GHQによって公職追放された。鳩山は、自分が去った後の自由党を吉田茂に託し、五月二二日、自由・進歩両党を与党とする第一次吉田内閣が発足した。

一九四七年三月八日、日本協同党の流れをくむ協同民主党は、国民党などと合同して国民協同党となり、三木武夫が書記長に就任した。一方、三月二三日、吉田の自由党から芦田均が脱党し、進歩党とともに三一日、民主党を結成した。総裁には五月一八日、芦田が就任した。進歩党は吉田内閣の与党で、もっとも右寄りの政党とみられていたが、民主党は、自由党と絶縁して修正資本主義を前面に押しだし、「自由党の左、社会党の右」に位置することになった。

一九四七年五月三日の憲法施行を前に、四月二五日に第二三回衆議院総選挙が実施され、社会党が一四三議席で第一党となり、自由党は一三一議席にとどまった。第一党とはいえ社会党の議席は、単独では三一％を占めるにすぎなかったが、右派主導の社会党は、中道勢力の拡大を期待するGSを後ろ盾に、民主党や国協党と連立した。こうして片山哲内閣が六月一日になって成立した。

初期講和の挫折

トルーマン・ドクトリンが明らかにされた一九四七年三月、米国務省極東局でH・ボートン北東アジア課長らが起草していた講和条約草案ができた。これは、日本の軍国主義の復活を阻止するための懲罰的なものだった。ボートンは、占領を早期に終わらせ、対日講和を進めたいと考えていたマッカーサーらと意見を交換し、七月一六日、米国は、極東委員会を構成している国々に、対日講和の予備会議の開催を提案した。だが英連邦は出席を拒否し、同月二三日にソ連も不参加を表明したため、実現しなかっ

COLUMN　鳩山と吉田

鳩山一郎の追放は突然であった。公職追放は、一九四六年一月にGHQから指令されていたが、四月の総選挙で第一党になった自由党の総裁として鳩山が次期首相と目されていた。しかしGSはそれを好まず、治安維持法を改悪した田中義一内閣の書記官長であったことやかれの旧著をもちだし、追放に該当するとしたのである。このような追放は、メモランダム・ケース（個人別覚書追放）といわれ、石橋湛山や平野力三らの追放などとともに、政治色の強いものであった。

吉田茂は、鳩山から自由党を頼まれたとき、次の条件をつけたといわれる。①党の資金はつくらない、②鳩山は内閣人事に口を挟まない、③嫌になったらいつでも辞める、というものである。しかし鳩山は、もうひとつ、鳩山が政界に復帰したら、総裁の座を鳩山に返すという条件があったといい、吉田はそんなものはなかったとしている。

一九五一年六月、鳩山と同じく追放されていた三木武吉や河野一郎、石橋湛山ら鳩山周辺の政治家たちが追放解除されたが、鳩山の解除は八月まで延びた。かれらは、吉田では独立後にふさわしい政治はできないと、鳩山の追放解除後の新党結成を検討していた。しかし鳩山が六月に脳出血で倒れ、自由党に復帰することになった。翌五二年八月二八日、吉田は突如衆議院を解散（抜き打ち解散）し、河野・石橋を党から除名した。鳩山らの準備が整わないうちに選挙をおこなったのである。選挙後、鳩山派は民主化同盟（民同派）をつくって党内野党化した。その後、バカヤロー解散、自由党分党、日本民主党結成などとつづく。

一九五〇年代前半は、保守と革新との間だけではなく、保守陣営のなかで吉田派と鳩山派との間にはげしい政治闘争がくりかえされた。一九五四年、鳩山は、吉田をようやく政権から引きずりおろし、「向米一辺倒」と揶揄された吉田外交とはちがう道、すなわち対ソ国交回復を実現させていくことになる。

ちなみに鳩山の孫が鳩山由紀夫（民主党）・邦夫（自民党）の兄弟、吉田の孫が麻生太郎（自民党）である。

た。

一九四七年八月ごろ、国務省内には、ソ連との協力のもとに対日講和を進めるべきだという考えもあった。しかしG・マーシャル長官らはそれを受けいれず、この年、いわゆる「X論文」で対ソ封じ込めを主張するG・F・ケナンの率いる政策企画部に対日政策の検討を委ねた。ケナンは、極東局の講和案に不満をもち、対ソ対決路線に立ち、対日講和の原則の転換を主張した。またケナンは、日本に警察軍と沿岸警備隊と保安軍を創設し、それで対処できないものに備えて、米国が日本に軍事力を、日本が米国に軍事基地をそれぞれ提供するために、講和条約とは別に二国間条約を締結することを構想していた。そして国務省では、七月から九月にかけ、次官がアチソンからR・A・ロヴェットへ、占領地担当次官補がJ・H・ヒルドリングからC・E・ザルツマンへ、極東局長がヴィンセントからW・W・バタワースへ、北東アジア課長がボートンからJ・M・アリソンへ、またGHQ外交局長が事故死したG・アチソンからW・J・シーボルトへ交代し、対ソ対決派が台頭していった。

日本では、外務省が、一九四五年一一月から講和について検討を重ねていた。一九四七年六月に外相に就任した芦田均は、米国の対日講和予備会議の招請にあわせて七月にG・アチソン外交局長やホイットニー民政局長と会見し、外務省が検討してきた講和に対する要望を九項目の覚書にして非公式に手渡した。そこでは、非武装の日本が国連による安全保障を受けられるように講和条約に国連加盟を規定することを求め、国内治安は警察力のみで対応できるとされていた。しかしアチソンもホイットニーも、国務省や他の連合国を刺激するとして、覚書を返却した。

そこで芦田は、一九四七年九月一三日、米国へ一時帰国する第八軍司令官R・L・アイケルバーガー中将に鈴木九萬横浜終戦連絡事務局長の私見として別の文書を手交した。同文書は、米ソ対立によって国連が機能しない場合、米国と特別協定を結んで、有事の際に米軍が日本本土の基地を使用できるようにすることで安全保障を実現させたいとするとともに、治安維持のために警察力を増強するとしていた。その警察力は「戦争放棄、非武装の大原則を変改する趣旨ではな」かった。この芦田の構想は米国政府にはとりあげられなかった。アイケルバーガーが伝えなかったのか、それとも芦田の構想には沖縄の日本領有が前提とされていたためなのか、不明である。

天皇メッセージと沖縄——◆

沖縄は、一九四五年三月三一日、米太平洋艦隊司令長官C・W・ニミッツ元帥の布告で軍政がはじまっていた。地上戦が終わると、沖縄は、本土爆撃のための前線基地となった。戦時中から沖縄の直接統治を主張していた米軍部にとって、沖縄は、自分たちが血を流して勝ちとった島であった。したがって軍部は、沖縄の半恒久的な基地化のため、沖縄の領有、もしくは戦略的信託統治を求めていた。一方、国務省は、領土不拡大の原則から軍部の意見に反対した。極東局は、一九四七年四月ごろから、基地租借方式を検討していた。しかしケナンらは、沖縄は、米国の直接統治か、米国を施政権者とする戦略的信託統治とし、対日世論操作のために南千島と抱きあわせで利用すべきだと勧告していた。

一九四七年九月一九日、宮内庁御用掛の寺崎英成は、新任のシーボルト外交局長を訪問した。寺崎は、昭和天皇のメッセージを携えていた。シーボルトは、これをマッカーサーとマーシャル国務長官に伝えた。それによると、天皇は、米国の利益と日本の防衛のために「米国が沖縄、その他の琉球諸島に対する軍事占領を継続するよう希望して」おり、その「軍事占領は、主権を日本においたままでの長期——二五年ないし五〇年またはそれ以上の——租借方式という擬制にもとづいて行なわれるべきである」。そうすれば、米国が領土に対する恒久的な野心をもっていないと日本国民に確信させ、ソ連と中国が同様の権利を要求することを防ぐとされている。

さらに寺崎は、私見として、沖縄の基地使用は、講和条約の一部ではなく、日米二国間条約で定めるべきだとつけ加えた。天皇は、一九四七年五月六日のマッカーサーとの会見で、「日本の安全保障を図るためには、アングロサクソンの代表者である米国が、そのイニシアチブを執ることを要する」と発言しており、ソ連などから日本を守ってもらうために米国の力が必要であると考えていた。マッカーサーはこれに対して、「日本が完全に軍備を持たないことが最大の安全保障であり、日本が生きる唯一の道である」という持論を展開した。かれは沖縄を日本から分離して恒久基地化する一方、本土については全面講和と国連による安全保障が望ましいと考えていたのである。天皇は、芦田から米国への働きかけについての説明を聞いており、強い関心を示した。日本国憲法が施行された後であったが、天皇は直接、米国政府に働きかけたのである。

奇しくも天皇メッセージから二五年後の一九七二年、沖縄は日本に復帰する。もちろん天皇がこのようなメッセージを発したことが、その後の沖縄の領有形態を決定した唯一の要因ではない。ただ、天皇の意図がどうであれ、そのメッセージは、ケナンに、戦略的信託統治の代案として租借方式を検討する価値があると思わせた。

その後、米国は、「銃剣とブルドーザー」によって強制的な土地収用をつづけ、沖縄に大規模な陸軍および空軍の基地を建設していった。

◆——対日占領政策の転換

一九四八年一月六日、K・C・ロイヤル陸軍長官は、米国の占領政策は、国際関係の変化によって、日本が自立できるように安定させ、「新たな全体主義の脅威に対する妨害物」となるようにしなければならないと述べた。またストライク賠償調査団は、日本を強力な工業国にすることが極東の平和と繁栄にとって好ましいとし、賠償規模を削減するよう報告した。さらに五月一八日、賠償を削減し、均衡財政を確立し、鉱工業生産や貿易を促進するというジョンストン報告書が発表された。このように米国は、日本の非軍事化・民主化政策がいきすぎたとして、経済復興政策に方針を転換していったのである。

片山内閣と同様にGSの支持を受けた芦田内閣は昭和電工事件で崩壊した。この事件は、ドイツ生まれの反共主義者であるG2（参謀第二部）部長C・A・ウィロビー少将らが、GSのケーディス次長を追いおとし、中道政権を崩壊させるために追及させたのではないかといわれた。

GSは、吉田茂は非常に保守的であり、その背後にG2がいると考え、かれが首相になるのを好まなかった。ホイットニーやケーディスは、吉田の率いる民主自由党の山崎猛幹事長を首班にしようと画策したが、失敗し、一九四八年一〇月一九日、第二次吉田内閣が発足した。

芦田内閣の崩壊、「山崎首班工作」の失敗は、GSの地位の低下を決定づけた。GSのケーディス次長は、一九四八年一二月一八日、占領政策の転換をやめさせるために本国に戻ったが、それがむずかしいことを悟り、日本に帰ることなく辞任し、GHQ内ではG2の勢いが増していった。奇しくも芦田内閣が総辞職した日、米国家安全保障会議は、「アメリカの対日政策についての勧告」（NSC13／2）を承認していた。日本の占領政策を転換し、日本を冷戦体制にくみこむという内容のものであった。また一九四八年一二月一八日には、米政府は、マッカーサーに、「日本経済の安定と復興を目的とする九原則」（経済安定九原則）の実施を指令し、吉田はそれを受けいれた。

一九四九年一月の第二四回総選挙で、民自党は、二六四議席を獲得する地滑り的大勝利をおさめ、第三次吉田内閣が発足した。吉田内閣は、ドッジ・ラインを実施し、首切りによる労働運動の激化に備えて団体等規正令を公布した。人員整理の最大の対象となった国鉄では、下山事件、三鷹事件、松川事件などの怪事件が起こり、共産党員の陰謀といわれたが、真相は不明である。米政府にとっては、自由経済を掲げる吉田が、自国の協力者、盟友関係を結ぶ相手としてふさわしいと考えられるようになっていったのである。

講和論争

中華人民共和国が成立した一カ月後の一九四九年一一月一日、米国務省は、対日講和条約を検討していることを明らかにした。一一月一一日、吉田は、参議院において、単独講和であっても将来的に全面講和に導く道であるのなら、それを受けいれると表明した。こうして全面講和か片面講和かという講和論争が展開された。片面講和（単独講和・多数講和）とは、ソ連や中国を排除した講和であり、西側の一員となることを選択するものであった。これに対して全面講和とは、ソ連や中国を含めた講和を結ぶというものであった。

吉田の率いる民自党は、犬養健ら民主党連立派と合同して自由党を結成していた。これに対して芦田ら民主党野党派は、一九五〇年に国民協同党と合同して国民民主党を結成していたが、同党にも、吉田内閣の進めようとする片面講和に反対する者はいた。また社会党は、一九四九年一二月、全面講和・中立堅持・軍事基地反対の平和三原則を打ちだし、五一年一月には、左派主導で、それらに再軍備反対をつけ加えた平和四原則を決議した。日本労働組合総評議会（総評）も、平和四原則を運動方針とした。

知識人には、小泉信三や西谷啓治、横田喜三郎、馬場恒吾など片面講和論者もいたが、全面講和論者が多くを占めていた。全面講和論を主導したのが、雑誌『世界』を舞台にした「平和問題談話会」であった。会員は安倍能成・天野貞祐・和辻哲郎・高木八尺・丸山真男・鵜飼信成・都留重人など、幅広かった。「談話会」は社会党同様、全面講和・中立・国連による集団安全保障を求め、米国との軍事協定の締結や基地提供に反対した。「談話会」は、東西共存の契機の存在を指摘し、日本が東西両陣営の調和に積極的な態度をとるべきだとし、また日本の経済的自立には中国との貿易が必要だが、片面講和ではそれが閉ざされると論じた。

吉田は、一九五〇年五月三日、「談話会」に加わっていなかったが、全面講和論を主張していた南原繁東大総長を「曲学阿世の徒」と非難した。南原は三日後、吉田の発言は学問への権力の弾圧だと反論した。吉田は、全面講和論の広がりに苛立ちを覚え、学問の中心である東大の総長であった南原を非難の対象に選んだのであろう。講和論争はのちに安全保障問題に関する理想主義者と現実主義者との対立の淵源となっていく。

講和条約の検討作業 ◆

一九五〇年一月、マッカーサーは、年頭の辞で、日本国憲法は自己防衛の権利を否定していないと述べた。一月一二日にはD・アチソン国務長官が、米国の防衛線はアリューシャン列島から日本、そして沖縄を結ぶ線であると演説した。このようななか、米本国では、対日講和に積極的な国務省に対して、軍部は、軍事基地の自由使用を可能にするため、講和を進めることに消極的であった。トルーマン大統領は、政府内部を調整し、関係国と交渉するために、四月六日、共和党の前上院議員J・F・ダレスを国務省顧問に抜擢した。

吉田は、J・M・ドッジと経済再建の会談をおこなうために一九五〇年四月末に渡米した池田勇人蔵相らに、講和後の米軍の日本駐留を日本側から提起してもよいとの考えを秘かに伝えさせていた。ダレスは、六月二一日にはじめて来日し、マッカーサーと講和条約について会談した後、翌日、吉田と面会した。しかし吉田は、この席では、講和後の日本の安全保障について明確な姿勢をみせず、ダレスを満足させることはなかった。

一九五〇年六月二五日未明、朝鮮戦争が勃発した。朝鮮半島も管轄する米極東軍司令官のマッカーサーは、国連軍司令官に任じられ、日本の占領軍を朝鮮半島へ送りこんだ。そのためマッカーサーは、七月八日、吉田に対して、日本国内の治安維持のために七万五〇〇〇人の警察予備隊の創設と海上保安庁の八〇〇〇人増員とを指令した。なお極秘に海上保安庁が「参戦」し、機雷除去中に一人が触雷して亡くなっている。

朝鮮戦争は、日本の安全保障論議に影響を及ぼした。ダレスは、朝鮮戦争を利用して講和交渉を進めるべきだとし、軍部を説得するために、米軍が日本で自由に活動できるようにする協定を日米間で締結することを、D・アチソン国務長官に提言した。国務省は、軍部と交渉をつづけ、米軍駐留の継続や日本の再軍備などで合意した。合意文書NSC60／1は、一九五〇年九月八日、トルーマンによって承認された。一四日、トルーマンは、対日講和・日米安全保障条約締結予備交渉の開始を国務省に許可し、翌日、ダレスは、日本の再軍備には制限を加えないと演説した。

吉田は、外務省に対して、講和準備作業にあたらせるとともに、目黒の公邸に小泉・板倉卓造・有田八郎・馬場・横田らを招いて講和一般について、また河辺虎四郎元陸軍中将・下村定元陸軍大将・辰巳栄一元陸軍中将ら旧軍人を招いて軍事や安全保障について意見を聴取させた。吉田は、国内の反乱や革命といった間接侵略に対しては警察予備隊を治安維持力として用いるが、外部からの直接侵略に対しては米国に依存し、そのために講和後、日米協定によって米軍駐留を認めることにした。問題は再軍備であった。吉田は、在任中、再軍備に反対であったと回想している。たしかにかれは講和条約締結前の再軍備を拒否する建前をとった。かれは東西両陣営は全面戦争にならないし、ソ連の対日侵攻はないと考えていた。ただしかれが再軍備に反対した理由は、経済的負担、周辺諸国の反対、野党の反対とその背後にある国民の反軍感情、軍国主義復活の危険といった「やがて解消する一時的要因」によるものであった。吉田は「原理的な平和主義者」ではなく、「実際は再軍備になろう」とみとおしていた。

吉田‐ダレス会談と再軍備論の登場——◆

一九五一年一月、ダレスが講和特使として来日し、二九日から吉田‐ダレス会談が数次にわたっておこなわれた。吉田が当初、再軍備反対を強調したため、米国側に失望が広がることを心配した日本側は、二月一日、米軍駐留に関する「相互の安全保障のための日米協力に関する構想」等を提出した。「国防省的中央機関」が必要だという要求に対しては、二日、警察予備軍や警察、海上保安庁などを統括する「国家治安省」(Ministry of National Security) 設置等を提示した。さらに国内治安力充実後の地上部隊の規模を知りたいという要求に対して、三日、五万人の「保安隊」構想を示した。これらの構想は、吉田が会談に臨む前にもっていたものであった。吉田は、再軍備を強く求めるダレスに、これらの構想を示して納得させたといわれているが、米国側の主目的は基地の自由使用にあり、再軍備要求が主ではなかった点で、「保安隊」構想の提示は的外れだった。

他方、野に下っていた芦田均は、一九五〇年一二月七日、反共の立場から自衛力を増強するという

COLUMN 「芦田解釈」と政府見解

日本国憲法第九条は「①日本国民は、正義と秩序を基調とする国際平和を誠実に希求し、国権の発動たる戦争と、武力による威嚇又は武力の行使は、国際紛争を解決する手段としては、永久に放棄する。②前項の目的を達するため、陸海空軍その他の戦力はこれを保持しない。国の交戦権は、これを認めない」と規定している。

第九条の解釈学説にはいくつかあるが、通説は、国際法上「国際紛争を解決する手段として」の戦争とは「国家の政策の手段として」の戦争のことであり、第一項で放棄されているのは侵略戦争であって自衛戦争は放棄していないが、「前項の目的」とは「戦争を放棄するに至った動機を一般的に指す」ものとし、第二項の一切の戦力の不保持と交戦権の否認によって自衛戦争を含むすべての戦争を放棄したものと考えている。従来の政府見解も同様の立場にあるとされ、ただし通説が「戦力」を「軍隊および有事の際にそれに転化しうる程度の実力部隊」だと解釈しているのに対して、こんにち、政府は「自衛のための必要最小限度の実力」と解釈して自衛隊の存在を合憲としている。

一方、第一項は侵略戦争のみの放棄ととらえるものの、「前項の目的を達するため」を「侵略戦争放棄という目的を達するため」と解し、第二項について、侵略戦争のための戦力を保持せず、交戦国が交戦状態にあるときに国際法上認められる船舶の臨検や敵性船舶の拿捕などの諸権利を認めないとしているにすぎないという説もある。このような解釈を「芦田解釈」という。

このような解釈が可能になるのは、第二項の冒頭に「前項の目的を達するため」という文言を挿入したからであり、通常それを「芦田修正」という。芦田均が委員長を務めた衆議院帝国憲法改正案委員小委員会は、一九四六年七月二七日、二九日、三〇日、八月一日に第九条について審議した。したがって芦田が、一九五一年一月一四日の『毎日新聞』で自衛のための武力をもつことは可能であり、それはかれが一九四六年一一月に刊行した『新憲法解釈』（ダイヤモンド社）ですでに示しており、自分の主張は憲法審議以来一貫していると述べたことは政治的に大きな影響を及ぼした。しかし一九九五年九月二九日に公開された小委員会の議事速記録によるかぎり、かならずしも芦田が述べたような意図で修正がおこなわれてはいないようである。

なお一九七二年一一月、田中角栄内閣は、保有が禁止されている「戦力」は一九五四年一二月二二日の大村清一防衛庁長官（鳩山内閣）が「芦田解釈」にもとづいて、自衛は国際紛争の解決ではなく、自衛のために「必要相当な範囲の実力部隊を設けることは」違憲でないとした政府統一見解を踏襲していると説明している。政府見解は「芦田解釈」をとっていないとされるのに奇妙なことである。じつはこれは、自衛隊を完全な軍隊と解したのではなく、法制局が自衛目的でも保有できる軍備には制限があると主張した結果であった。現在は「芦田解釈」をとった部分は忘却され、「必要最小限度の実力」という点のみが踏襲されているのである。

「芦田意見書」をGHQに提出した。かれは、第三次世界大戦は不可避とし、吉田の対応は不十分だと考えていた。さらにかれは、一九五一年一月一四日、『毎日新聞』紙上で、「敵の侵入に対しては武力をもって国を守るほかに方法はない」として、憲法第九条は、憲法草案の審議の際に挿入した「前項の目的を達するため」という文言があるため、自衛のための武力の保持を否定していないと述べた。芦田の考えは、再軍備に関しては吉田の考えよりも米国に都合のよいものであったが、米国からの自立志向の強いものとして警戒された。

講和・安保条約の締結——◆

一九五一年三月に米国の対日講和条約草案が示され、九月四日からサンフランシスコで対日講和会議が開催された。招請状は、日本を含む五五カ国にだされたが、インド・ビルマ・ユーゴスラヴィアは参加しなかった。中国は、大陸の共産党政権と台湾の国民党政権のいずれを招くかで英米が対立したため、招請状はだされなかった。九月八日、自由党・国民民主党・緑風会の講和全権団は、サンフランシスコ平和条約に調印した。この条約には四九カ国が調印したが、ソ連・ポーランド・チェコスロヴァキアは調印しなかった。つづいて吉田は、ひとりで日米安全保障条約の締結に臨んだ。

一九五一年一〇月の臨時国会で、講和条約および安保条約の批准のための審議がおこなわれた。野党のうち国民民主党は、結果的に両条約に賛成したが、社会党は、安保条約反対では一致していたものの、講和条約の是非をめぐって右派と左派とに分裂した。

両条約は一九五二年四月二八日に発効した。占領が終結し、日本は独立し、国際社会への復帰を果たした。吉田はダレスのいう「和解と信頼の講和」を受けいれた。だが千島列島は放棄し、沖縄や小笠原は米国が信託統治を提案するまで施政権をもつとされた。この日は沖縄では「屈辱の日」と呼ばれた。

また片面講和は、ソ連や中国と依然として戦争状態が継続することを意味した。吉田内閣は、一九五一年一二月二四日、ダレスに書簡を送り、台湾の国民党政権を中国の正統な政権と認めることを約束し(「吉田書簡」)、講和条約が発効した五二年四月二八日、日華平和条約を締結した。これは米上院に対日講和条約を批准する前提は日本が共産党政権を承認しないことだという意見があるとダレスが求めたため、吉田が共産党政権との絶縁は経済的に望ましくないが受けいれたといわれている。しかし一二月二七日の吉田のメモ(外務省外交史料館所蔵『平和条約の締結に関する調書』所収)では、日本が中国各所で反共運動をおこす「逆滲透は、試みるに値する」とされており、反共意識がよく表れている。

国内冷戦の形成――◆

講和条約締結と前後して、一九五〇年一〇月からじょじょに公職追放が解除され、旧体制の政治家や官僚、軍人、経済人などが政財界に復帰した。同時に、共産党員あるいはその同調者と目される者の「レッド・パージ」がはじまった。米国という強力な擁護者を得たエリート層は、しだいに平静さをとり戻し、機に乗じて、占領後期および占領終了後、米国が占領初期におこなった改革と逆行する施策をとり(「逆コース」)、戦後民主主義の修正――すなわち旧体制への回帰――をはかっていった。これらにはげしく対立したのが、社会党・共産党や労働組合などの革新陣営であった。

こうして日本の国内冷戦である保守‐革新の対立の原型は、資本主義 対 社会主義という対立と重なりながら、じつはそれ以上に占領期の改革に対する是非として生まれてきたのである。すなわち、第一に戦前への回帰をめざすか、戦後民主主義に執着するかをめぐって、第二に安保・再軍備という安全保障をめぐって展開されたのである。また安保・再軍備にとって憲法第九条はおおきな障害であったため、憲法に対する賛否も、安全保障をめぐる保革対立と重なりあっていた。つまり「革新」＝戦前体制の否定、戦後民主主義の肯定、安保反対、再軍備反対、護憲、「保守」＝戦前体制への回帰、戦後民主主義への反発、安保賛成、再軍備賛成、改憲という構図が形成されたのである。

SECTION 3 独立日本の出発

「新国軍」の建設——◆

一九五二年四月二八日、サンフランシスコ講和条約と日米安全保障条約は発効し、日本は長い占領状態から解きはなたれ、主権を回復した。しかし、日本が復帰した国際社会は、きびしい冷戦下にあった。とりわけ、一九四九年一〇月の共産主義中国の成立以来、日本をとりまく東アジア情勢は緊迫化しており、五〇年六月に熱戦と化した朝鮮戦争は、このころになっても一進一退の攻防をくりかえしながらつづいていた。

講和後も引きつづき政権を担うこととなった吉田茂は、東アジアの冷戦という現実に日本を適応させる手だてを講じはじめた。その手はじめが、保安庁・保安隊の設立であった。一九五二年五月、定員七万五〇〇〇人であった警察予備隊は一一万人に増強され、一〇月には保安隊に改組された。保安隊は、もはやたんなる警察力ではなく、「わが国の平和と秩序を維持し、人命および財産を保護する」ことを目的とした。

一方、官僚組織としての保安庁が、一九五二年八月に発足した。初代保安庁長官（兼任）として初登庁し、幹部を前に訓示した吉田は、報道陣を締めだしたうえで、「再軍備をしないというのは国力が許さないからで、一日もはやく国民自ら国を守るようにしたい」「保安庁新設の目的は新国軍の建設である」という本音を吐露した。他方、海軍力の再建についても、同じ一九五二年に六〇〇〇人からなる海上警備隊が発足し、海上保安庁から分離して保安庁に合流した。

国内治安面では、一九五二年七月、破壊活動防止法の施行にともない、日本共産党などを調査対象団体とし、尾行・張りこみ・買収によるスパイ獲得などをおこなう公安調査庁が設置された。

西側経済組織への加入——◆

占領下におかれていた日本は、共産圏に対するきびしい輸出統制を課せられていた。一九五二年九月、日本はココムに加入し、講和後も引きつづき輸出統制を継続することとなった。ココムとは、一九五〇年一月に、トルーマン政権の働きかけで設立された対共産圏輸出統制委員会のことで、本部はパリにおかれていたが、その存在じたい秘密の機関であった。ココム加入諸国よりもきびしい対中禁輸を課されていた日本は、ココムに加入することで、対中禁輸を緩和すると同時に、国際組織において西欧大国と対等な関係にはいることを目論んだ。

共産圏に対するグローバルな禁輸網の一端を担う一方で、日本は通商障壁の撤廃、多角的で自由な貿易ならびに決済のためにつくられたＩＭＦ（国際通貨基金）、国際復興開発銀行（ＩＢＲＤ、通称「世界銀行」）、そしてＧＡＴＴ（関税と貿易に関する一般協定）の、いわゆるブレトンウッズ体制に参入し、西側の経済体制のなかで戦後復興を果たしていくこととなる。日本はまず、一九五二年八月、西独とともにＩＭＦおよびＩＢＲＤに加盟した。

中国を「失った」貿易立国・日本にとって、西側諸国に最恵国待遇を得ることは死活問題であったが、戦前日本の貿易慣行に悩まされた英国をはじめとする英連邦諸国の反対は根強かった。一九五一年一〇月、日本はＧＡＴＴにオブザーバー参加が許されたが、正式加入への道は険しかった。一九五五年九月、日本はようやく正式加盟にこぎつけたが、日本製品の流入をおそれる英・仏・オーストラリアなど一四カ国は、ＧＡＴＴ規約をある特定の国にだけ適用しないことを定めた三五条を援用し、日本とＧＡＴＴ関係にはいることを拒否した。日本が完全なＧＡＴＴ関係にはいるのは、一九六〇年代を待たなければならなかった。

政党政治の再編

占領下から足かけ七年以上もの長きにわたり首相の座にありつづけた吉田も、講和後はもはや「ワンマン」たりえなかった。占領の終結によって、吉田は占領軍という後ろ盾を失っただけではなく、鳩山一郎、石橋湛山といった公職追放されていた政敵たちの復帰により、反吉田網が築かれ、包囲されていったのである。

一九五二年八月、吉田は鳩山らの機先を制すべく、突然「抜き打ち解散」に打ってでた。鳩山ら追放解除組は議席を回復したが、第二保守党である野党・改進党は伸び悩んだ。左右社会党はともに躍進した。

一九五三年三月、右派社会党議員の質問に対し吉田が国会で「バカヤロー」と述べたため、不信任決議案が可決された。このいわゆる「バカヤロー解散」を受けた四月の総選挙最大の争点は、再軍備となった。吉田の自由党は、漸進的な再軍備を唱えた。「反吉田」の政治家たちは、脱党して吉田と同じ「自由党」を名のり、「なし崩し再軍備」ではなく憲法改正による自衛軍の建設を求めた。改進党は再軍備には賛成していたが、改憲の是非をめぐり党内が割れていた。右派社会党が自衛権は認めるものの、再軍備反対・保安隊縮小を唱えたのに対し、左派社会党は再軍備反対・保安隊解散でとおした。結局、「青年よ、銃を獲るな」と訴えた左派社会党だけが躍進した。選挙後、全野党が共闘して改進党党首の重光葵を首班候補とする目論見があったが実現せず、結局、吉田内閣が組閣されることとなった。

一九五〇年一月にコミンフォルム（欧州共産党情報機関）から野坂参三の「平和革命」路線に対する批判を受けた日本共産党は、講和後、朝鮮戦争に参戦した中国のゲリラ戦術をまねて火炎ビンや山村工作隊を用いた武装闘争路線に転じた。しかしそれは国民の不評を買い、共産党は一九五二年の総選挙で議席をすべて失った。その後、一九五三年三月のスターリンの死、七月の朝鮮休戦、そして一〇月の北京滞在中の徳田球一の死と、共産党は国外からたてつづけに衝撃を受け、政治の表舞台からいったん退くことになる。

自衛隊の発足——◆

一九五三年五月、ダレス米国務長官は、日本にMSA援助を与える用意があることを明らかにし、七月から交渉がはじまった。MSAとは、米国が同盟国に与える相互安全保障援助であり、被援助国にはその見返りとして防衛力増強が求められた。この交渉で日本は、防衛力増強には難色を示す一方で、米国からできるだけ多くの経済援助を得ようとし、不毛な対立をくりかえした。八月、韓国で李承晩大統領と会談を終えて日本にたち寄ったダレスは吉田に防衛力増強を強く迫ったが、色よい回答は得られず、失望した。

交渉の行き詰まりを打開すべく、吉田は池田勇人自由党政調会長を米国に派遣することとした。池田は渡米前に防衛力に関する国内合意をかたちづくるべく、改進党の重光葵と政策協議をおこなった。その結果、一九五三年九月末、吉田と重光が会談し、保安隊を自衛隊にあらため、他国からの直接侵略に対する防衛を任務に加えることにする、という合意に達した。

両党首の合意をとりつけた池田らは、一九五三年一〇月に渡米し、W・ロバートソン国務次官補らと一カ月にわたり会談した。いわゆる池田‐ロバートソン会談として知られるこの交渉で、米国は、次のような論理を展開した。すなわち、NATO（北大西洋条約機構）のお陰でもし西欧が攻撃されれば、それは第三次世界大戦を意味することをソ連は理解している。だからこそ、NATOが発足したちょうどそのときに、朝鮮戦争が勃発したのである。ソ連は力の空白があるところにはどこへでもでてくる傾向があり、韓国は極東において弱いと認識されていた。そして現在、中ソの潜在的軍事力は韓国を圧倒し、五〇万人の兵力を動員できるのであり、想定される対日攻撃は、北からの刺すような攻撃と、九州への直接攻撃という二正面作戦となる。こうした攻撃に対処するためには、三二万五〇〇〇人の兵力が日本全体に戦略的に配備されなければならない。

これに対し日本は、地政学上四方を海に囲まれ、国外で戦うことを想定していないことを論拠として、陸上兵力を一〇個師団一八万人とする案を提示した。しかし米国は、師団の規模が問題なのではない、と批判した。そもそも米国は、吉田の個人特使にすぎない池田と防衛交渉をおこなうつもりはなかった。しかし、渡米に際し池田が自改両党の政策合意をとりつけ、保守勢力接近の機運をもりあげたことと、米国がこの会談でインフレ気味の日本経済を抑制するよう圧力をかけたことで、米国は会談の成果にいちおう満足した。

池田の帰国後、米国のニクソン副大統領が来日し、日本を非武装化させた憲法第九条は米国の政策の誤りであった、と演説したが、この背後には日本側からの働きかけがあった。池田訪米に同行した参議院議員の宮澤喜一が、米国に「占領時に憲法第九条を成立させたのは誤りだったと米国に表明してもらうのもひとつのやり方だろう」と述べ、一種の「外圧」を借りようとしたのである。

翌一九五四年三月、MSA協定は調印され、同年七月、防衛庁・自衛隊が発足した。吉田はまた、戦前の軍部の独走を許した苦い経験から、自衛官の教育が大切であると考え、陸海空三軍が同じ学舎で学ぶ防衛大学校を設置し、初代校長には文民をあてるなど、「民主的な軍隊」の確立に腐心した。

根深い日韓対立――◆

地政学上、朝鮮半島が匕首のように突きつけられている日本にとって、朝鮮半島の状況は死活的な問題であった。米国は、冷戦の前哨国家・韓国の生存を確保するうえで、その後背地である日本との政治経済関係の強化が不可欠である、と認識はしていたが、当初は日韓交渉に対し不介入の立場をとった。

米国の支援を期待できなくなった李承晩大統領は、一九五二年一月、国防と漁業資源の保全を名目として「平和線」を設定し、領海とすることを宣言した。日本では「李ライン」と呼ばれたこの線引きにより、韓国に拿捕される日本漁船の数は急増した。

李ライン，国連軍防衛水域

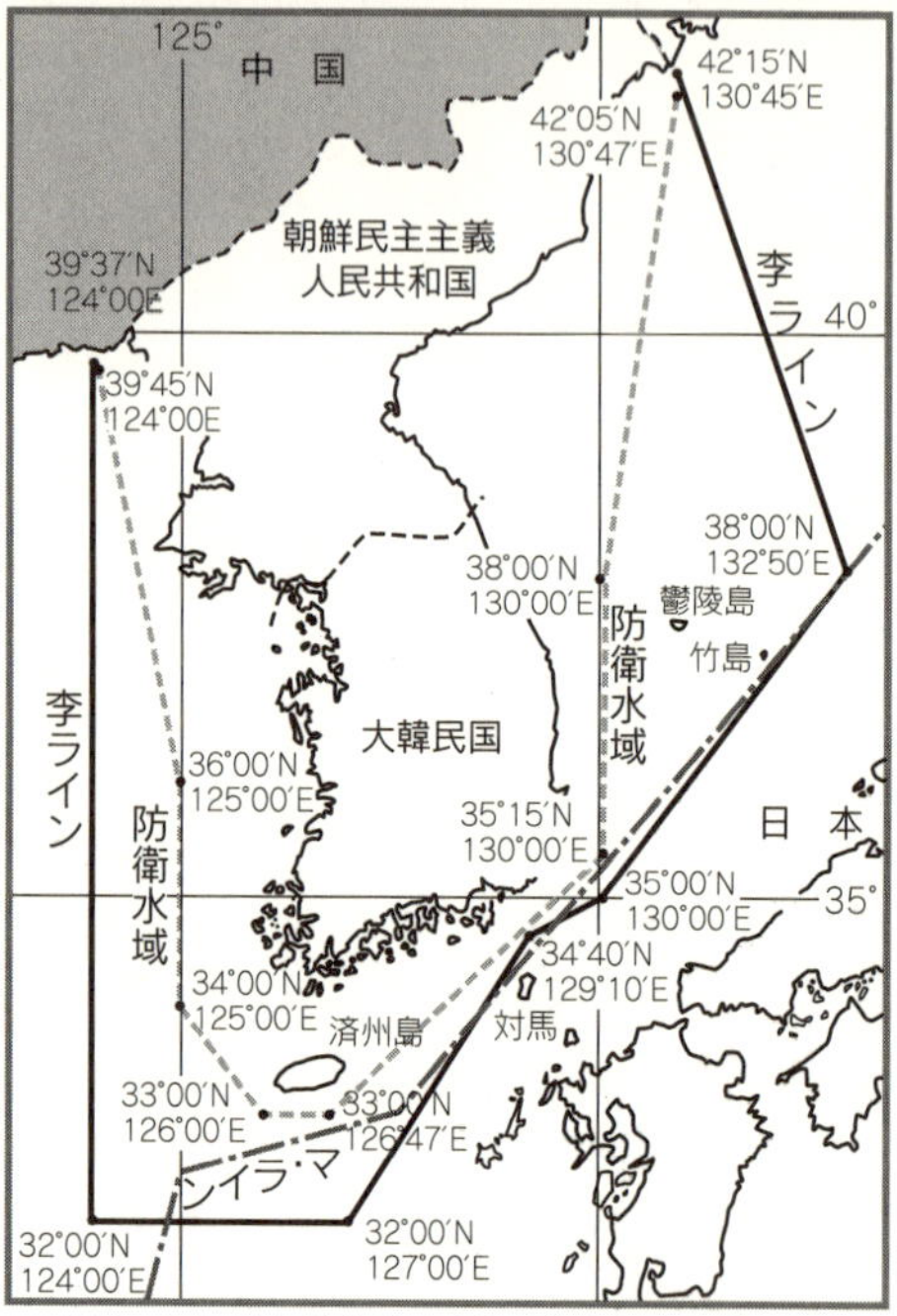

出所：鹿島平和研究所 編『日本外交史』(第28巻)，鹿島平和研究所出版会，1973年，57ページ。

一九五三年一月に発足したアイゼンハワー政権は、日韓関係の調停に積極的にのりだした。同月、国連軍司令官M・クラークは李を招待して吉田と会談させ、交渉再開で合意させた。四月になって日韓会談はようやく再開されたが、請求権問題、漁業問題について対立がつづいたうえに、竹島問題が新たな火種として加わった。竹島は戦前は島根県の一部であったが、敗戦にともないGHQによる行政権停止区域に含められ、一九五三年からは韓国が占領していた。

朝鮮半島で休戦協定が結ばれた一九五三年七月、日韓会談も休会となった。一〇月、日韓会談は再開されたが、請求権委員会の席上、日本側首席代表・久保田貫一郎が「韓国側が日本統治下の朝鮮に対しての賠償を云々するのであるなら、日本が韓国の経済力を培養したという事実を指摘せざるをえない。日本の朝鮮統治は必ずしも悪い面ばかりではなくよい面もあった」と発言したため、以後の日韓交渉に深い影響を及ぼした。

朝鮮特需によって活況を呈した日本経済は、休戦によって打撃を受けた。池田‐ロバートソン会談で米国からインフレの抑制を求められた日本は、一九五三年末に緊縮財政にふみきったため、失業者と企業倒産を生み、深刻な不況に陥った。とくに造船業への影響は深刻で、造船業界は政府の補助金を求めて政界工作に走り、後に吉田政権を揺さぶる一大スキャンダルを巻き起こすこととなる。その意味で、朝鮮戦争の休戦は、講和後の日本の政治と経済に、きわめておおきな影響を与えたのである。

COLUMN 冷戦と「ゴジラ」

一九五四年に第一作が公開されて以来、人気を博してきた特撮映画シリーズ「ゴジラ」が生まれたきっかけは、ビキニ事件であった。映画の主役である巨大怪獣ゴジラは、南太平洋に眠っていた恐竜が水爆実験で遺伝子異常を起こしたもの、という設定である。のちに米国でも上映されたが、冷戦を反映して、水爆実験による遺伝子異常、という設定は採用されなかった。なお、ゴジラをむかえ撃つのは「防衛隊」だが、実在の「自衛隊」が発足したのも、ビキニ事件と同じ一九五四年であった。

ビキニ事件と原水禁運動の出発――◆

冷戦史において「危機の年」とされている一九五四年のはじまりは、日本にとっても波乱に満ちていた。一九五四年一月、日本に駐在し米軍情報などを収集していたソ連諜報局員Y・ラストボロフが米国に亡命した。ラストボロフは、ソ連に通じていた日本人スパイの名前を供述したため、ふたりの外務省職員が逮捕され、うちひとりは取調中に飛び降り自殺した。

一九五四年早々、朝鮮特需激減の副産物として発生した造船疑獄は大問題に発展し、春には吉田の側近である池田勇人と佐藤栄作自由党幹事長にまで捜査の手が及びはじめた。四月、ついに佐藤に逮捕許諾請求がなされたが、吉田は犬養健法相に指揮権を発動させ、これを阻止するという前代未聞の挙にでたことで、憲政史におおきな汚点を残すとともに、支持率を急落させた。

こうしたなかの一九五四年三月、日本のマグロ漁船第五福竜丸がビキニ環礁で操業中に、米国の水爆実験に巻きこまれ、被曝した。広島、長崎につづく三度目の被曝体験であるビキニ事件は、日本国内にきわめておおきな衝撃をもたらした。「死の灰」を浴びた福竜丸の乗組員全員が原爆症にかかり、大量のマグロが投棄され、魚市場は休業に追いこまれた。しかし事件後も水爆実験は続行され、五月以降は日本本土にも放射能雨が降りはじめた。九月になって乗組員のひとりが亡くなり、日本中が悲しみにつつまれた。

占領下におかれていた日本では、原水爆禁止運動は許されなかったが、この事件をきっかけとして、本格的な原水禁運動がはじまった。広島への原爆投下からちょうど一〇年目にあたる一九五五年八月六日に広島で、そして敗戦から一〇年目にあたる八月一五日に東京で、原水爆禁止世界大会が開催された。世界史上初にして唯一の被曝国というアイデンティティを頼みとし、核兵器を絶対悪としてその全面的廃棄を訴えていく運動は、ここからはじまったのである。

日本政府は、水爆実験は自由諸国の安全保障にとって必要であり、実験を中止するよう要求するつもりはない、という態度をとった。米国の水爆実験を擁護する吉田政府は、おりからの政界汚職ともあいまって、支持率をますます低下させた。このころ顕在化しはじめていた内灘、浅間・妙義、砂川などにおける米軍基地に対する反対運動と合流し、日本国内には反吉田、反米・中立主義的なムードが充満していった。

インドシナ危機と日本問題――◆

一九五四年六月、アイゼンハワー大統領は、日本が共産圏の支配下にはいり、その戦争遂行能力が西側に向けられるような事態は絶対に避けなければならない、さもなければ「アメリカの湖」であるはずの太平洋は、「共産主義の湖」になってしまうだろう、と述べた。インドシナ危機を震源とする共産化の波が、いずれは日本にまで波及するのではないか、というドミノ理論の観点からする憂慮の表明であった。同じころ、第二次世界大戦以来、対日感情が悪いままであった英国・オーストラリアなどの英連邦諸国でも、日本の状況を憂慮し、対日政策を見直しはじめた。

このように欧米諸国が「日本問題」を重視しはじめるなか、佐藤栄作の後任として自由党幹事長となっていた池田勇人は、一九五四年八月、非公式ながら、インドシナ休戦によって米国の巻き返し戦略は失敗した、と批判し、英国にならって共産主義中国を承認すべきである、という発言を二回にわたりおこなった。

吉田首相の側近であり、与党の幹事長に就任して内外から実力者として認知されはじめた直後の発言だったため、米国は深刻に受けとめた。説明を求められた池田は、吉田政権が米国の「傀儡」的性格をもつことを認めたうえで、吉田政権は「慈悲深い」米国の傀儡でなければならない、と述べて、米国からの政権梃子入れを要求しさえした。池田のこの言動は、冷戦における日本の重要性を盾にとり、日本の脆弱性をあえて強調することで、ドミノ理論の悪夢にとらわれている米国から援助を引きだそうという、「弱者の恫喝」であった。

こうした傾向に懸念を強めた米大使館は、J・M・アリソン駐日大使が中心となって、対日政策の再検討をおこなった。アリソンたちは、米国は今後、日本人にとって不満の原因となっていた再軍備圧力を緩和する一方で、支持基盤を喪失し、国内治安をおろそかにする吉田政権に対しては今後いかなる援助もおこなうべきでない、とする結論に達した。すなわち米国は、日本に強い平和主義感情が存在することに配慮し、政治的・経済的安定を阻害してまで日本に防衛力増強圧力をかけないことを決定したのである。しかし他方で、吉田自身にはみきりをつけ、吉田をのぞいた幅広い保守政権が日本にかたちづくられるよう促す、という方針を打ちだした。ダレスの「ニュー・ルック」戦略にちなんで「現地のニュー・ルック」と呼ばれたこの大使館の結論は、一九五五年四月、ほぼそのまま米国の正式な対日政策として採用されることとなる。

反共構想の挫折──◆

吉田茂首相が西側諸国を訪問する旅にでたのは、冷戦とみずからの政権が危機をむかえていた一九五四年秋であった。吉田は、アイゼンハワーの日本重視の演説に気をよくし、アジアと日本の共産化を防止するためにも米国は東南アジア開発援助にのりだしてくる、と直感した。

ちょうどこのころから、中ソは日本との国交回復の用意がある、と呼びかけるなど、「平和攻勢」にでていた。ソ連は米国から日本を引き離し、日本を中立化しようとする「スースロフ路線」をとっていた。これに危機感を強めた吉田は、出発に先立ち、米国の赤狩りで悪名高い「非米活動委員会」を手本とした「反民主主義活動対策協議会」を設置して、国内共産主義対策をアピールした。また、米国の援助を期待して、日本全国に防衛道路網を張りめぐらせる壮大な計画を閣議決定した。

一九五四年九月から一〇月にかけて、吉田は、仏独伊そして英国を訪問した。中ソが提携している間は冷戦は解消しない、と考える吉田は、こんにちにおいても中国大陸に接触を保っている日本が自由陣営の先達として中国に「逆浸透」を試み、中国を自由陣営に引きつける方策をとるべきだ、という、いわゆる「中ソ離間」論をK・アデナウアーやR・A・イーデンに説いた。

一九五四年一一月、最後の訪問地米国に到着した吉田は、アジアの共産主義に対抗する機関として、シンガポールに「対共対策本部」を設置し、日米英仏がソ連通、中国通の専門家を派遣して対策を練るとともに、ラジオ、パンフレットなどによる対抗宣伝、ひいては華僑の獲得について常時相談する、という構想を極秘裏に提案した。これに対しダレス米国務長官は、日本が創造的な冷戦政策のアイディアをだしてくれたことには感謝しながらも、英国の冷戦政策は米国のそれとは異なるし、インドシナに共産主義に乗ずる隙を与えたフランスが米英間の仲介役を果たすことは考えられない、として、吉田の構想は実現がむずかしい、と回答した。

他方、吉田は演説で、もし中国の経済発展が数年後に隣接国を凌駕するようになれば、東南アジア諸国はあっけなく共産主義のもとに屈するだろう、と警告した。そのうえで手遅れにならないうちに、中国との対立、競争において「天秤をこちら側に傾けさせる」ためには、世界銀行などでおこなわれている現在の年間四億ドルの一〇倍の四〇億ドルにのぼる「アジア版マーシャル・プラン」構想が必要である、と提案した。これに対しても、ダレスは欧州と東南アジアのちがいを指摘して、とりあおうとはしなかった。すでに凋落しつつある吉田に対し、いかなる援助も与えない、という方針である米国は、吉田のさまざまな提案には耳を貸そうとはしなかった。

手ぶらで帰国した吉田を待ち受けていたのは、反吉田色を強めた政局だった。吉田の留守中、新党結成の準備をつづけてきた自由党内の反吉田派と改進党は、吉田が帰国してほどなく、日本民主党を結党した。吉田は頑として引退しようとはしなかったが、すでに自由党内にも閣内にも同調者はいなかった。一九五四年一二月、吉田内閣は総辞職した。

第Ⅱ部

冷戦の展開

1950年代中盤▼1970年代中盤

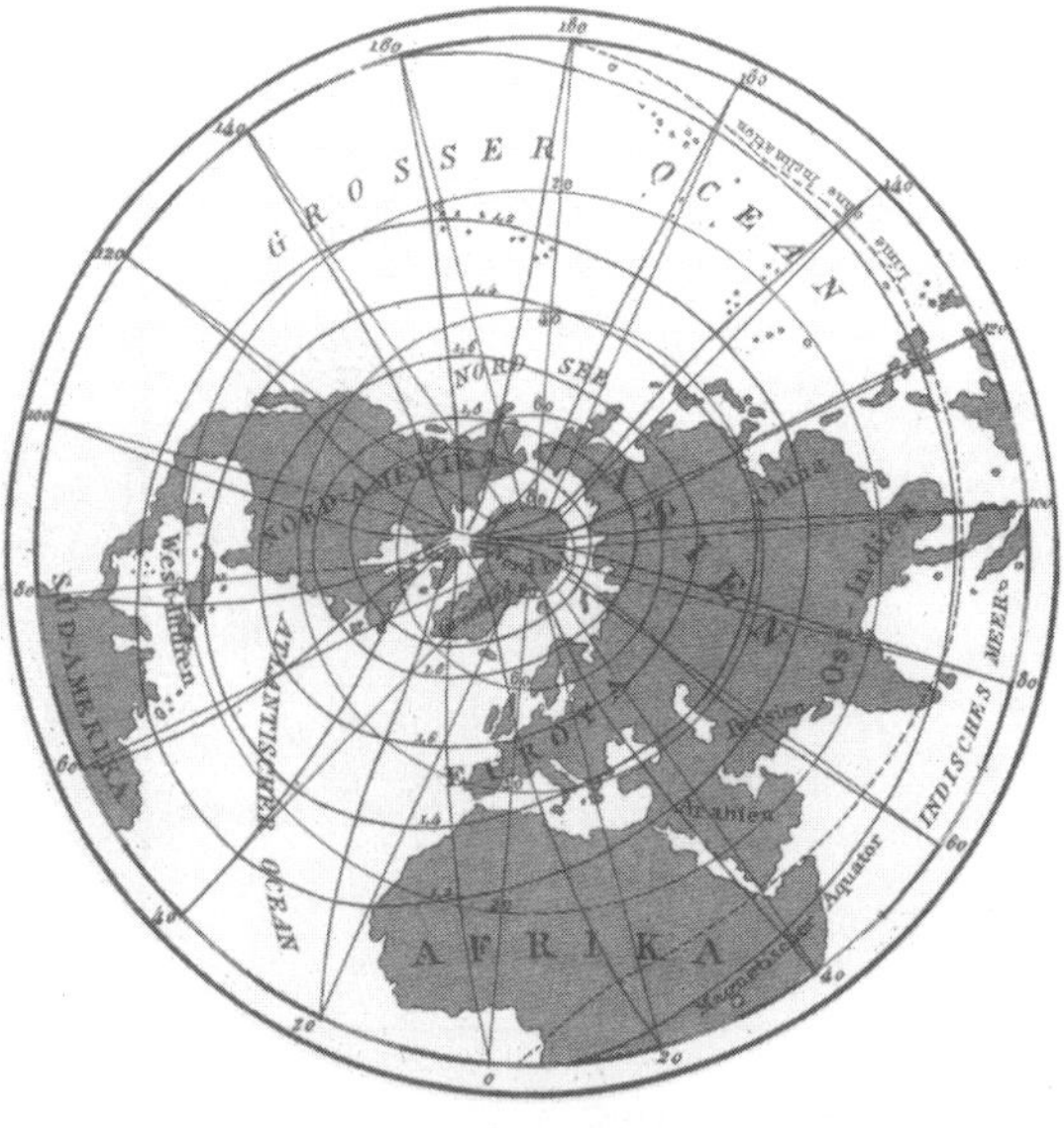

第Ⅱ部関連年表

年	月	世界	日本
1953	3	スターリン死去	
	7	朝鮮休戦協定成立	
	10		池田 - ロバートソン会談，「久保田発言」
1954	3		ビキニ事件，MSA 協定調印
	4		犬養法相，造船疑獄で指揮権発動
	7	ジュネーヴ協定成立（インドシナ休戦）	防衛庁・自衛隊発足
	12		吉田内閣総辞職，鳩山一郎内閣発足
1955	2	東南アジア条約機構（SEATO）発足	
	4	バンドン会議開催	バンドン会議に参加，高碕 - 周会談
	5	西独の NATO 加盟，ワルシャワ条約調印	
	7	ジュネーヴ頂上会談開催	共産党，六全協で武装闘争方針撤回
	8		重光 - ダレス会談
	9		GATT に正式加盟
	10		日本社会党，左右統一
	11	中東条約機構（METO）設立	自由民主党結成（いわゆる「55 年体制」）
1956	2	スターリン批判演説	
	10	ハンガリー動乱，スエズ危機	鳩山首相訪ソ，日ソ共同宣言
	12		国連加盟
1957	8	ソ連，ICBM 実験に成功	
	9		初の『外交白書』（外交三原則）
	10	スプートニク 1 号打ち上げ	
1958	1	欧州経済共同体（EEC）発足	インドネシアと平和条約調印
	5		長崎国旗事件
1959	1	キューバ革命	
	9	フルシチョフ訪米	
1960	1		新日米安保条約調印
	5	U2 撃墜事件	
	6		安保闘争
	12	南ヴェトナム民族解放戦線結成	
1961	4	キューバ侵攻（ピッグズ湾事件）	
	8	ベルリンの壁構築	
1962	7	アルジェリア独立	
		ジュネーヴ協定成立（ラオス休戦）	
	10	キューバ危機	
1963	8	部分的核実験停止条約（TBT）調印	
1964	4		IMF8 条国に移行，OECD 加盟
	8	トンキン湾事件	
1965	6		日韓基本条約調印
1966	7	仏，NATO の軍事機構を脱退	
1967	6	第三次中東戦争始まる	
	7	欧州共同体（EC）発足	
	8	東南アジア諸国連合（ASEAN）結成	
1968	1	テト攻勢	佐藤首相，非核三原則，核四政策発表
	7	核拡散防止条約（NPT）採択	
	8	チェコスロヴァキア動乱	
1969	3	中ソ国境紛争	
	7	グアム・ドクトリン	
1970	5	米・南ヴェトナム軍，カンボジア侵攻	
1971	2	南ヴェトナム軍，ラオスに侵攻	
	7	米中両国がニクソン訪中で合意	
	8	ニクソン，金兌換停止などを発表	
1972	5	SALT Ⅰ調印	沖縄施政権返還
	9		田中首相訪中，日中共同声明
1973	1		変動相場制に移行
	3	米軍，ヴェトナムから撤退	
	9	チリ・アジェンデ政権崩壊	
	10	第四次中東戦争始まる	田中首相訪ソ，第一次石油ショック
	12		三木副総理，中東 8 カ国訪問
1974	1		田中首相，東南アジア 5 カ国歴訪，反日暴動
1975	4	ヴェトナム戦争終結	
	5		南ヴェトナム臨時革命政府承認
	8	ヘルシンキ宣言	
1976	10		「防衛計画の大綱」を決定
	11		防衛費 GNP1％枠閣議決定

WORLD

第3章 対立と協調のうねり

●キューバの中距離ミサイル基地（空撮）

冷戦期，人類ははじめて手にした「核」をもてあそびつづけた。その典型が，世界が破滅の深淵をのぞきこんだ1962年秋のキューバ危機である。だが，キューバ，ベルリン，コンゴ，ラオス，ヴェトナム……数多くの「危機」を経験したからこそ，米ソ両国は「われわれは同じ空気を吸っているのだ」（J・F・ケネディ米大統領）という単純な，しかし厳粛な事実を思い知らされた。それがデタント（緊張緩和）への道を開いたのである。

（1962年10月，キューバ。写真提供：AFP＝時事）

SECTION 1

雪どけのはじまり

中ソの平和攻勢——◆

「ソヴィエトの脅威は、ひとりの支配者の野望を反映したものではなく、その寿命によって測り知ることはできない」——名うての反共主義者J・F・ダレス米国務長官はこう論じた。だが一九五三年三月、ソ連の独裁者スターリンの死は冷戦のおおきな転機となった。新首相G・マレンコフが東西両陣営の「平和共存」の実現を強く訴えはじめたからである。一九五二年から五三年にかけて、米ソはあいついで水爆実験に成功していた。ソ連の「平和攻勢」はなによりも、資本主義世界との戦争は米ソの共倒れを意味し、したがってもはや現実的な選択肢ではないという認識のあらわれだった。

マレンコフ、フルシチョフ、N・ブルガーニン、L・ベリヤらが集団指導体制をとったクレムリン内部では、一九五〇年代なかばまではげしい権力闘争がつづいた。次の権力の座をねらうかれらのいずれも、しばらくの間、米国との対立は回避したいというのが本音だった。

ソ連経済にとっても、国際的な緊張緩和は必要だった。スターリン政権末期、農業も工業も不振をきわめ、国民は物不足に苦しんでいたからである。マレンコフは軍備支出や対外援助などを削減、経済政策の力点を農業や消費財生産などの分野に移行させようとした。フルシチョフはこれに反対、軍の支持を得てほどなくマレンコフを追いおとすが、いざ権力を握ると平和共存路線を継承せざるをえなかった。

東欧でも、ソ連支配と、その尻馬に乗って各国を統治してきた指導者たちへの反発が表面化した。一九五三年六月、それまで社会主義建設の優等生だった東独で、自由選挙の実施や政治犯の釈放などを求める労働者のデモが発生、たちまち全土に波及した。東独駐留のソ連軍が出動して鎮圧したが、ソ連は同様の動きが東欧全域に波及しないよう、手綱の引き締めに必死となった。西側とことを構える余裕などなかったのである。

中国も平和攻勢にのりだす。抗日戦争や国共内戦、朝鮮戦争への参戦で疲弊した経済の立て直しが焦眉の急だったし、軍の近代化もゆるがせにはできなかった。共産党の統治は万全ではなく、ティベットや新疆などの懐柔も求められた。米国の対中封じ込めに対抗し、アジア諸国との連携を進めるうえでは、中国がけっして脅威ではないと示す必要があった。

米国の対応◆

平和共存の最初の具体的成果のひとつが、一九五三年七月、朝鮮休戦協定の締結である。この年一月に成立したアイゼンハワー米政権も平和共存にやぶさかではなかった。巨大な軍備、財政赤字、インフレなど、冷戦の重荷をずっしりと肩に感じる点では米国も同じだったからである。

冷戦遂行をより効率化し、米国自身への負担を減少させるには、同盟諸国と協力しながら西側陣営の外交・軍事戦略を抜本的に見直す必要があった。そのための「息つぎの間」(ダレス)を、中ソが与えてくれたわけである。次の対決に備え、「ニュー・ルック」戦略確立をめざすうえでの一時的な紛争状態の凍結、それが米国流の平和共存だった。

ニュー・ルック戦略の第一の柱が大量報復、つまり核の恫喝を用いた瀬戸際政策である。たとえ局地的なものであれ、共産陣営の侵略が発生すれば、米国はすぐさまソ連もしくは中国の中枢部に核攻撃を加える。こうした姿勢を明確に示すことで、敵の行動を抑止しようとしたのである。

そこには、場所や形態を問わず、いかなる紛争もその源泉は中ソの侵略的な意図にある、という確信があった。発展途上地域での民族主義の勃興は、まず例外なく国際共産主義の蠢動とみなされた。ただし公然たる軍事力の発動がもたらす政治的・経済的コストへの配慮から、CIA（中央情報局）が一枚噛んだ隠密作戦が多用された。たとえばイランのモサデグ政権（一九五三年）、グアテマラのアルベンス政権（一九五四年）の打倒である。

大量報復には、米国の軍事力への自信と、その限界への懸念が反映されていた。このまま過重な負担がつづけば、結局はソ連との経済戦争、すなわち総力戦たる冷戦に敗れかねないという危惧である。そこで陸軍が大幅に縮小されたが、その代償がいっそうの核依存だった。巨大な破壊力をもつ水爆とならんで、小型の戦術核兵器開発も進められた。

第二に、同盟諸国の活用も重要だった。同質的な兵力を世界各地に前方展開しておけば、効率的な防衛が可能なはずだった。ダレス国務長官が「パクトマニア（条約狂）」の異名をとったのも、米国を頂点とする軍事的な分業体制の確立に尽力したからだった。くわえて、東南アジア、中東、西欧などが地域統合を進め、共産侵略に対抗できる力を構築することが求められた。その典型が、ＥＤＣ（欧州防衛共同体）、つまり仏・伊・西独・ベネルックス三国による欧州軍創設構想の変質である。

ＥＤＣはもともと、朝鮮戦争勃発の衝撃のなかで西独再軍備を実現し、しかも西欧、とくにフランスの対独恐怖感をなだめる便法だった。だがアイゼンハワー政権のもとでＥＤＣは、西欧の軍事的統合を実現し、政治・経済統合とあいまって一体化した西欧を建設し、大西洋を越えて米国やカナダと西欧を結びつける、強力な梃子に変化したのである。

インドシナ休戦が実現

ニュー・ルック戦略の試金石となったのが、一九五四年春のインドシナ危機である。前年秋、ヴェトナムとラオスのほぼ境に位置する盆地ディエンビエンフーに仏軍が立てこもった。ヴェトミン（ヴェトナム独立同盟）をおびきだし、いっきに粉砕するための餌である。だが結果的に仏軍陣地は包囲され、壊滅の危険にさらされた。フランスは三月末、米国に軍事介入を要請する。

朝鮮戦争と異なり、中国軍は公然とは介入していなかったから、ディエンビエンフーの仏軍を救うために北京を攻撃するわけにもいかなかった。原爆使用を含むヴェトミン軍への空爆案が検討されたが、密林にひそむゲリラに効果があるとも思えなかった。アジアでふたたび核使用にふみきることも政治的にためらわれた。たとえ最初は限定的な空爆でも、いずれは朝鮮戦争の二の舞、大規模な地上戦争につながるという懸念もおおきかった。

COLUMN ダレスと周恩来の出会い

ジュネーヴ会議は、米国と国交もなく、国連にも加盟していない中国と米国が接触するきわめてまれな機会となった。だが中国の国際的地位向上をおそれたダレス米国務長官は、ジュネーヴ会議にも最初の一週間しか参加していない。自分が中国の首席代表・周恩来に出会うとすれば、ふたりの乗った車が衝突した場合だけだと記者団に語っていた。実際にふたりがはじめて顔をあわせたとき、ダレスは外交儀礼上考えられない行動をとった。周が差しだした右手を無視したのである。ダレスは内外の批判を浴びたが、それは北京政府が中国を代表する存在ではないことを示し、また米国内の反共主義を刺激すまいとした演技だった。

さりとて、中国「喪失」につづくインドシナ共産化も座視できなかった。アイゼンハワー政権の苦肉の策が「統一行動」だった。フランスをはじめ同盟諸国が地上戦争を担当し、米国は海空軍のみを提供する、共同軍事介入である。だが対中戦争への拡大を懸念する英国、インドシナ問題がみずからの手を離れるのをおそれたフランスがともに難色を示した。孤立無援のディエンビエンフーは一九五四年五月七日に陥落、戦争の結末はジュネーヴでの休戦交渉に委ねられた。

一九五四年七月二一日、ジュネーヴ協定が成立した。北緯一七度線を境にヴェトナムを南北に分割、二年後に再統一選挙を実施するというものである。国土のほぼ四分の三を手中におさめていたヴェトミンの不満はおおきかったが、中ソの圧力で分割に応じざるをえなかった。しかも中ソにかぎらずジュネーヴ会議に参加した大国は、東南アジアの安定と平和共存の継続を優先させたのである。

ジュネーヴ協定成立直前、米国は反共反仏の民族主義者ゴ・ディン・ディエムをヴェトナム国首相に擁立した。この国を反共の防波堤「自由ヴェトナム」として維持強化するためである。一九五五年、ディエムは国民投票によって国家元首バオ・ダイを放逐、新生ヴェトナム共和国（南ヴェトナム）初代大統領となった。

一九五六年、南ヴェトナムと米国は再統一選挙を拒否した。ヴェトナム民主共和国（北ヴェトナム）は抗議の声をあげたが、当面は国内の復興と社会主義建設に専念する道を選んだ。尚早な南北統一に消極的な中ソの意向にも配慮せざるをえなかった。

一九五四年九月調印のマニラ条約にもとづいて、翌年二月にはSEATO（東南アジア条約機構）が設立されている。参加国は米英仏にタイ・フィリピン・パキスタン・オーストラリア・ニュージーランドを加えた八カ国である。ジュネーヴ協定で軍事同盟への参加を禁じられた南ヴェトナム・ラオス・カンボジアも、一方的にマニラ条約の適用範囲とされた。東南アジアと日本のつながりもいっそう強化された。

朝鮮とヴェトナムの分割が固定化されることで、アジア情勢は安定化に向かった。だがもうひとつの分断国家である中国と台湾は、一九五五、五八年に武力衝突を演じた。それでも台湾と相互防衛条約を結んだ米国は、実質的には蔣介石の大陸反攻のなだめ役となった。米国など張り子の虎だと声高に主張する中国も、本格的な軍事行動には慎重だった。

◆バンドンからジュネーヴへ——

インドシナ休戦交渉さなかの一九五四年六月、中国の周恩来首相とインドのＰ・Ｊ・ネルー首相が会談、「平和五原則」を発表した。領土や主権の相互尊重、相互不侵略、内政不干渉、平等互恵、そして平和共存である。一九五五年、アジア・アフリカ諸国会議（バンドン会議）は、これを「平和十原則」に発展させた。参加二九カ国（うちアジアは二三カ国）の中心は、東西両陣営に属さない非同盟諸国だった。一九六一年にはベオグラードで二八カ国が参加して第一回非同盟諸国会議が開催され、軍縮や大国同士の対立回避を訴えた。

欧州でも平和共存が進行した。ＥＤＣは仏議会の拒否によって挫折したが、その後英国の尽力で西独の再軍備、ＷＥＵ（西欧同盟）の設立が実現した。一九五五年五月六日、西独がＮＡＴＯ（北大西洋条約機構）に加盟すると、ソ連も一四日に東欧諸国とワルシャワ条約に調印、ワルシャワ条約機構を設立した。ふたつの軍事同盟の対峙とドイツおよびベルリン分割の固定化を代償に、欧州での対決の時代は事実上終わりを告げた。同じ年、西独とソ連は国交を樹立している。ワルシャワ条約機構設立の翌日、懸案だったオーストリア国家条約も成立した。米英仏ソ四カ国の軍が撤退、オーストリアは永世中立国となった。

一九五五年一〇月、米英仏ソ四大国の首脳会談が開かれた（ジュネーヴ頂上会談）。具体的成果には乏しかったが、ポツダム以来一〇年ぶりに四大国、とくに米ソ首脳が顔をあわせたこと、今後は話しあ

1955年のアジア

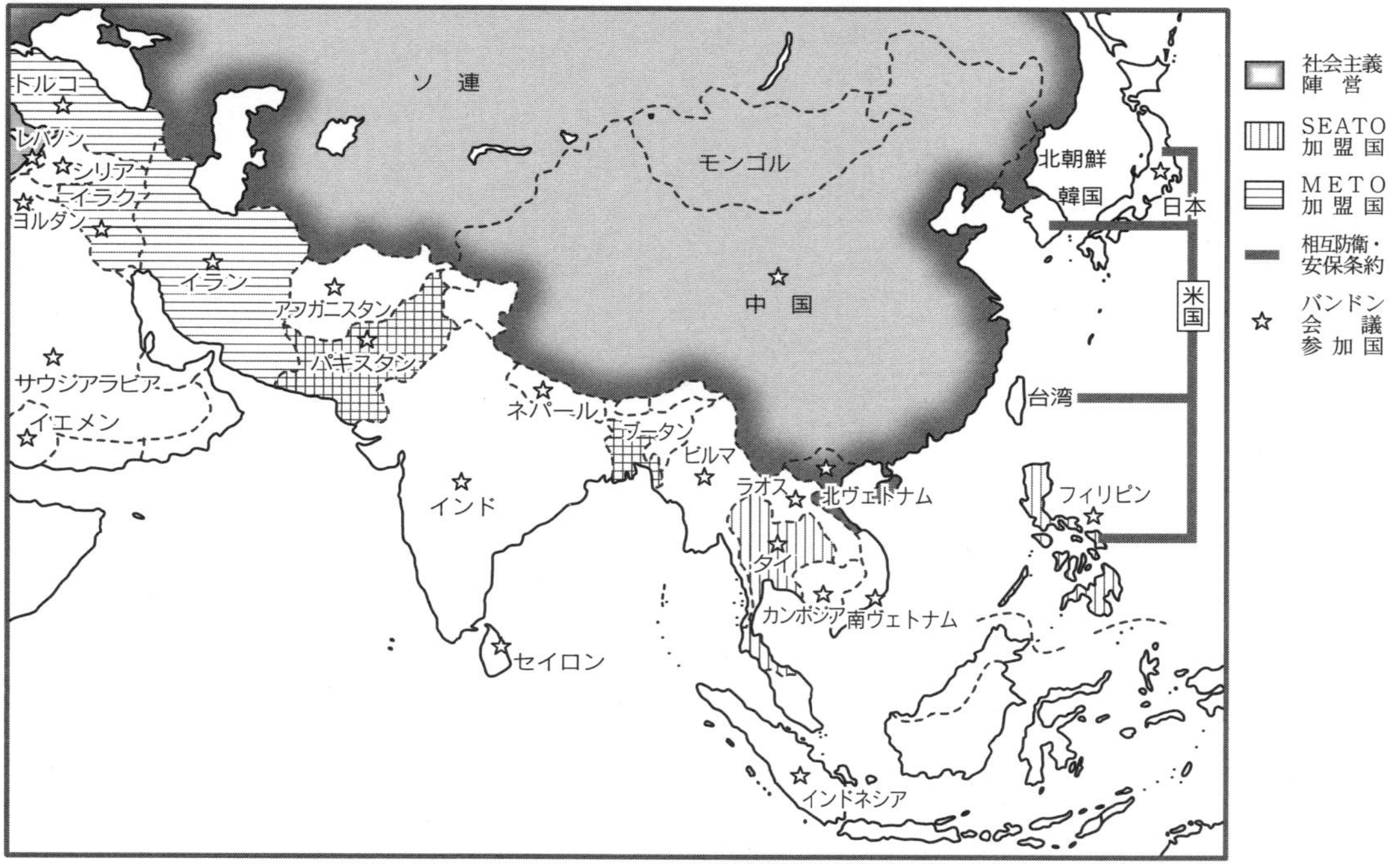
ソ連
モンゴル
中国
北朝鮮
韓国
日本
米国
台湾
フィリピン
トルコ
レバノン
シリア
イラク
ヨルダン
イラン
アフガニスタン
パキスタン
サウジアラビア
イエメン
ネパール
ブータン
ビルマ
インド
セイロン
ラオス
北ヴェトナム
タイ
カンボジア
南ヴェトナム
インドネシア
社会主義陣営
SEATO加盟国
METO加盟国
相互防衛・安保条約
バンドン会議参加国

1955年の欧州

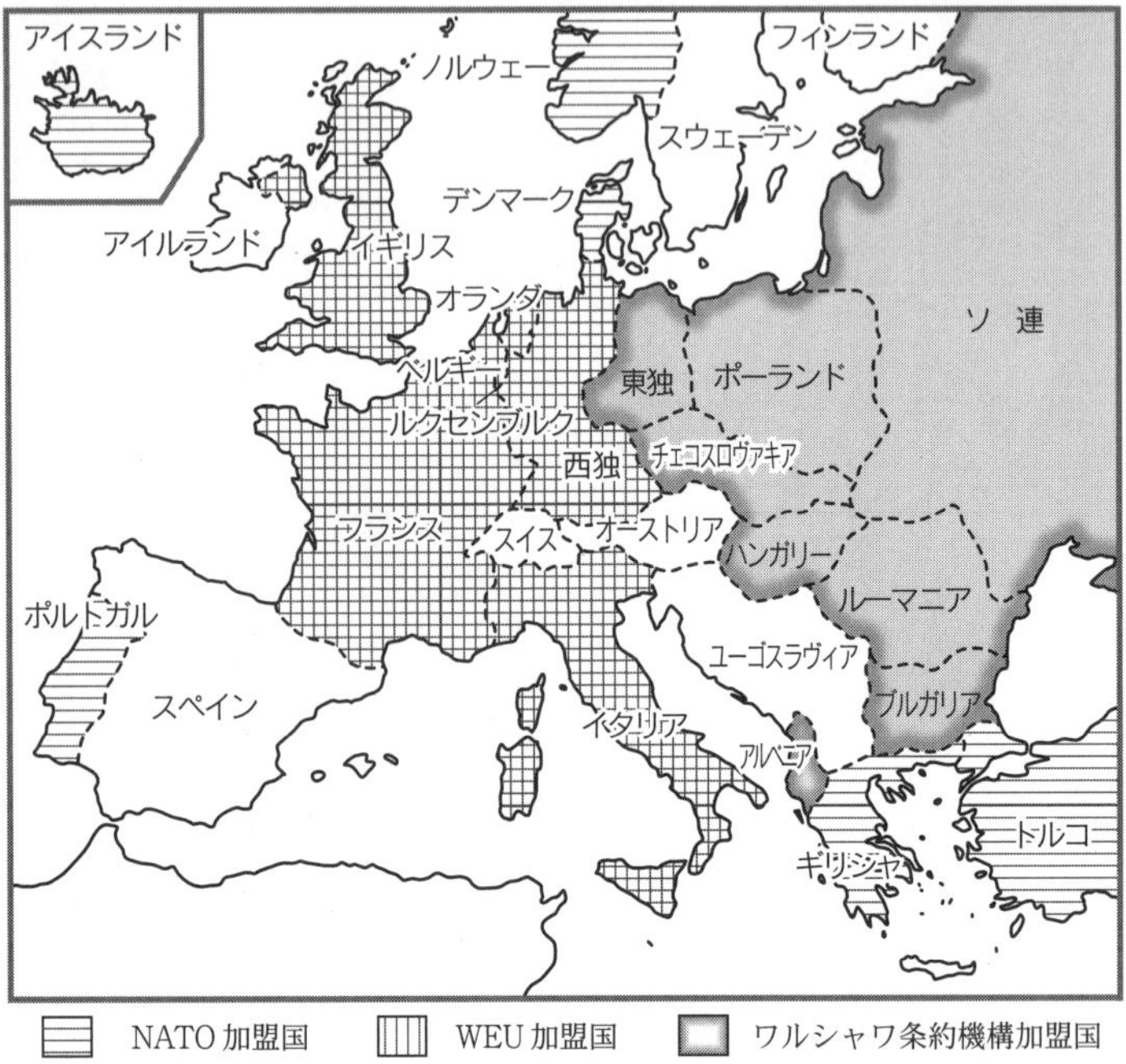

出所：著者作成。

いで対立を解決する意志を確認しあったことは世界に歓迎された。

一九五七年、原子力の平和利用をめざしてIAEA（国際原子力機関）が設立された。一九五九年末には南極条約が結ばれ、南極大陸での領有権問題の凍結、軍事利用の禁止などが決められた。同年夏、ニクソン副大統領がソ連を訪れ、フルシチョフとの間で米家庭の生活水準をめぐる「台所論争」を展開している。秋にはフルシチョフがソ連の指導者としてはじめて訪米、テレビで冷戦は事実上終わったのだと述べた。冷戦は軍事的・政治的対立から、経済・社会・文化などをめぐる平和的競争に移行しつつあった。

一九五五年のジュネーヴ頂上会談や五九年のフルシチョフ訪米が「ジュネーヴ精神」「キャンプデーヴィッド精神」の言葉で知られるように、雰囲気だけが先行した面は否めない。同じ時期、米ソの核軍拡にはむしろ拍車がかかったし、ほどなくベルリンやキューバ、東南アジア、中東、はては宇宙までも舞台とした米ソ対決の時代が到来した。それでも米ソ双方が平和共存という時代を経験した――たとえば中東で共同歩調をとった――ことが、のちのデタント（緊張緩和）の素地となった。

スエズ危機と米ソ――◆

第一次世界大戦中、A・バルフォア英外相がユダヤ人の「民族的郷土」建設を認めた。戦後英委任統治領となったパレスティナにユダヤ人が大量に移住、アラブ人との摩擦が増大した。英国が委任統治を

COLUMN 邪魔者扱いされたイーデン

一九五五年のジュネーヴ頂上会談の最終日、R・A・イーデン英首相がソ連首脳との会談に赴いた。宿舎の入り口で握手もろくにすまないうちに、大勢のカメラマンがわれさきに殺到する。なかのひとりがイーデンの背中を強く押して、こう叫んだ。「邪魔にならないようにしてくれ」。かれが撮りたかったのはソ連のN・ブルガーニン首相やフルシチョフ第一書記らであり、斜陽の国の首相ではなかったからである。「四大国」会談といいながら、ジュネーヴでの主役はあくまでも米ソであり、イーデンも、E・フォール仏首相も脇役にすぎなかった。イーデン自身が回顧録で紹介する出来事である。

1955年の中東

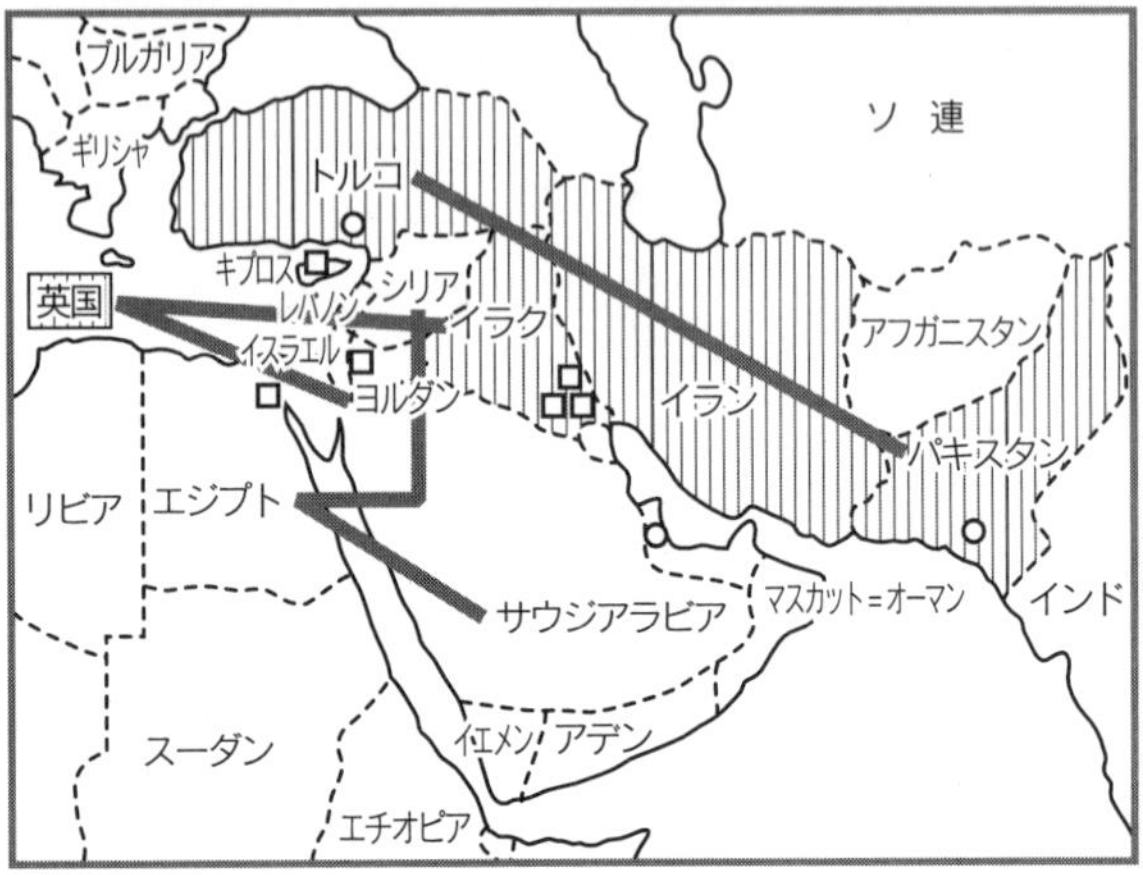

○ 米軍基地　□ 英軍基地　━ 軍事協定・相互防衛条約など　▥ METO
出所：『世界年鑑 1956』（共同通信社）をもとに著者作成。

放棄した一九四七年、国連はパレスティナを両民族の間で分割する提案をおこなった。一九四八年、イスラエルが建国されると、アラブ諸国は共同で出兵したが撃退され、かえってイスラエルの版図が拡大した（第一次中東戦争）。

冷戦初期、米国の中東での関心はその北辺（トルコからパキスタンまで）を防衛し、ソ連の南進を阻止することにあった。一九五二年のトルコのＮＡＴＯ加盟、五三年のイラン・モサデグ政権打倒もその一環である。一九五五年、イラクとトルコが相互協力を約束する（バグダッド条約）。これに英国、パキスタン、イランが加わり、米国がオブザーバー（正式加盟は五七年）となって成立したのがＭＥＴＯ（中東条約機構、「バグダッド条約機構」とも呼ぶ）である。

米国はいっかんしてイスラエルの後援者だった。中東進出のくさびを求めた点ではソ連も同じで、イスラエル建国直後には米国に先んじて承認を与えるほどだった。しかし国内のユダヤ人弾圧などのためソ連‐イスラエル関係はほどなく悪化、その後はむしろアラブ諸国、とくにエジプトに急接近していく。そのエジプトでは、一九五二年に王制を打倒した主役のひとりナセルが、欧米の経済支配を糾弾し、バグダッド条約を非難した。チェコスロヴァキアを経由してソ連から経済・軍事援助を受け、代わりに綿花を輸出し、中国も承認した。

米国は一九五六年、エジプト近代化の象徴であるアスワン・ハイ・ダム建設への資金援助を拒否、ナセルに圧迫を加えた。ナセルはスエズ運河の国有化で応じた。それまで運河会社を所有し、莫大な利益をあげていた英仏は、ナセルを第二のヒトラーと痛罵し、イスラエルと共同で運河地帯に出兵した。スエズ危機（第二次中東戦争）のはじまりである。

ソ連のフルシチョフ首相は英仏に撤兵を要求、米国との共同派兵すら提案した。米国はこれを拒否したが、英仏に対してはやはり撤退を求めた。旧態依然たる植民地主義の砲艦外交に味方すれば世界中で非難を浴びるからだった。国連総会でも非難決議が可決され、国際的に孤立した英・仏・イスラエルはすごすごと兵を引いた。

国連とともにスエズ危機解決に協力した米ソだったが、その後は対立を深めていった。エジプトやイラクなどはソ連といっそう緊密になり、一九五九年にはイラクがＭＥＴＯから脱退した。ＭＥＴＯは本部をバグダッドからアンカラに移し、ＣＥＮＴＯ（中央条約機構）となる。

米国はサウジアラビアなどと関係を強化した。一九五七年には共産主義進出を防ぐためには出兵も辞さずとする「アイゼンハワー・ドクトリン」を発表、実際に五八年にはレバノンに派兵した。中東は米国とソ連、イスラエルとアラブ諸国、アラブ諸国内の親米派と親ソ派、豊かな産油国とそれ以外の諸国、王制を堅持する諸国と革命を実現した諸国（イラク、イエメン）など、複数の対立を軸に分断されていく。

◆——揺らぐ社会主義

ソ連は中東進出のかたわら、社会主義陣営の引き締めにおおわらわだった。だが東欧の動揺のきっかけは、ソ連自身が支配の手綱を緩めたことにあった。一九五五年、フルシチョフは四八年以来絶縁状態にあったユーゴスラヴィアと和解した。一九五六年には東欧支配の道具だったコミンフォルム（欧州共産党情報機関）も解散した。

一九五六年二月、ソ連共産党第二〇回党大会で、フルシチョフは「スターリン批判」の秘密報告をおこない、核戦争による人類の破滅を避けるには資本主義諸国との平和共存以外に道はなく、社会主義への移行は平和的手段によっても可能なのだと主張した。しかも、この独裁者が犯したさまざまな過ちや大粛清の事実を白日のもとにさらけだした。ソ連自身が「非スターリン化」への道を踏みだしたことは、東欧全域におおきな衝撃波をもたらさずにはいなかった。

六月、ポーランドで、食糧不足などをきっかけに労働者のデモが発生、たちまち大規模な反ソ暴動に転じた。社会主義路線を堅持しつつ国民を懐柔する便法として、かつてスターリンに嫌われて失脚したW・ゴムウカが権力の座に復帰した。同時にポーランド駐留ソ連軍は出動態勢をとり、バルト海ではソ連艦隊がポーランドに圧迫を加えた。ゴムウカ政権は、ソ連との友好を維持し、ワルシャワ条約機構にも加盟をつづけることなどを条件に、国内では独自の社会主義路線を採用できることになった。

一〇月、今度はハンガリー全土で反ソ・反政府暴動が発生した。ここでもソ連色の薄いI・ナジが新政府を組織、国民の欲求を容れてさまざまな改革を進めた。だが最後にはソ連軍の出動、ナジの逮捕と処刑という悲劇が待っていた。ナジがワルシャワ条約機構からの脱退、中立外交などを打ちだしたからである。ナジはソ連が認めうる東欧「自由化」の限界を十分認識していなかった。また、ハンガリー国民の反ソ感情がそれほど強かったのだともいえる。

それまで米国は、ソ連圏膨張への「巻き返し」や、共産主義の虜囚となった東欧の「解放」を唱えていた。だが本音をいえば、ソ連の国境沿いに反ソ的な政府が樹立されるのはありがた迷惑だった。欧州を東西に二分する境界線は尊重し、少なくとも当面はそれぞれの内部で秩序維持にあたるというのが、のちのデタントに引き継がれる平和共存の本質だったからである。

中国は、社会主義陣営の足なみを乱すまいとハンガリー動乱への出兵を支持した。一九五四年にフルシチョフが訪中、ソ連が引きつづき保有していた中国内の権益を放棄し、新たに借款に応じた結果である。中国がまだ経済の発展や自国の安全保障といった点で、ソ連に依存していたからでもあった。だが中国はスターリン批判については同調していない。一九五〇年代末になると、中国は「東風が西風を圧倒」している以上、平和共存など無意味だとソ連にたてつくようになった。その背景には皮肉なことに、宇宙開発分野でのソ連の躍進があった。

SECTION 2

ふたたび激化する対立

宇宙からの脅威──◆

一九五七年一〇月、ソ連は人類史上初の人工衛星スプートニク一号の、ついで犬を乗せたスプートニク二号の打ちあげに成功した。米国も翌年一月、エクスプローラー一号を打ちあげて対抗した。しかし米国民は「スプートニク・ショック」と呼ばれるほどの周章狼狽ぶりを示した。その直前、ソ連がICBM（大陸間弾道ミサイル）実験に成功していたからである。核ミサイルの分野で米国がソ連のリードを許しているのではないかとする「ミサイル・ギャップ論争」が巻き起こった。

じつはソ連はICBM実験には成功したものの実戦配備はまだ先の話であり、全体としては米国のほうが優位にあった。しかも結果的にスプートニクの衝撃は、ソ連の対米劣位をいっそう強めた。科学技術、軍事力、経済の活力などあらゆる面で強力な米国の復活を求める気運が米国内で高まったからである。アイゼンハワー大統領は「軍産複合体」の成長と社会や経済への悪影響に警鐘を鳴らしたが、軍拡に歯止めはかからなかった。

問題は、冷戦がふたつの社会体制の優劣をめぐる争い、いわば世界を相手にしたイメージ戦争だったことにある。科学技術の粋を集めた宇宙開発の分野で先手をとられたことじたい、米国の威信にきわめておおきな打撃となった。しかも一九五〇年代後半、ソ連経済は米国をしのぐ勢いで成長していた。フルシチョフ首相が一九五七年、一五年で米国に追いつくのだと豪語したほどである。

米国は、一九五八年にNASA（航空宇宙局）を設立、ソ連に追いつけ追い越せとばかり経済力や技術力、人的資源などを宇宙開発に集中させた。一九六一年四月、ソ連のY・ガガーリンが初の有人宇宙飛行に成功すると、J・F・ケネディ大統領は一〇年以内に月に到達するという目標を掲げた。宇宙こそ「地上におけるわが国の未来への鍵」（ケネディ）だったからである。

パリ頂上会談の破綻――◆

一九六〇年五月一日、スプートニクにつぐ衝撃が全世界を襲った。米国の偵察機U2がソ連上空で撃

COLUMN　万能機U2

U2のUは、「ユーティリティ（万能）」の頭文字である。一九五五年にロッキード社が開発に成功、五七年に就役したもので、黒く塗られた細身の機体は当時「ブラックバード」「黒い貴婦人」などと異名をとった。ソ連や中国をとりまくように世界中に配備され、日本の厚木もその基地だった。二万メートルを超える高空からの写真撮影や大気中の塵の収集は、共産圏諸国の軍事施設や核実験の実態などについて貴重な情報をもたらした。一九六二年、キューバにソ連が建設中のミサイル基地を発見したのもU2である。偵察衛星が発達したこんにちでもその有用性は衰えておらず、湾岸戦争後にも米国から国連に貸与され、イラクの査察に貢献した。

墜されたのである。それまで高空を飛ぶU2に手だしができなかったソ連が、防空網を着実に整備した成果だった。フルシチョフの対米協調路線に異を唱える勢力の意図的な行動だったともいう。米国側は当初、NASA所属の気象観測機が針路を誤ったにすぎないとした。じつはCIAによるスパイ飛行だったのである。

同じころ、ジュネーヴ以来五年ぶりの東西四大国首脳会談がパリで予定されていた。開幕直前、フルシチョフはスパイ飛行の中止と、アイゼンハワーの謝罪を求めた。しかし対米関係の悪化は、かれがそれまで進めてきた平和共存路線を否定し、国内の対米強硬派を勢いづけるおそれがあった。そこでかれは、米ソ関係の悪化をはかる米国内の邪悪な勢力だけを非難し、平和を望むアイゼンハワー大統領はこの飛行を知らなかったのだろうと気づかった。かれはアイゼンハワーが折れてくれるのを心底望んでいた。

しかしアイゼンハワーは謝罪を潔しとせず、すべてはソ連の秘密主義のせいだとスパイ飛行を正当化した。激怒したフルシチョフはすぐさま帰国、パリ頂上会談はお流れとなった。フルシチョフの権力基盤はおおきく揺らいだ。アイゼンハワーの威信も失墜した。しかもその直後、日米安保条約改定をめぐる紛争のはてに訪日が中止されてしまう。しかし本当に傷ついたのは、一九五三年以来着実に成果を重ねてきた平和共存そのものだった。

突如築かれた壁──◆

米ソ間の重大な懸案のひとつにベルリンがあった。西ベルリンは共産圏の中に浮かぶ小島だったが、同時に西側諸国の繁栄を示すショウウインドウだった。一九四九年に封鎖が解除されて以来、東独国民が東ベルリンを経由して西独に脱出する出口でもあった。この社会主義陣営の「喉に刺さったトゲ」（フルシチョフ）を放置すれば、ソ連の東欧支配体制そのものが崩壊しかねなかった。

一九五八年、ソ連は米英仏に対し、東独と平和条約を結びベルリン管轄権を東独政府に引き渡すと脅しをかけた。米英仏の強い反対でいったん引きさがったが、フルシチョフは次の機会を虎視眈々とねらっていた。スターリンが果たせなかった、ベルリンからの西側勢力の駆逐が実現できれば、フルシチョフの権力基盤もふたたび強化されるはずだった。それがベルリン危機への道を用意した。

一九六一年五月、フルシチョフはケネディに向かい、六カ月を期限として東独との平和条約を結ぶと宣言した。東独が強引に進めた社会主義化路線が災いして、国民の逃亡が急増したからである。この流れを止めようと、ソ連と東独は八月一三日未明、東西ベルリンの境界線にコンクリートや石で壁を構築しはじめた。その前日には、一日だけで二〇〇〇人が国境を越えていた（一九四九年から六一年の累計では二七〇万人以上）。

ケネディはL・B・ジョンソン副大統領や、ベルリン封鎖の際に活躍したL・クレイ元将軍を派遣して西ベルリン市民を力づけた。三〇億ドルを超える追加軍事支出に踏みきり、陸路を経由して東西ドイツ国境から西ベルリンに戦車部隊などを送りこんだ。世界はかたずをのんで見守ったが、ソ連はこれを黙認した。

八月から九月にかけて、ソ連と米国はあいついでそれまで自粛していた核実験を再開、対決ムードが高まった。しかし米ソはともに、ベルリンとドイツの現状維持に向かって動きだしていた。政治的にいえばすでに目に見えない壁が存在しており、本質的にはなにも変化はなかったからである。ベルリンの壁はこの後二九年間、その醜い姿をさらすことになる。

朝鮮半島やインドシナ半島の場合と同様、分断国家の維持は米ソ双方にとって国際秩序の安定のため十分支払い可能なコストだった。だが世界のどこでもそうした合意が可能なわけではなかったし、米ソ間の危機の火種が消えたわけでもなかった。だからベルリンの壁をめぐる騒動は、むしろカリブ海における危機の、前哨戦でしかなかったのである。

砂糖の島の革命――◆

米国はＯＡＳ（米州機構、一九四八年設立）を道具に、西半球を反共の大陸として維持してきた。だが皮肉なことに、米国の庇護のもと国民を抑圧し、特権階級の利益増進ばかりをはかる統治じたいが、かえって社会主義に傾斜した革命の温床となった。一九五〇年代初頭、左派民族主義のアルベンス政権が成立したグアテマラが典型である。米国はＣＩＡの画策でクーデターを起こしことなきをえたが、同じことが他の場所で起きない保証はなかった。一九五九年、その懸念がついに現実となった。場所はキユーバである。

カリブ海に浮かぶこの島国の実質的な支配者は、砂糖の生産と輸出頼みの経済を牛耳る米国だった。だがその威を借りる独裁者F・バティスタの苛酷な統治が国内の反抗を招き、ついにF・カストロが革命に成功する。カストロは、自分は共産主義者ではなく「キューバ主義者」だと宣言した。だが社会変革、たとえば土地改革を推し進めようとすれば、米国の利益と衝突しないはずはなかった。

米国はキューバ産砂糖の精製を拒んだ。外貨獲得の手段を断たれたキューバはソ連に砂糖を輸出し、石油や武器などの供給を受けるようになった。米国がキューバからの砂糖輸入をほぼ全面的に停止すると、カストロは国内の米資本の国有化で応じた。一九六一年一月、アメリカはついにキューバと断交した。一九四九年の中国の場合と同様、米国はカストロとの和解の可能性をみずから消し去ったのである。

米国はカストロをソ連の手先にすぎないとみた。ところが当のソ連は迷惑顔だった。ハンガリー動乱のように東欧でソ連が好き勝手にふるまい、それを米国に黙認してもらうには、西半球で米国を無用に刺激することは慎まなければならなかったからである。しかもキューバはソ連からはあまりにも遠く、自国防衛にもほとんど無関係な地域だった。だがいったん社会主義政権が樹立された以上、その崩壊はソ連の威信失墜に直結することになった。中ソが発展途上地域での革命のモデルをめぐって争っていたからなおさらだった。

米国は第二、第三のキューバ誕生をおそれ、カストロ排除に躍起となった。ケネディ政権は一九六一年四月、亡命キューバ人を利用したカストロ打倒作戦を実施、手ひどい失敗を喫した（ピッグズ湾事

COLUMN サッカー戦争

一九六九年、翌年のサッカー・ワールドカップの予選で、エルサルバドルが延長戦のすえホンジュラスをくだした。直後、両国は戦争に突入し、世界を驚かせた。この「サッカー戦争」の背後には、両国の根深い対立があった。第一に一八二一年の独立以来、国境紛争がつづいていた。第二に、経済格差を反映して、数十万人がエルサルバドルからホンジュラスに不法入国、就労していた。第三にそのかれらが突然国外退去を命じられ、帰国後は怒りをぶちまけた。第四にエルサルバドル政府も経済の停滞などへの国民の不満をそらすため、ホンジュラスへの敵意をあおった。こうした隣国との係争要因は中南米諸国に多かれ少なかれ共通していた。それこそカストロ対策に苦慮する米国が直面する本当の問題だった。

件)。ケネディはかろうじて米軍投入を思いとどまったが、それでもこれが「キューバの独裁者に反対するキューバ人の戦い」だと強弁した。

一九六一年夏、革命を未然に防止すべく「進歩のための同盟」が設立された。一〇年間に二〇〇億ドルもの経済援助によって、中南米諸国の社会改革を促そうとしたのである。だが現実には、米国の援助は各国の軍事独裁体制を強化しただけだった。しかも工業化の行き詰まりが経済を悪化させ、貧富の差をひろげ、政治的混乱に拍車をかけることになる。

そこで米国は、「マングース作戦」と呼ばれた隠密作戦に頼った。キューバ国内での反カストロ宣伝活動、破壊工作、はてはカストロ暗殺などだが、たいして効果はなかった。米国の働きかけで、OAS は一九六二年にキューバを閉めだした。一九六四年には外交・貿易関係の断絶を決議、メキシコ以外はキューバと断交した。しかしいかにキューバ隔離を進めようと、米国の懸念は消えなかった。

米ソ核戦争の瀬戸際◆

ピッグズ湾事件のほとぼりが冷めるにつれ、ケネディ政権は力ずくのカストロ政権打倒に傾斜していった。ところが米軍がキューバ侵攻の準備を整えつつあった一九六二年一〇月、U2による偵察がひとつの知らせをもたらした。ソ連がキューバに中距離弾道ミサイル基地を建設しつつあったのである。

ベルリン危機が外交的勝利に結びつかなかったため、フルシチョフはなんらかの攻勢をかけ、国内の対米強硬派や中国を黙らせる必要があった。軍事的にも、米本土ちかくにミサイルを配備すれば米ソ間の戦略上の不均衡を是正できるはずだった。キューバ防衛への支援強化を求めるカストロの声も無視できなかった。ピッグズ湾事件で米軍を投入せず、ベルリンの壁構築も拱手傍観し、ラオス内戦にも派兵しなかったケネディを甘くみてもいた。

まさに同じ理由で、ケネディは引きさがるわけにはいかなかった。なんとしてもこのミサイルを撤去させなければならない。さもなくばミュンヘンでヒトラーに譲歩した「宥和政策」と同じ災厄がもたらされる。だが問題はその手段だった。軍部を中心に、「外科手術」的な空爆によるミサイル基地破壊を推奨する声は強かった。全面的な侵攻作戦でカストロ政権を打倒、後顧の憂いを断つべきだとの意見もあった。

ケネディはより穏健な、しかも今後エスカレーションの可能性も排除しない方策をとった。キューバ周辺の海上封鎖（ただし戦争行為でないと示すために「海上交通遮断」と呼ばれた）と、ミサイル基地撤去の要求である。だがケネディは同時に、もしミサイルが中南米のいずれに対しても発射されれば、ソ連による米国攻撃とみなし全面報復すると宣言した。同盟国にはなんの相談もなく、である。

フルシチョフはアメリカの海上封鎖を「海賊行為」だと非難した。米ソ両軍が臨戦態勢をとるなかでキューバ沖合の封鎖線をソ連貨物船が越え、緊張が高まった。U2によるソ連領空の侵犯事件も発生した。キューバ上空では地対空ミサイルでU2が撃墜され、ケネディは報復攻撃を要求する米軍首脳をなだめるのに必死だった。

フルシチョフは、一度はミサイルの撤去を申しでた。しかし対米強硬派の圧力で窮地に立つと、引き換えにトルコの米ミサイル撤去を要求した。だが米国とケネディ個人の威信への配慮から、ワシントンでは外交的解決策は最初から排除された。また、ミサイル発見以前のヒステリックなまでのカストロ敵視政策が、危機の背景にあったことも看過してはならない。最終的には、米国がキューバに侵攻しないとの約束をとりつけ、ソ連はミサイル撤去に同意した。だがそれは米国がミサイル撤去のため空爆に踏みきる寸前だった。

キューバ危機で破滅の深淵をのぞいた米ソは、その後急接近していく。キューバの西側に米ソの境界線が引き直され、西半球は事実上冷戦の舞台からはずれた。だがカリブ海で屈辱的な後退を甘受し、軍事的な弱さを露呈したソ連の軍首脳は対米共存路線に憤りを強め、それが一九六四年のフルシチョフ解任の一因となった。ソ連は海軍力の大増強など、軍拡を推し進めていく。

カストロ政権の安全はいちおう確保されたが、頭越しの交渉でミサイル基地を撤去され、面目を失ったカストロの怒りはおおきかった。しかもソ連の圧力で、中南米への革命輸出を控えざるをえなかった。これ以降、キューバ‐ソ連間にはすきま風が吹くようになる。

燃えあがるアフリカ——◆

米ソ双方がキューバにこだわったのは、それがいわゆる第三世界における冷戦の戦場だったからである。一九六一年一月、フルシチョフはソ連が全世界で民族解放戦争を支援すると宣言している。その対象のひとつがアルジェリア独立戦争だった。一九五四年以降、アルジェリアの独立を求めるFLN（民族解放戦線）が武装闘争を展開していた。だが人口のほぼ一割を占め、政治・経済などの実権を握るコロン（入植者）は独立に反対、現地駐留仏軍の一部もかれらを支援した。しかし戦いの長期化で仏国内の厭戦気運が高まった。一九五八年に登場したド＝ゴールは、一九六二年になってアルジェリアに独立を与えた。

一九五〇年代まで冷戦とほとんど無縁だったアフリカ大陸も、米ソ対立の波に呑みこまれようとしていた。一九六〇年には一七もの国が独立、「アフリカの年」と呼ばれた。国連加盟国のほぼ四分の一をアフリカ諸国が占めるようになると、米ソいずれがこの大陸で主導権を握るかはゆるがせにできない問題となった。なかでも一九六〇年代初頭、世界の注目を集めたのがコンゴ内戦である。

一九六〇年にベルギーから独立したものの、中央政府は親米派のJ・カサヴブ大統領と親ソ派のP・

大陸別の国連加盟国数

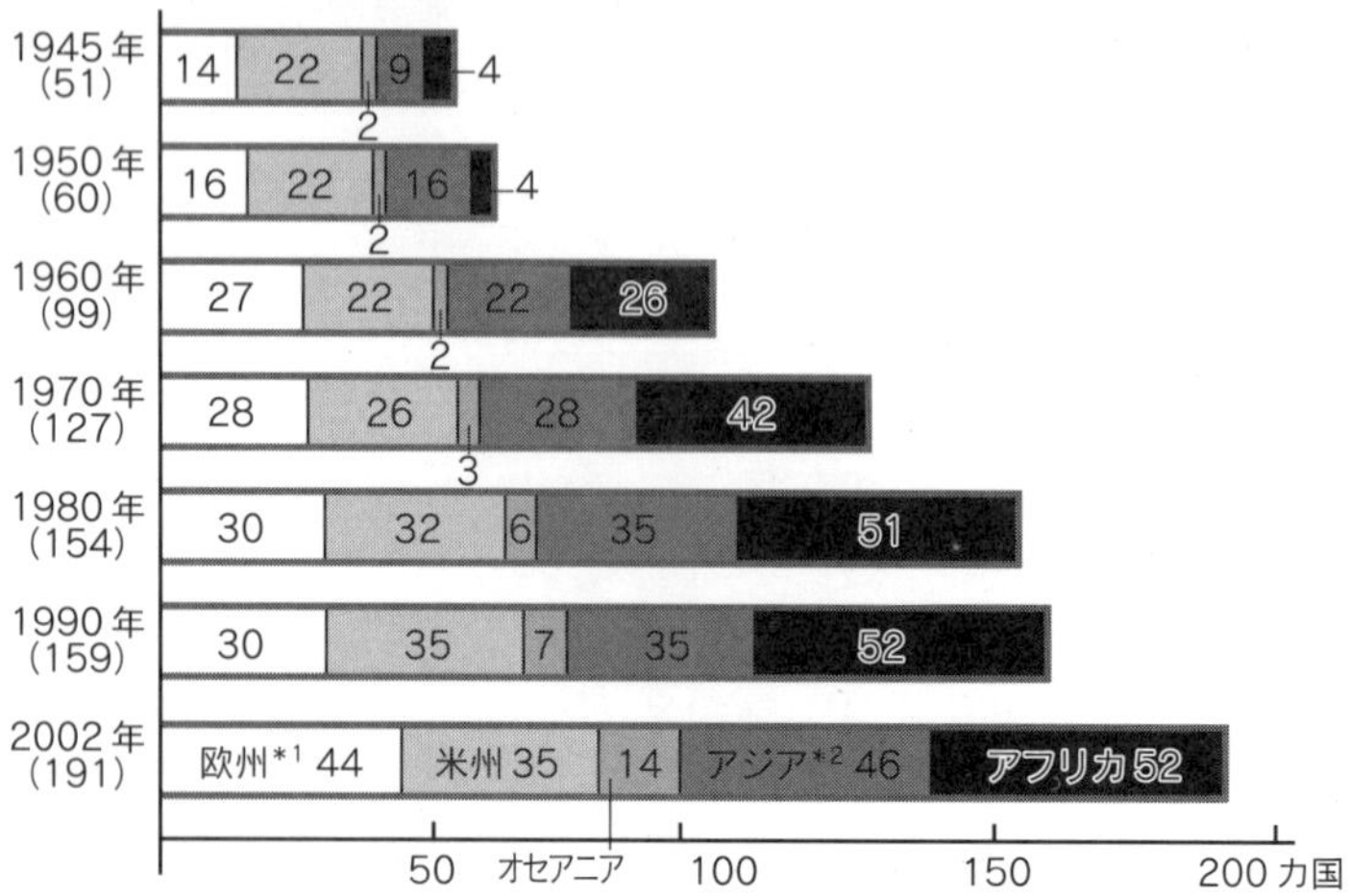

注：＊1　ソ連（ロシア），旧ソ連の欧州地域諸国を含む。
　　＊2　旧ソ連のアジア地域諸国を含む。
出所：http://www1.odn.ne.jp/haru/data-list/kokuren_jun.html

ルムンバ首相の勢力に事実上二分された。国内各地で争乱が絶えず、軍部もしばしば反乱を起こした。しかもM・チョンベが、コバルトや銅など重要な地下資源を産するカタンガ州の独立を宣言した。ベルギーも自国民保護を名目に軍を派遣、独立後もカタンガ州を実質的な支配下におこうとした。

国連安保理はベルギー軍の撤退を要求したが、カタンガ州の分離独立は防げなかった。一九六一年二月、CIAの暗躍でルムンバが暗殺されると、ソ連は態度を硬化させ、混乱に拍車がかかった。コンゴ内戦が終息するのは一九六五年、CIAに支援されたJ・モブツ将軍のクーデターをへてのことである。

SECTION 3

冷戦の休戦ライン

東南アジアの戦乱──◆

一九五四年のインドシナ和平は長つづきしなかった。ラオスでは一九五七年に左右両派と中立派の連合政権が成立したが、ほどなく三つどもえの内戦がはじまる。だが一九六〇年代はじめ、国土の少なくとも北半分はスファヌヴォン率いる左派のパテトラオ（ラオス愛国戦線）の制圧下にあった。かれらはかつて連合政権の首班だった中立派のＳ・プーマと結び、ソ連の支援を受けていた。米国はＰ・ノサヴァン将軍を指導者とする右派を支えた。

米国内ではラオス内戦への軍事介入を求める声が急速に強まった。しかし中国に接し、大規模な軍事行動に必要なインフラも未整備な内陸国への介入に、ケネディは二の足を踏んだ。一九六一年五月にはじまったジュネーヴ会議に、共産侵略阻止の望みを託したのである。紆余曲折をへて翌年七月、ジュネーヴ協定が結ばれた。その内容は休戦、ラオス全土の中立化、プーマを首班とし左右両派が参加する連合政権の再樹立などである。

隣国南ヴェトナムは一九五〇年代後半、米国の支援を受けて強力な反共独裁体制を築きあげた。しかし苛酷な弾圧やディエムの露骨な一族支配に、国民の反発も強まっていく。ディエム政権打倒と祖国統一をめざして一九六〇年一二月、NLF（民族解放戦線）が結成された。北ヴェトナムは一九五九年に全土の武力解放という方針を決めており、アンナン山脈を走る補給路（ホーチミン・ルート）を用いてかれらを支援した。

ケネディは、米国が核戦争からゲリラ戦争、政治経済戦争などありとあらゆる紛争に対応できる力を備えなければならないとした（柔軟反応戦略）。とりわけフルシチョフのいう民族解放戦争には、政治・経済・社会などあらゆる分野を網羅した反乱鎮圧（特殊戦争）戦略で十分対処できるはずだった。南ヴェトナムこそそれを証明する場だった。

ヴェトコン（「民族解放戦線」の蔑称）などハノイの傀儡であり、北ヴェトナムも中ソの手先にすぎない。国外からの人的・物的支援を断ちきりさえすれば、ゲリラはすぐさま立ち枯れになる。こう確信するケネディ政権は一九六一年以降、ジュネーヴ協定に違反して特殊部隊グリーンベレーを含む多数の軍事顧問を送りこみ、実質的に戦争に参加しはじめた。

ゲリラの隠れ場所をなくそうと、悪名高い枯葉剤の散布もおこなわれた。農民をゲリラから切り離すため、鉄条網や壕で囲まれた「戦略村」が無数に建設された。同時に農民の「ハーツ・アンド・マインズ（心と精神）」を勝ちとるべく、米国はディエムにさまざまな民主化改革を求めたが、ほとんど無視された。一九六三年、国民の大多数を占める仏教徒への弾圧を機に、反ディエム機運が急速に高まった。米国にまで愛想をつかされたディエム政権は一九六三年一一月、軍部によるクーデターで崩壊した。

ヴェトナム戦争——◆

一九六四年八月、北ヴェトナム沖合で、米駆逐艦が二度にわたって北ヴェトナム魚雷艇に攻撃を受けた（トンキン湾事件）。ジョンソン米大統領は即座に空母艦載機による報復爆撃を実施した。かれの脳裏には「ミュンヘンの教訓」が焼きついていたし、米国史上初の敗戦を甘受するつもりもなかった。議会も「トンキン湾決議」を可決、大統領に事実上戦争権限を与えた。

もっともじつはジョンソンの決断に決定的な影響を与えた二度めの魚雷攻撃は、米駆逐艦側の錯覚もしくは意図的な歪曲によるものだったといわれる。少なくとも米駆逐艦が北ヴェトナムの領海を侵犯していた可能性があった。それ以前に米国は、情報収集や破壊活動などによってむしろ北ヴェトナムを挑発していたのである。

一九六五年二月、南ヴェトナムのプレイク米軍基地がゲリラに襲撃されると、米国は大規模・恒常的な北ヴェトナム爆撃（北爆）にのりだした。ゲリラへの補給路を断つべく、ラオス領内にも極秘裏に爆撃がおこなわれている。だが北ヴェトナムはＮＬＦへの支援をやめなかった。しかも北爆は、北ヴェトナム国民を一致団結させ、かえって社会主義建設を進めさせるという副産物もあった。

その間に南ヴェトナム領内では、事実上政府の統治を受けつけない「解放区」が増えていった。米国はそこにも猛爆撃を加えたが、それはますます農民を政府から離反させる結果となった。戦局の悪化をよそに、サイゴンの政治家や軍首脳たちは権力闘争や蓄財に明け暮れていた。南ヴェトナム軍はろくに戦闘もおこなっていなかった。

事態打開に躍起な米国は、一九六五年二月、海兵隊のダナン上陸を皮きりに、最大時で五五万人にのぼる地上兵力を送りこんだ。韓国、オーストラリアなど米国の同盟国も派兵したが、反共軍事同盟であるＳＥＡＴＯはほとんど役に立たなかった。しかも時がたつごとに北から派遣された正規軍将兵が敵の主力を担うようになり、勝利はますます困難になった。

ヴェトナム戦争

出所：筆者作成。

貧困撲滅をめざす「偉大な社会」建設や宇宙開発と並行した戦争の負担が、米国自身に重くのしかかっていった。連邦政府の赤字は拡大し、インフレが進み、ドルの信用も失われた。少しのちのことだが、一九六八年にソンミ村ミライ地区で発生した米兵による住民虐殺（ソンミ村事件）も、ヴェトナム戦争への支持を掘り崩した。人種差別への反対や女性の解放、マイノリティの権利保護、米国の歴史への反省など、伝統の価値観を問い直す動きも生まれた。

一九六八年一月、NLFと北ベトナム軍は、ほぼ南ヴェトナム全土で「テト攻勢」を敢行した。都市部で反政府蜂起を惹起し、サイゴン政権をいっきに崩壊させようとする作戦だったが、結果的には失敗した。しかしテレビを通じて、勝っているはずの戦争で敵が攻勢にでた事実を目撃した米国民は、政府や軍への不信を強め、この戦争には勝てないとあきらめてしまった。ジョンソン大統領はこの年の大統領選挙への再出馬を断念、和平実現を求めて北爆を縮小、のち停止した。

ヴェトナム戦争（第二次インドシナ戦争）にともなう米国の支出や援助は、日本や韓国を含むアジア

COLUMN　ヴェトナム戦争と『猿の惑星』

『猿の惑星』シリーズは遠い未来の地球を舞台とする娯楽映画だが、猿に征服された人間という物語を借りて、一九六〇年代末から七〇年代なかばの米国の状況を表現している。第一作（一九六八年）の有名なラスト・シーン、崩壊した自由の女神像は、非白人世界に自尊心を粉砕され、無力感に打ちひしがれる米国の姿の象徴だという。第二作『続・猿の惑星』（一九七〇年）も、人間討伐に反対する平和主義者の若いチンパンジーたちや、「よい人間は、死んだ人間だけだ」と叫ぶゴリラの軍司令官をスクリーンに登場させている。「人間」を「グーク（ヴェトナム人の蔑称）」におき換えれば、ジャングルでの戦いに苦悶する米軍将兵が日常的に発していた言葉そのままである。

の経済発展に貢献した。同時にインドネシア、フィリピン、タイなどに「開発独裁」と呼ばれる体制をつくりだした。また東南アジア諸国の間では、共産主義の膨張をおそれる一方で、冷戦論理にとらわれず、経済・社会・文化面で地域内の協力を促進する動きが表面化した。一九六七年に結成されたＡＳＥＡＮ（東南アジア諸国連合）である。

平和の戦略

一九六三年、ケネディは「平和の戦略」と題する演説をおこない、米ソの共存を強く訴えた。それは、万一、核戦争にでもなれば最大の被害を受けるのは核大国・米ソであり、冷戦のなかで軍備や対外援助などもっともおおきな重荷を担っているのも両国なのだという、厳粛な事実の帰結だった。

米ソが協力して国際秩序を維持するうえで、両国間の誤解は禁物である。そこでホットライン（米ソ首脳直通回線）が設けられた。同じ年、米英ソは地下実験をのぞく核実験を対象とするＴＢＴ（部分的核実験停止条約）に調印した。偵察衛星の発達で、それまで核軍縮の進展をはばんできた現地査察の問題が消えたからである。また米ソとも、地下実験さえつづけられれば諸外国に対する核優位は揺るがないからでもあった。米国からソ連への穀物輸出もはじまり、雪どけムードが高まった。

一九六八年にはＮＰＴ（核拡散防止条約）も結ばれた。「核クラブ」の増大を防ぎ、偶発的な核戦争の可能性を最小限にくい止めること、米ソとそれ以外の諸国の核戦力の格差を維持し、米ソによる国際秩序の安定化を容易にすることなどが目的である。それでも核による破滅の可能性を減少させるものだったから、多くの国が両条約に加わった。

米ソ協調を実現するひとつの方法は、互いの影響圏の範囲を確立し、無用な摩擦を回避、局地紛争の拡大を未然に防止することだった。マサチューセッツ工科大学からケネディ政権のスタッフとなった経済学者W・ロストウはそれを「冷戦の休戦ライン」と呼んでいる。一九五〇年代末から六〇年代初頭、米ソがいたるところで対決を演じたのは、そうした境界線を確立するための模索だった。

ところがラオスやコンゴのように両陣営の境界線が明瞭に引けないところでは紛争が生じる。ヴェトナムでは、せっかく引かれた北緯一七度線というラインが現状維持には役立たなかった。米国が第二、第三のキューバ出現を心底おそれたのも、フルシチョフがケネディにいったように「思想に歯止めはかけられない」からだった。

TBTとNPT

	TBT	NPT
正式名称	大気圏内,宇宙空間及び水中における核兵器実験を禁止する条約	核兵器の不拡散に関する条約
採　択	1963年 8月	1968年7月
発　効	1963年10月	1970年3月
当事国（2002年）	116カ国	182カ国
日本の加盟	1964年6月	1976年6月

出所：大沼保昭・藤田久一ほか編『国際条約集 2002年版』有斐閣，2002年。

COLUMN 大統領は外国語が苦手

一九六三年、西ベルリンを訪問したケネディ米大統領が発した有名な言葉が、「私はベルリン市民だ（Ich bin ein Berliner）」である。西ベルリンは米本土も同じであり、この自由と民主主義の最前線を米国は最後まで守りとおすのだという意思表示だった。同席した側近のひとりは西ベルリン市民の歓呼ぶりを、この街をケネディにくれてやるといわんばかりだったと述懐している。しかしケネディ家の隣人だったあるジャーナリストによれば、この短いフレーズを覚えるため、ケネディは一時間ちかくもかけ、何度も練習を重ねなければならなかった。ケネディには語学の才がまるでなく、かれのフランス語は「へたなキューバ訛り」という代物、外国語に堪能なジャクリーン夫人にも強く嫉妬していたという。

米欧関係のきしみ――◆

米ソによる世界管理体制に異議をとなえ、積極的に多極化世界の形成を促すことで、フランス独自の地位を築こうとしたのがド＝ゴールである。一九六〇年に独自の原爆開発に成功、六四年には中国を承認した。米ソによる欧州分断を「新ヤルタ体制」と非難し、独自に対ソ接近をはかった。TBTにもNPTにも参加しなかった。米国のヴェトナム介入を批判、東南アジア中立化を提唱した。もっとも無理に無理を重ねて大国を志向したことが国内経済にしわ寄せを生み、結果的に一九六八年のド＝ゴール退陣につながった。

フランスはNATOにも噛みついた。NATO海上艦隊を加盟国の混成部隊とし、米国がポラリス・

ミサイルを提供するというＭＬＦ（多角的核戦力）構想に強く反対、頓挫に導いた。米英仏の三頭体制を提案して拒否されたことから、一九六六年に軍事部門から脱退した。領内での米軍駐留にも、フランスの指揮下にはいるという条件をつけた。ＮＡＴＯは軍事機構の本部をパリからブリュッセルに移さなければならなかった。しかしフランスの離脱はたいして軍事的には影響を与えなかった。

フランスは「大西洋からウラルまで」を合い言葉に、米国の関与を排除した大欧州の建設をめざした。一九五〇年のＥＣＳＣ（欧州石炭鉄鋼共同体）設立以来、大陸六カ国が着実に進めてきた欧州統合も、フランスが欧州で主導権を握るための道具だった。一九五八年にはＥＥＣ（欧州経済共同体）とユーラトム（欧州原子力共同体）が誕生している。

だがそれは、一時は「パリ＝ボン枢軸」と呼ばれたほどの西独との間にすきま風を生じさせた。西独は東西ドイツ分断の固定化をはかる米国への反発からフランスに歩み寄ったものの、ほどなく対米配慮優先の姿勢に戻らざるをえなかったからである。欧州統合の進展は、フランスと米英間の溝も深めた。ド＝ゴール仏大統領が一九六三、六七年の二度にわたって英国のＥＥＣ加盟申請をはねつけたからである。

崩れた一枚岩神話——◆

ハンガリー動乱で東欧諸国は、ソ連の逆鱗に触れればどうなるかを思い知った。だがそれから一二年、今度はチェコスロヴァキアがふたたび、虎ならぬ熊の尾を踏んだ。この国にはスターリン主義が色濃く残っており、コメコンの自給自足体制にくみこまれ、ソ連を模範に計画経済が維持された。西側諸国との貿易も思うにまかせず、工業化も行き詰まり、経済は不振を極めた。チェコ人とスロヴァキア人の歴史的な対立が問題をさらに複雑にした。

国民の不満を抑えるべく、スロヴァキア共産党の指導者A・ドプチェクに白羽の矢がたった。ドプチェクは「人間の顔をした社会主義」をとなえ、社会主義を堅持するためにも国内の民主化・自由化を推し進めなければならないとした。だがソ連はこれを社会主義からの逸脱、東欧にとってもソ連自身にとっても危険な冒険とみた。

ソ連のブレジネフ書記長はドプチェクに自制を要求したが、かれは従わなかった。いや、従えなかった。いったん解き放たれた国民の自由への欲求はそれほど強かったのである。領内にソ連軍が駐留していないチェコスロヴァキア国民は、ソ連を甘くみていたという。しかもドプチェクは、民主化の波及をおそれる東欧各国首脳の不安にも気づかなかった。

ソ連は国境ちかくで大演習を展開、チェコスロヴァキアに圧迫を加えた。東独・ポーランドなども部隊を国境ちかくに移動させた。脅しが効かぬとみるや八月、ワルシャワ条約機構五カ国軍、四〇万人がチェコスロヴァキアに殺到した。ソ連圏諸国は社会主義全体の利益のため自由を制限されるという「ブレジネフ・ドクトリン（制限主権論、社会主義共同体論）」がその大義名分だった。

短い「プラハの春」——ソ連にいわせれば「反革命」——は終わりを告げたが、ソ連が東欧の支配権を力ずくで守ったことは、世界中で社会主義への失望を生んだ。西欧ではイタリア、フランス、スペインなどで、いわゆるプロレタリア独裁を放棄し、議会制民主主義のなかで権力獲得をめざそうとする「ユーロコミュニズム」の潮流が本格化していく。

ジョンソン大統領は訪ソの予定をとり消したが、当面は東欧の現状を追認した。経済・文化交流などの蓄積によってじょじょに各国の民主化や自主外交路線をはぐくむ方針だったからである。だがチェコスロヴァキア動乱を機に、ワルシャワ条約機構はいっそう結束と相互監視を強化した。東欧の解放が実現するのはさらに二〇年あまり後のことになる。

中ソ対立の激化——◆

ソ連は東方にも問題をかかえていた。中国との対立である。中国側からすれば、ICBM開発に成功していながら、核戦争の脅威を理由に米帝国主義と妥協するソ連など、弱腰そのものだった。中国はソ連の姿勢を「修正主義」「社会帝国主義」と非難した。ソ連は中国を「スターリン主義」「教条主義」と攻撃した。

中国は一九五六年に核開発の方針を決めている。その二年後、ソ連は中国に核兵器を提供すると約束した。だが中ソ共同艦隊の創設、中国領内でのソ連空軍基地の建設などの条件がついた。中国がこれを拒否したため、ソ連は技術者などをすべて引き揚げ、核開発はむろん中国経済にも大打撃を与えた。

一九六〇年代にはいると、両国の関係はいっそう険悪化した。中国はキューバ危機ではミサイルの搬入を「冒険主義」、その撤去を「敗北主義」と糾弾した。中国寄りだったアルバニアがコメコンを除名されるなど、中ソ対立は東欧にも波及した。

一九六九年、ウスリー川の中州のひとつダマンスキー（珍宝）島で、両国の国境警備隊が二度にわたって衝突、千人ちかい死者をだした。アムール川（黒竜江）や新疆ウイグル自治区とソ連の国境線でも同じような事件がつづいた。国境画定のための交渉もようやくはじまったが、中ソ間の敵意はつのるいっぽうだった。

中ソ対立はアジアにもおおきな影響を与えた。一九五九年、ティベットの反乱鎮圧をめぐって中国とインドが衝突したとき、ソ連は中立の立場をとり、中国を激怒させた。一九六二年の中印国境紛争でも、ソ連は中国を支持しなかった。中ソ両国はヴェトナム戦争でも、相手こそ北ヴェトナムの「抗米救国戦争」を阻害していると非難合戦を演じた。

西半球の王者――◆

さきにみたように、キューバ危機以降、米国はカストロ政権に表だって手をだせなくなった。そのかわりソ連は、米国がキューバをのぞく西半球の盟主たる地位を維持することを黙認した。一九六五年、アメリカはＯＡＳ軍の一部という建前ながら、カリブ海に浮かぶ島国・ドミニカに介入している。軍事政権と左派の争いが激化したためである。

一九六〇年、パナマ運河地域でのパナマ国旗掲揚を求める市民のデモを米軍が鎮圧、三〇人の死者をだした。一九六四年にも反米暴動が発生した。この反省が米国に、運河返還交渉を開始させた。カーター政権がパナマ運河を二〇世紀末までに返還する条約を結んだのは、一九七七年のこと。ただし米国は運河防衛のため介入する権利を保持したままだった。

一九七〇年、選挙による中南米初の社会主義政権がチリに誕生した。S・アジェンデ大統領は銅生産の国有化を宣言した。チリは輸出の四分の三を銅が占め、しかもそれは米国に本拠をおく多国籍企業に牛耳られていたからである。発展途上諸国による天然資源の恒久主権の訴えなど、「資源ナショナリズム」が勢いを増しており、米国は警戒を強めた。

米国はキューバ革命の時と同じく、経済的圧迫によるアジェンデ政権の瓦解をはかった。対チリ援助は停止され、米州開発銀行や世界銀行もチリへの信用供与を拒否した。その結果チリ経済はひどい混乱に陥った。あげくに一九七三年、A・ピノチェトによる軍部クーデターが成功した。そこにはCIAが一枚も二枚も噛んでいたのである。米国がチェコスロヴァキアの事態をほぼ放置したように、ソ連もチリ社会主義の崩壊を傍観した。

SECTION 4 デタント時代の到来

米中接近の衝撃―――◆

中国内戦の終結からちょうど二〇年後、一九六九年に発足したニクソン政権は、対中政策の大転換に

COLUMN ひょうたんから駒のピンポン外交

世界卓球選手権で中国の選手たちには、米選手団と接触してはならない、試合で米選手と対戦してもペナント交換をおこなわず握手だけにとどめなければならない、などの制約が課せられていた。ところが、たまたまひとりの米選手が練習後、間違えて中国選手団のマイクロバスに乗りこんでしまうという事件が発生した。長髪、ヒッピー帽、ベルボトムのジーンズというかれのいでたちを、中国人たちは驚きと戸惑いの目でみつめていたという。バスから降りたかれはあっという間に記者やカメラマンにとり囲まれ、かれらの報道が友好ムードに火をつけた。対話のきっかけを渇望しながら身動きできない米中両国をあわれんだ神が、一条の光をさしてくれたのだろうか。

手をつけた。ヴェトナムの泥沼から手を引くには、ハノイの背後に存在する中国となんらかの合意に達しなければならないと思われたからである。

中国の側も、それまでの対米対決路線を修正しつつあった。文化大革命(一九六六年から七六年)で大混乱に陥った国内の再建には、平和的な環境が必要だった。経済は破綻し、外国との貿易も途絶状態にあったから、米国を含む西側諸国との貿易や、外国からの投資・技術導入などが渇望されていた。

一九六四年の核開発成功は中国の威信を高揚させたが、一九六〇年代後半には中国の影響力はかえって低下した。発展途上諸国への共産主義の輸出を試みた結果、近隣諸国との関係も悪化した。その典型が、インドネシアの「九・三〇事件」である。

非同盟主義の指導者を自認するスカルノは米国との対決姿勢を強め、米国は「北京‐平壌‐ハノイ‐

ジャカルタ枢軸」への警戒心を強めていた。一九六五年秋、スカルノを支持するインドネシア共産党が、反スカルノ派の軍指導者などの排斥を試み、失敗した。スカルノ失脚後、九・三〇クーデター鎮圧の立役者、スハルト将軍が権力を掌握した。インドネシアは中国と断交し、共産党に大弾圧を加えた。中国は貴重な味方を失ったのである。

和解への道をひそかに模索する米中両国が、面子を失うことなく新たな関係を構築するきっかけとなったのが「ピンポン外交」である。一九七一年、名古屋での世界卓球選手権に参加した中国が、米選手団を中国に招待した。訪中したかれらは大歓迎を受け、いっきに米中接近の空気が生まれた。七月、ニクソン大統領は突然、翌年早々に中国を訪問すると発表、世界を驚かせた（ニクソン・ショック）。

中国の国連加盟を求める声は着実に増大していた。それまで米国は、中国の加盟を三分の二の賛成が必要な重要事項に指定し、あるいは台湾の追放を同じく重要事項とすること（逆重要事項）で、中国の国連入りを阻止してきた。しかし一九七一年秋、ニューヨークの国連総会で米国は、逆重要事項の指定に過半数の支持を得られなかった。台湾はみずから脱退の道を選び、中国が常任理事国として国連に登場した。

一九七二年二月、ニクソンは中国を訪問、「上海コミュニケ」を発表した。米国は、中国はひとつであり、それは中華人民共和国だとする北京政府の立場を全面的に認めたわけではなかったが、少なくとも否定はしなかった。それでも米中両国の正式な国交樹立は、一九七九年一月まで待たなければならなかった。

◆軌道にのったデタント——

欧州でも冷戦緩和の動きが急速に表面化した。その先兵が西独のW・ブラント首相である。ベルリンの壁構築以来、米英仏がドイツ再統一に事実上興味を失ったことに、西独はいらだちを強めていた。統合が進展する欧州で、つねにフランスの風下に立たねばならないこと、NATO内でも平等な地位が与えられないことにも不満がつのった。

ブラントは、ドイツ統一という目標を当面棚上げにし、そのかわり欧州情勢を安定させて東西の経済・文化交流などを促進、経済力を基礎に西独の国際的地位の向上をめざそうとした。東独を承認し、東欧各国との関係を好転させ、ソ連との間にも武力不行使条約を結んだ。現在の東独・ポーランド国境であるオーデル＝ナイセ線を正式な国境として認めた。ルーマニアやユーゴスラヴィアとも外交関係を結んだ。「オストポリティーク（東方政策）」である。

一九七一年、米英仏ソの合意により西独‐西ベルリン間の通行が保証された。一九七三年には東西ドイツが国連に加盟した。一九七五年に開催されたＣＳＣＥ（全欧安全保障協力会議）は、欧州の現状維持を承認した（最終議定書、いわゆるヘルシンキ宣言）。

米ソもデタントに向かって動きだした。米国経済はすでに疲弊しきっていた。経済成長率は西欧や日本に遠く及ばず、しかもインフレと不況が並行して進むスタグフレーションの時代が訪れようとしていた。一九七一年八月、ニクソン大統領は金とドルの兌換を停止し、諸外国から米国への輸出品には輸入課徴金を課すと発表した。米国自身がつくりあげた、GATT＝IMF（ブレトンウッズ）体制にみずから大打撃を与えたわけである。

同じ一九七一年、米国は二〇世紀にはいってはじめて貿易赤字を記録している。鉄鋼や自動車など、日本や西独などとの貿易摩擦も深刻化していた。一九七三年には第四次中東戦争にともなう「石油ショック」に直撃された。

ソ連経済も青息吐息だった。中央集権的な計画経済はほとんど破綻しており、技術力や工業製品の品質も劣悪だった。農業は不振を極め、大量の穀物輸入が必要だったが、そのための外貨は不足していた。一九六〇年代でも五％を保っていた経済成長率は、一九七〇年代前半には三・七％、後半には二・六％と失速した。経済改革の試みも既得権益の維持に汲々とする官僚機構や共産党の抵抗にはばまれた。東欧諸国も軒並み経済は悪化し、それがソ連の重荷を増していた。しかもICBMや海軍力など、GNP

COLUMN　月の裏側に宇宙人基地？

一九七二年、アポロ一七号を最後に人類は月を訪れてはいない。予算不足などが理由とされたが、その本当の理由は、月にいわゆる宇宙人の基地があるからだという説がある。NASAは膨大な写真のごく一部しか公表していない。宇宙飛行士が月の裏側でUFOを目撃した報告もある。アポロ計画じたい、宇宙人のUFO前哨基地偵察が真の目的だったのだ――。もちろん地球外生命の存在は否定できないが、計画中断の理由はむしろ、それが経費にみあうだけの政治的価値を失ったところにあるとみるべきだろう。月到達という偉業は、世界でもっとも豊かな国が、採算度外視で力を注いではじめて可能だったのである。

（国民総生産）の四分の一を吸収するほどの軍拡がソ連自身の首を絞めた。

デタントの舞台は宇宙にもひろがった。一九六九年七月二〇日、米国はアポロ一一号を月に送りこんだ。スプートニクの衝撃以来、一〇年以上を費やした米ソ宇宙開発競争が一段落したことが、宇宙での米ソ協力への道を開いたのである。一九七五年、米国のアポロ、ソ連のソユーズ宇宙船のドッキングが実現、両国の飛行士が固い握手をかわした。ソ連側は打ち上げ基地への米国関係者の立ち入りを認め、飛行士の訓練も両国で交互におこなわれた。

SALTへの道――◆

平和共存の時代には米ソ協力の「精神」にとどまっていたものが、デタント期には制度化され、より多重的、安定的なものになった。米ソ基本原則協定、通商協定、穀物買い付け協定、核戦争防止協定などがあいついで結ばれた。ホットラインが改善され、海底の軍事利用も禁止された。米ソ貿易経済合同委員会も発足した。その中心に位置するのが、一九七二年のSALT（戦略兵器制限条約）調印である。

そもそも米ソの核戦略はMAD（相互確証破壊、「狂気」の意味もある）体制を機軸にしていた。相手に核攻撃をしかけてもそれ以上の反撃を受け、耐えがたいほどの犠牲が生じる状態を互いに維持し、先制核攻撃を抑止しあうというものである。ところがICBMの精度向上とMIRV（多弾頭ミサイル）の開発によって、先制攻撃が現実的な選択肢となった。レーダーの進歩やABM（弾道弾迎撃ミサイル）の開発も、敵の先制攻撃を生き延びたミサイルによる大規模な報復攻撃の可能性を高めた。

そこで米ソは、ＩＣＢＭを米国が一〇五四基、ソ連が一六一八基で凍結することとし、先制攻撃力に歯止めをかけた。ＡＢＭ基地を国内二カ所（二〇〇基以内）に限定することで、防御力にも制限を加えた。互いの国民をいわば人質として、核戦争の危険を減らす道を選んだのである。もっともＳＬＢＭ（潜水艦発射弾道ミサイル）は米国が七一〇基（当時配備数は六五六基）、ソ連は九五〇基（同じく七四〇基）まで増やせることになった。

ＭＩＲＶも規制を受けなかったから、ソ連がいずれ米国に技術面で追いつく可能性は残されていた。だが逆に、米国が圧倒的に優位な戦略爆撃機や、欧州配備の中距離核ミサイルや英仏が保有する核兵器は制限の対象外だった。米ソそれぞれに得点をあげながら、妥協点を探った結果である。

一九七三年、米ソはＳＡＬＴⅡ（第二次戦略兵器制限条約）の早期実現をめざすことで合意した。ＳＡＬＴは五年間の暫定協定であり、しかも誘導装置や指揮管理能力のいちじるしい発展がその制約をたちまち時代遅れにしかねなかったからでもある。事実、量的な制限をよそに、米ソは精度など核戦力の質的向上をめざす努力に余念がなかった。

ヴェトナム敗戦の衝撃――◆

ヴェトナム戦争はつづいていたが、米国は南ヴェトナムの政府や軍を強化、北ヴェトナムやＮＬＦ、さらにかれらが中心となって樹立した臨時革命政府に対抗させる、「ヴェトナム化」政策にのりだした。

一九六九年、ニクソン大統領は「グアム（ニクソン）・ドクトリン」を発表した。米国は引きつづきアジアへの関与をつづけるが、その主役はあくまでもアジア諸国だというわけである。

しかしヴェトナム化政策の基礎となる軍事・経済援助は、米議会によって大幅に削減されていった。だからニクソンらはのちに、米国は勝利をおさめつつあったのに、議会の裏切りにあったのだと主張することになる。それでも最終的にヴェトナム戦費はほぼ一五〇〇億ドルに達した。こんにちの貨幣価値にすると七〇〇〇億から八〇〇〇億ドルと見積もられる。

皮肉なことに、ヴェトナムから腰が引ければ引けるほど、米国は力の誇示に専念した。一九六八年以来パリでつづく和平交渉を有利に展開するためであり、南ヴェトナムの指導者を安堵させるためであり、たとえヴェトナムから手を引いても米国の国力は衰えていないと内外に示すためだった。

一九七〇年から七一年、米軍は南ヴェトナム軍とともにカンボジア・ラオスに侵攻した。ホーチミン・ルート制圧のためである。一九七三年一月にパリ和平協定が成立したが、それも一九七二年に二度にわたっておこなわれた大規模な北爆（ラインバッカー作戦）が、ハノイやＮＬＦに譲歩を促した結果だと信じる者はいまでも少なくない。

だがパリ協定は、米国がヴェトナムから手を引く便法にすぎなかった。米軍撤退と南ヴェトナム敗北の間にある程度の時間差を確保し、米国が面子を保つことさえできればよかったのである。実際に米軍を含む外国軍隊の撤退は決まったものの、南ヴェトナム領内に存在する北ヴェトナム軍についてはふれていない。一九七三年三月、米軍はヴェトナムを去り、四半世紀に及ぶ介入の歴史に幕を引いた。サイゴン陥落、南ヴェトナムの崩壊はその二年後、一九七五年四月のことである。米国のみならずソ連や中国も暗黙のうちに認めていた、東西両陣営の境界線――北緯一七度線――がこうして消滅した。

ヴェトナムでの敗戦は、地上最強の国家たる米国の自信をおおきく揺るがせ、社会を構成する基本的な価値観への疑問を生じさせた。米国民は世界に背を向け、日々の暮らしに関心を集中させた。「ノー・モア・ヴェトナム（ヴェトナムをくりかえすな）」を合い言葉に、国外での軍事介入にもその背景をなす積極的な国際主義にも強い嫌悪感が生じた。「ヴェトナム症候群」と呼ばれるものである。

しかし米国内ではほどなく、歴史の見直し論が登場した。米軍は戦場では一度も敗れていない。ジュネーヴ協定成立から数えても二〇年間、南ヴェトナムを維持できたのは勝利にほかならない。この戦争は自由と民主主義という「高貴な大義」（レーガン米大統領）のための戦いだったともいわれた。とくに近年、ヴェトナムでの局地的敗北など冷戦の勝利にくらべればものの数ではないという見方が力を得ている。

米ソ友好に暗雲――◆

北ヴェトナムによる武力統一の翌年、ヴェトナム社会主義共和国が誕生した。米国を打ち破り、自信にあふれた指導者たちは征服者然として、いっきに南部を社会主義化しようとした。その結果南部の経済は混沌状態となり、社会主義を嫌った多数の人々がボートピープルという名の難民となった。

統一ヴェトナムはかつての盟友・中国との対立にも直面した。国内の華僑の扱い、不明確な国境線、

ヴェトナム戦争後の東南アジア

社会主義国　ASEAN 加盟国
出所：筆者作成。

二〇〇〇年に及ぶ中国人支配の歴史などがその背景にあった。とりわけ中国を刺激したのが、ヴェトナムとソ連との蜜月関係である。一九七八年、ヴェトナムはコメコンに加盟、ソ連との間にソ越友好協力条約を結んだ。ソ連はカムラン湾に海軍基地を獲得、東南アジアににらみをきかせるようになった。もっともそれは、米国がヴェトナムの戦後復興にまったく興味を示さず、ヴェトナム敵視政策をつづけた結果でもある。

ヴェトナム戦争終結と前後して、カンボジア、ラオスも社会主義化した。カンボジアではポル・ポト政権が性急な共産主義社会建設を進め、数百万人といわれる犠牲者をだした。歴史的な対立、少数民族への迫害、国境紛争などをきっかけに一九七九年、ヴェトナムがカンボジアに侵攻した。カンボジアを支援する中国は翌年早々、ヴェトナムに「懲罰」を与えるため介入した（中越戦争）。この第三次インドシナ戦争は、一九九一年のカンボジア内戦終結までつづくことになる。

ヴェトナムによる革命輸出を警戒するＡＳＥＡＮ諸国は域内協力を強化した。東南アジアは社会主義を奉じるインドシナ三国とそれ以外の地域に二分された。しかも米・中・日・カンボジアなどと、ソ連・ヴェトナムが対峙する構図が生まれた。

米国内では、デタントの美名に隠れてソ連が各地に勢力を伸ばしているとの非難が高まった。事実、ソ連にとってデタントとは、対米核戦争の危険を防止し、欧州の現状、つまり東欧支配を名実ともに確立するためのものにすぎなかった。ところが米国は、地球規模で秩序を維持するうえでソ連が米国に同調してくれるという、過剰な期待をいだいていた。

中東情勢もデタントに水をさした。エジプトはスエズ危機以来、ソ連の援助を受けて軍事力を強化、イスラエルへの圧迫を強めた。しかし一九六七年、紅海への出口アカバ湾を封鎖されたイスラエルが奇襲攻撃をかけたため、エジプトは惨敗した。「六日間戦争」とも呼ばれる第三次中東戦争である。

エジプトとシリアは一九七三年、捲土重来をねらって軍事行動を起こした（第四次中東戦争）。このときソ連はアラブ諸国側の動きを事前につかんでいたが、それを米国に伝えなかった。ところがエジプト・シリア軍が不利になると突然、米ソ協力によるイスラエルの牽制をはかったのである。

ソ連国内の人権問題もデタントを阻害した。ユダヤ人のイスラエルへの出国をソ連がなかなか認めなかったからである。また、対ソ貿易が結局はソ連経済の成長、ひいては軍拡に貢献するのではという懸念も米国内で強まった。ソ連の側は、米国が最恵国待遇をかれらになかなか与えようとしないことに不満を強めた。デタントは米ソ間にいくつもの問題をかかえ、いつ崩壊するともかぎらない脆弱性を秘めていたのである。

第4章

JAPAN

国内冷戦の展開

●佐藤栄作の沖縄訪問（「沖縄の祖国復帰が実現しないかぎり，わが国にとって戦後は終わっていない」とステートメントを発表）

吉田茂が引退した翌年に，自民党と社会党の疑似二大政党制，いわゆる五五年体制が成立する。1950年代後半は，共産圏との関係回復や日米安保体制の修復が模索された。1960年代，日本は高度成長を遂げたが，一方でヴェトナム反戦運動が高揚，佐藤栄作は沖縄返還にとりくみ，非核三原則を採択した。1970年代にはいると，日本はニクソン・ショック，石油ショックの洗礼を受ける。田中角栄は，すぐさま中国との国交回復にのりだし，三木武夫は冷戦思考から脱却すべく，防衛政策の転換に踏み切った。

（1965年8月，沖縄。写真提供：毎日新聞社）

SECTION 1

戦後体制の修復を求めて

◆——五五年体制の成立

一九五四年一二月、占領期から数えて足かけ七年以上にわたり政権を担ってきた吉田茂に代わり、鳩山一郎が日本民主党を与党として政権を組織した。かつて首相就任直前で公職追放の憂き目にあい、また追放解除直前に病気で倒れるなど、悲劇的な経験をもつ一方、「ワンマン」吉田とは対照的に明るい性格のもち主である鳩山には国民の人気が集まり、「鳩山ブーム」と呼ばれる現象が起こった。

しかし、首班指名にあたり左右社会党に支持を求めたことが示すとおり、民主党は衆議院に一二〇議席をもつ第二党にすぎず（第一党は吉田に代わり緒方竹虎を党首とした自由党）、鳩山政権の船出は平穏なものではなかった。一九五五年二月の総選挙で民主党は躍進し、第一党となったが、過半数には遠く及ばなかった。他方で、社会党は左右とも議席を増やし、三分の一を確保した。

鳩山政権は、日本が毎年約五五〇億円負担していた米国に対する防衛分担金（後の「思いやり予算」の原型）の削減を公約としていたので、政権発足当初から日米は対立した。一九五五年四月にはいり、鳩山政権は重光葵外相の訪米を決定したが、J・F・ダレス米国務長官はこの申し出を拒否するという挙にでた。この決定をダレスに助言したJ・M・アリソン駐日大使は、この際鳩山政権が崩壊してもやむをえない、とすら考えたほどであった。

結局、一九五五年八月になって、重光外相の訪米は実現した。重光は、日米安保条約の改定を申しいれたが、ダレスは「時期尚早」と却下した。重光は、米比相互防衛条約のように、安保条約を双務的にすることは現行憲法下でも可能である、と食いさがった。そこでダレスは、たとえばもしグアムが攻撃された場合、日本は米国を助けるために自衛隊を海外へ派遣できるのか、と問いただした。これに対し重光は、できるとこたえた。ダレスは、日本がそうできると考えているとは、最近まで気づかなかった、と皮肉たっぷりに言い放ったのである。

やりこめられた重光とは対照的に、この訪米でもっともめだったのは、与党民主党の幹事長として、河野一郎農相とともに重光に同行した岸信介であった。岸は戦前、商工省の「革新官僚」として満州経営に辣腕をふるい、対米開戦に踏みきった東条内閣に最年少の商工大臣として入閣していたため、戦後、A級戦犯容疑者として巣鴨拘置所に収監された。拘置所のなかで米ソ冷戦の発生を知った岸は、冷戦が悪化すればみずからの復権が可能になるかもしれない、としてこれを歓迎した。

出所し、公職追放が解けた岸は、一九五三年に自由党から衆議院に当選して政界復帰し、米大使館に頻繁に接触してみずからを売りこみ、親米派として精力的に活動した。岸は一九五五年八月の訪米で、日本において共産主義と戦ううえでの基本的な問題は、保守勢力の強力な合同をつくりだすことである、と述べて、米国から高く評価された。

一九五五年一〇月、講和・安保条約をめぐって五一年一〇月に分裂していた左右社会党が再統一を果たし、委員長に左派の鈴木茂三郎、書記長に右派の浅沼稲次郎を選出して、日本社会党（社会党）を結成した。遅れること一カ月後の一一月、民主党と自由党は合同し、自由民主党（自民党）を結成した。一九五四年から、保守合同の障害となっていた吉田を排除し、幅広い保守勢力の結集を求めつづけていた米国は、これを歓迎した。保守勢力のまとまりの悪さに手を焼いていた米国にとっては、左右社会党の再統一による革新勢力の伸張すら、保守勢力を団結させる希望的要素ととらえていたのである。

このように国内政治上の再編が一九五五年に決着したことから、日本では「五五年体制」と呼ばれた。以後、この五五年体制が、冷戦の終焉まで持続していくこととなる。しかし、ちょうど米ソが力のうえでかならずしも対等ではなかったように、日本の自社対立も、議会勢力からみれば二大政党制というよりも、「一と二分の一政党制」というのが実態であった。しかし、イデオロギー的には自民党が自由主義を、社会党が社会主義を標榜し、政策面においても、自民党が自衛隊による再軍備をなし崩し的に進め、日米安保体制を堅持したのに対し、社会党が全方位平和外交による非武装・中立を掲げたために、国際的な冷戦対立の構図がそのまま日本国内に反映されたかたちとなった。

朝鮮戦争の休戦以後、冷戦は軍事衝突よりも政治経済戦争の様相を帯びはじめ、一九五五年ごろ一定の固定化をみたと考えられているが、その同じ五五年に、日本においても国内政治の固定化がみられたことは、国際冷戦と国内冷戦が連動した現象と考えることもできよう。

日ソ国交回復交渉と国連加盟――◆

すべての面において吉田茂とは正反対を貫こうとした鳩山一郎がとりくんだ最大の課題は、ソ連との関係正常化であった。ソ連は日本との講和条約に署名していなかったため、日ソ間はいまだ戦争状態にあり、鳩山はそうした異常事態を一刻もはやく終わらせたいと考えていた。吉田政権末期から日本に対し関係改善を働きかけていた一方のソ連側も、鳩山政権の誕生を歓迎した。

一九五五年一月、元ソ連駐日貿易代表部首席代表のA・ドムニツキーは、関係改善の用意がある旨の書簡を鳩山に手交した。その後、日本では二月に総選挙があり、ソ連でもG・M・マレンコフからN・A・ブルガーニンへと首相が交代するなど、日ソ両国で国内政治上の変化があったこともあり、ロンドンで交渉がはじまったのは、六月になってからであった。日本側全権は前駐英大使で民主党代議士の松本俊一、ソ連側全権は元駐日大使で駐英大使のI・A・マリクであり、ふたりは旧知の仲であった。交渉は、先の大戦でソ連が対日参戦した際に占領した国後・択捉・歯舞・色丹のいわゆる北方領土の帰属をどうするか、日米安保条約をソ連が認めるか、といった点で難航した。

一九五五年七月の米ソ英仏四国首脳会談で冷戦緩和の「ジュネーヴ精神」が謳われたことは、日ソ交渉にとっても明るい材料であった。ソ連の対日参戦からちょうど一〇年目にあたる八月九日、ソ連側は日本の軍事同盟禁止を撤回するとともに、色丹・歯舞両島の返還を示唆するという態度を変化をみせた。松本全権はこれで妥結可能と判断したが、本国の重光外相から、国後・択捉の返還と歯舞・色丹の無条件返還、北千島・南樺太は国際会議によってその帰属を決定する、という新方針が伝えられたため、ソ連側が硬化し、九月になって交渉は中断した。

日ソ交渉中断後、西独のK・アデナウアー首相がモスクワを訪れ、たった五日間の交渉で、領土問題

北方領土

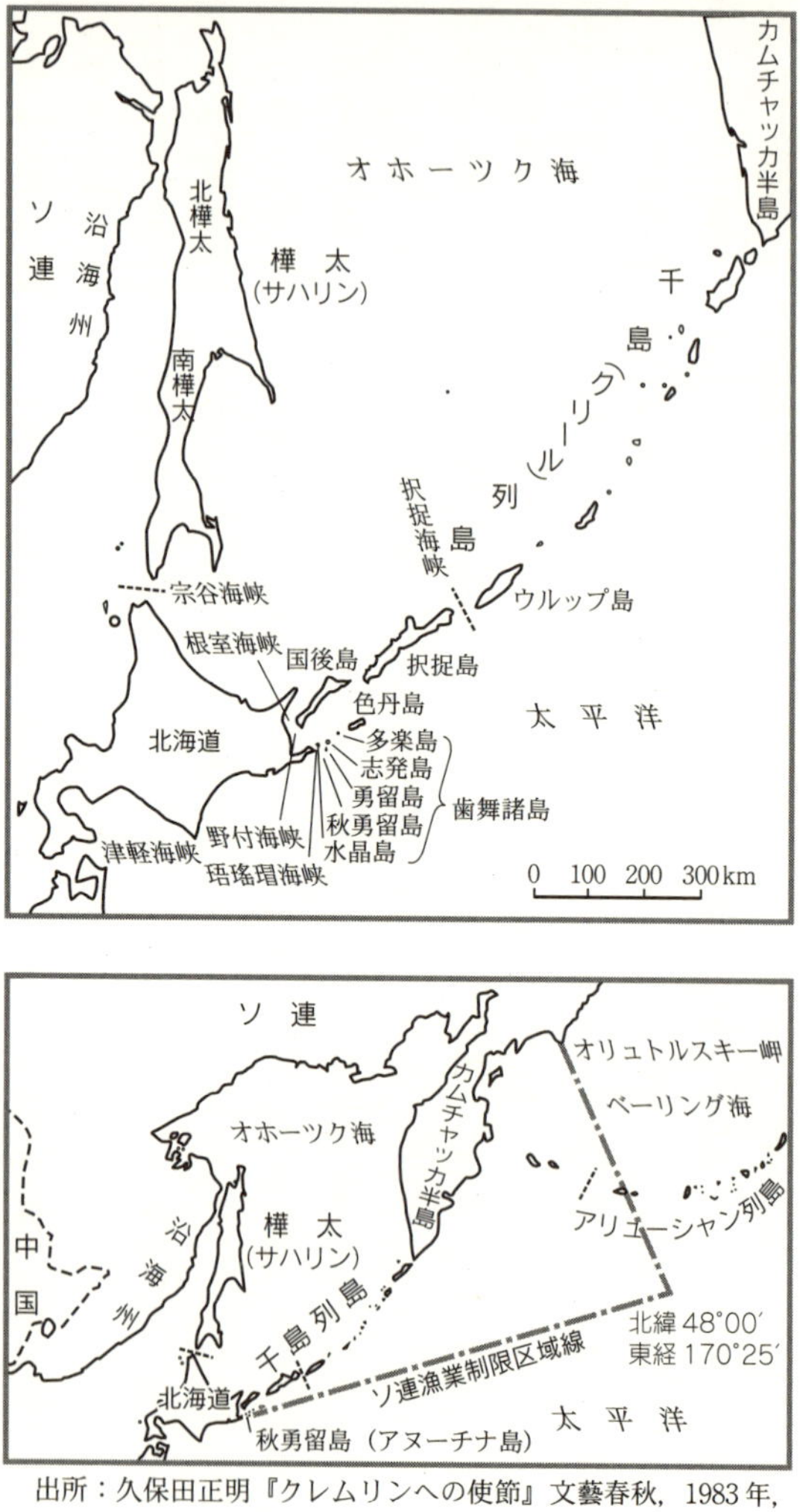

出所：久保田正明『クレムリンへの使節』文藝春秋，1983年，6，93ページ。

を棚上げして五万人の抑留ドイツ人捕虜の送還を実現させた。これは「アデナウアー方式」として、日本側の関心の的となった。

また一九五五年一二月、国際連合特別総会で国連加盟問題が提起され、ソ連が南北朝鮮・ヴェトナム・スペイン・日本を含まない一六カ国一括加盟案を提案したのに対し、カナダ等二五カ国は、ソ連案に日本とスペインを加えた一八カ国一括加盟案を提案した。米ソは一八カ国案で同調したが、安保理常任理事国の台湾がモンゴルの加盟に拒否権を発動したため、ソ連はモンゴルと日本をのぞく一六カ国案を提出し、採択された。すなわち、日本は国連加盟をふたたび阻止されただけではなく、ソ連からモンゴルと「同格」の国として扱われる「屈辱」を味わったのである。

一九五六年一月、第二次日ソ国交回復交渉がロンドンではじまった。二月の第二〇回ソ連共産党大会でフルシチョフ第一書記による「スターリン批判」がおこなわれ、ソ連側全権のマリクもこの大会に参加していたため、日本側はソ連の態度の変化を期待したが、裏切られた。三月、二三回もの正式会談をおこなってきたロンドン交渉は、ふたたび中断にはいった。

ところが、日ソ交渉中断の翌日、ソ連は千島列島など公海上に「ブルガーニン・ライン」を引き、北洋サケ漁の制限を一方的に布告した。この結果、ソ連に拿捕される日本漁船数が急増しただけではなく、細々ながらつづけられてきたシベリアからの日本人抑留者の送還も止まった。一九五六年四月、河野一郎農相は全権としてモスクワを訪問して漁業交渉をおこない、日ソ国交交渉を再開することを決定した。

一九五六年七月、重光外相自身が全権となり、モスクワで交渉がはじまった。重光は当初、四島返還を主張し、日本の国内世論をわかせた。ところが八月になって、ソ連側が歯舞・色丹の返還が最終的な譲歩であると伝えると、重光はそれまでの早期解決反対の立場を突然捨て、この条件を受けいれるしかないと態度を急変させた。重光のこの方針転換は日本国内で非難を巻き起こしたが、問題はそれだけではすまなかった。スエズ会議に参加するため、重光はいったんロンドンに向かったが、そこで会談したダレス国務長官から、日本が千島列島に対するソ連の主権を承認した場合は、米国も沖縄に対する完全な主権を行使するという「恫喝」を受けたのである。

重光は帰国し、対ソ交渉の対応策を協議した。その結果、対ソ交渉方針として、最悪の場合領土問題は棚上げし、戦争状態終結、大使交換、抑留者送還、漁業条約の発動、そして日本の国連加盟への支持の五条件で交渉を再開することを決め、ソ連側とも合意した。鳩山はブルガーニンに書簡を送り、領土問題は後日継続しておこなうことを条件に交渉を再開するよう訴えた。ソ連側からの回答は、五条件については承諾していたが、領土問題については明確に述べていなかった。そこで鳩山は、松本を訪ソさせ、A・グロムイコ第一外務次官から領土問題の継続交渉に同意する旨の書簡をとりつけた。

自民党内には鳩山訪ソに対する批判が強かったが、一九五六年一〇月、鳩山はままならない体をおしてモスクワにはいり、日ソ共同宣言を発し、領土問題をのぞいては日ソ両国は関係改善を果たした。帰途、鳩山は米国に立ち寄ったが、アイゼンハワーら政権首脳は選挙期間中であることを表向きの理由として会おうとしなかった。一二月、ソ連が拒否権発動を止めたため、日本は八〇番目の加盟国として、念願の国連いりを果たした。第一一回国連総会で演説に立った重光外相は、「わが国のこんにちの政治・経済・文化の実質は過去一世紀にわたる欧米およびアジア両文明の融合の産物であって、日本はある意味において東西の架け橋になり得る」と述べた。

なお、一九五〇年代には、ソ連と平行して東欧諸国とも関係改善が進んだ。コミンフォルム（欧州共産党情報機関）を追放され、非同盟諸国と連帯して独自路線を歩んでいたユーゴスラヴィアは、一九五一年九月の講和条約に調印こそしなかったが、五二年四月の講和条約発効時に国交回復していた。鳩山政権が発足すると、ポーランドが国交回復を申しいれ、一九五七年二月に関係改善した。同月には、チエコスロヴァキアとも国交回復した。また、一九五九年八月にはハンガリーと、九月にはルーマニア、ブルガリアとも国交回復した。

東南アジアへの再進出――◆

一九五〇年代後半は、日本が太平洋戦争中に侵略した東南アジア諸国との関係修復が進んだ。一九五四年には、アジアの共産化を防ぐことを目的のひとつとする英連邦諸国中心のコロンボ・プランと、国連経済社会理事会の下部機関であるＥＣＡＦＥ（アジア経済極東委員会）への加盟が認められた。同年秋、吉田茂首相が米国の資金、日本の技術、東南アジアの資源という米国の三角統合構想に期待して、きわめて冷戦色の濃い「アジア版マーシャル・プラン」構想を提案した。ちなみに、このころの日本からみた「東南アジア」は、インド、パキスタンなど現在では南アジアに含まれる国々を包含するものであり、アジアの非共産主義国を包含する概念であった。

この時代、日本と東南アジア諸国との間に横たわる最大の懸案は、賠償問題であった。吉田政権時代、賠償問題の解決はあまり進まなかったが、鳩山政権以降、じょじょに解決していくこととなる。日本の賠償は、日本政府が日本の企業に対して賠償相当額の日本円を支払い、企業が賠償対象国に生産物あるいはサービスを供与するという方法でおこなわれた。

講和会議に参加しなかったビルマとは、一九五五年四月、一〇年間で二億ドルの賠償協定を結んだ。一九五六年五月には、フィリピンと賠償協定に調印し、二〇年間で五億五〇〇〇万ドルを支払うことで決着した。一九五八年一月には、インドネシアと平和条約を結び、一二年間で二億二三〇〇万ドルの賠償協定に調印した。

旧仏領インドシナ三国のうち、カンボジアは一九五四年一二月に、ラオスは五六年一二月に対日賠償請求権を放棄したが、ヴェトナムは講和条約に調印する際、対日賠償を求めることを明らかにしていた。一九五九年五月、南ヴェトナムとの間に五年間で三九〇〇万ドルの賠償協定、三年間で七五〇万ドルの借款協定を調印した。南ヴェトナムへの賠償総額のうち九五％は、首都サイゴンとカムラン湾一帯に電力供給するダニム発電所の建設にあてられた。北ヴェトナムからすれば脅威にほかならないこの事業に対し、解放勢力はしばしば攻撃の対象とした。

東南アジア諸国への賠償が、金銭ではなく、機械やプラント類といった資本財で支払われたことは、日本企業にとって朝鮮特需減退を補う効果があった。またこれらの賠償は、東南アジアの非共産諸国との経済的紐帯を再構築する働きもした。米中ソが援助競争をくりひろげる東南アジアで、日本が賠償という名の経済再進出をおこなったことは、たんに日本経済を利するだけではなく、米国を盟主とする西側諸国の東南アジア展開を間接的にせよ助けることとなった。

日中関係の断絶

鳩山政権期には、中国との関係改善も試みられた。一九五三年の朝鮮戦争休戦後、朝鮮特需が激減したため、中国大陸との貿易の復活を求める声が財界を中心に高まった。しかし米国は、みずからが国交をもっているソ連との関係正常化はともかく、敵視をつづける中国との国交回復は断固として認めない方針であり、日中接近には神経をとがらせた。しかし一九五五年一月、国際貿易促進協会会長の村田省蔵が訪中し、周恩来首相らと会談し、貿易使節団の来日、見本市の相互開催、通商代表の相互常駐などで合意した。

これを受けて、一九五五年三月、中国から民間貿易使節団が来日した。石橋湛山通産相、高碕達之助経済審議庁長官、岸信介民主党幹事長らは歓迎会に出席したが、この席上、中国側代表から日本との国交回復の用意があるとの表明がなされた。そして同年五月には、通商代表部の設置、決済方法の改善、政府間協定締結問題を協定本文に規定するなど、それまでにくらべて政府間協定へと一歩ちかづいた第三次日中民間貿易協定が締結された。

一方、一九五五年四月のバンドン会議に日本側代表として出席した高碕は、日本政府要人としてはじめて、中国側代表の周恩来首相らと会談した。一度目は、ホテルのロビーで偶然出会い、高碕と周が会話を交わしたかたちだが、これは事前に周到に用意された演出であった。二度目の会見は、高碕が中国側が用意した車に乗り、まったく別方向へとドライブし、途中で車を乗り換えて報道陣を巻き、周の宿舎に行くという手のこんだセッティングがおこなわれた。

日中関係改善に熱心とみられていた石橋湛山が一九五六年一二月、初の自民党総裁選で岸信介に劇的な逆転勝利をおさめると、中国はこれを歓迎した。石橋は米国の圧力を排除してでも日中貿易を促進すると明言していただけに、石橋政権の発足は日中関係の大幅な改善を意味するものと考えられた。しかし、一九五七年早々、石橋がわずか二カ月で病気による退陣を余儀なくされ、外相兼副総理であった岸が首相に昇格すると、日中関係は悪化の一途をたどった。一九五七年、岸は二度にわたり東南アジア諸国を訪問したが、台湾の蔣介石総統と会談した際、「大陸反攻」を支持すると受けとられる発言をおこなったことで、中国の態度を硬化させていった。

その後中国では大躍進運動がはじまり、一九五七年一一月に毛沢東がソ連十月革命四〇周年記念式典で「東風は西風を圧する」と演説するなど冒険主義的な態度をとりはじめたことで、日中関係にはますます暗雲が漂いはじめていく。一九五八年五月、長崎で開かれていた中国品見本市で、日本人の右翼青年が中国国旗を引きずり降ろすという事件が発生した。ほどなく陳毅外交部長は、日本との経済・文化交流を断絶すると発表した。

安保改定と安保闘争――◆

首相となった岸信介は、日米関係の強化にとりくんだ。首相として初の訪米にあたり、岸は「国力、国情に応じ、自衛のため必要な限度において効率的な防衛力を漸進的に整備する」ことを定めた国防の基本方針を国防会議と閣議で決定し、ついで陸上自衛隊一八万人、海上自衛隊の艦艇約一二万四〇〇〇トン、航空自衛隊の航空機約一三〇〇機を三年間で達成することを目標とする、第一次防衛力整備計画(一次防)を閣議了解した。

また、戦後首相としてははじめて東南アジア諸国を歴訪し、アジア開発基金構想を打ちだし、日本が「アジアの盟主」であることを内外にアピールした。岸が政権を発足させた一九五七年、外務省ははじめて『外交青書』を発行し、「国際連合中心」「自由主義諸国との協調」とならんで「アジアの一員としての立場の堅持」を日本の外交三原則として規定した。

一九五七年六月、訪米した岸はアイゼンハワーと会談し、日米合同委員会の設置で合意した。岸はアイゼンハワーとゴルフに興じ、「日米新時代」の演出につとめた。米国は、吉田政権末期から日本の保守勢力再編に期待をかけてきたが、鳩山政権、石橋政権はそれを裏切りつづけた。しかし、岸政権の登場は福音であった。米大使館を通じた巧みな働きかけが功を奏したこともあり、米国の目には、岸は保守勢力を統合して自民党をつくった張本人であり、共産圏になびかず、親米指向を全面にだす若く頼もしい指導者として映ったのである。D・マッカーサー元帥の甥にあたる駐日大使のD・マッカーサー二世は、米国にとって岸こそ「唯一の賭」であると大統領に具申した。

一九五五年八月に重光外相の提案を拒否した米国が、わずか二年後に日米安全保障条約の改定に応ずるようになった背景には、岸への期待以外にも日本内外の情勢変化があった。一九五七年一月、群馬県相馬カ原演習場で真鍮を集めるため薬莢拾いをしていた地元の主婦を射殺したジラード事件が起こり、日本人の対米感情は悪化した。また一九五七年一〇月、ソ連が世界初の人工衛星スプートニクの打ち上げに成功したことは、日本にもおおきな衝撃を与えた。沖縄軍用地接収に関する「プライス勧告」に反対する「島ぐるみ」闘争の流れのなかで、一九五七年一二月に革新系の瀬長亀次郎が那覇市長に当選したが、沖縄に君臨する米民政府は「赤い市長」を追放した。しかし、仕切り直しとなった一九五八年一月の選挙でも瀬長の後継者である兼次佐一が当選した。こうした一連の出来事により、日本にナショナリズムが芽生え、反米感情が高まることに、米国は懸念を強めたのである。

一九五八年九月、財界出身の藤山愛一郎外相が訪米してダレスと会談し、安保改定交渉の開始で合意した。翌一〇月から、藤山外相とマッカーサー大使の間で安保改定交渉ははじまった。安保改定をなんとしてでもやりとげようと考えた岸は、安保改定で予想される混乱を防ぐためにも警察官の権限強化をねらいとして警察官職務執行法の改正を試みたが、大規模なデモとストライキを招き、結局廃案に追いこまれた。

一九六〇年一月、岸は訪米し、新日米安保条約・地位協定に調印した。新条約の変更点は、①国連憲章との関係の明確化、②日本の施政下にある領域での共同防衛の義務の明示、③協議制度の設置、④条約期間を一〇年とする、⑤経済協力条項の挿入、⑥内乱条項の削除、⑦沖縄・小笠原と条約の関係の明示の七つであった。岸は、調印から半年後の批准式に、アイゼンハワーを米大統領としてはじめて訪日させる、というシナリオを描いていた。

安保改定は、中ソのはげしい反発を招いた。一九五九年三月、社会党委員長の浅沼稲次郎が訪中し、「米帝国主義は、日中共同の敵」と演説したが、中国はこの浅沼発言をくりかえし引用し、社会党を反米闘争に駆りたてるのに利用した。五月、北京の天安門広場には一〇〇万人の群衆が埋めつくし、赤旗を振りかざし、「日本軍国主義復活反対」「打倒米帝国主義」を叫んだ。

他方、ソ連は、一九五六年の日ソ共同宣言で約束されていた歯舞および色丹の返還について、「日本領土からの全外国軍の撤退と日ソ平和条約の締結」を条件としなければ交渉に応じない、と態度を変更した。一九六〇年四月、訪ソした福田赳夫農相と会談したフルシチョフ首相は、鳩山一郎か河野一郎が首相であれば日ソ関係はこれほど悪くならなかったが、岸がよくない、と非難した。フルシチョフは、ロシア語で「酸っぱくなる」という意味をもつ「キシ」という言葉を何度もつぶやいた。さらに五月には、領空侵犯した米国の無人偵察機U2をソ連が撃墜するという事件が起きた。同型機は日本の厚木基地などにも配備されていたため、日本は米ソ軍事衝突に巻きこまれる恐怖心にさいなまれ、このことは安保闘争をますます加熱させる要因となった。

一九六〇年五月二〇日、日本政府は新日米安保条約・協定を強行採決した。この日を境に、「反安保」の運動は「反岸」へと質的転換をとげ、国会周辺はデモ隊に包囲された。六月一〇日、アイゼンハワー

COLUMN 回避された自衛隊の治安出動

岸信介は自衛隊法にある間接侵略への対処を根拠として、自衛隊を使ってデモ隊を排除することを考え、自衛隊内では治安出動に備えた演習がおこなわれた。デモ隊が国会に突入し、樺美智子が死亡した一九六〇年六月一五日夜、岸は赤城宗徳防衛庁長官に自衛隊の治安出動を促したが、赤城は応じなかった。もしこのとき自衛隊がデモ隊排除にのりだしていたら、多数の死傷者がでていたと考えられ、自衛隊と安保体制に暗い影を落とすことになったであろう。

大統領訪日に備え視察に訪れたJ・ハガティ大統領秘書官を乗せた車が学生に包囲され、当時沖縄海兵隊大尉であった息子によって米軍ヘリコプターで救出されるという事件が起こった。六月一五日、デモ隊は国会に突入し、警官隊と衝突したが、その際、東大生・樺美智子が死亡した。岸は、アイゼンハワー大統領と昭和天皇の身の安全が保証できないとして、フィリピンまで来て混乱する日本の様子をうかがっていたアイゼンハワーに訪日の延期を要請した。

一九六〇年六月一九日深夜、時計が午前零時をまわった瞬間、新条約・協定は自然承認された。六月二三日、岸が退陣を表明した途端、街頭デモは潮が引くようにおさまっていった。

SECTION 2

高度成長と大国への復帰

経済外交の展開

一九六〇年七月の自民党総裁選で石井光次郎に勝利し、岸の後継者となったのは、池田勇人であった。池田は元来、「貧乏人は麦を食え」などの発言で知られる「高姿勢」な政治家であったが、安保闘争で荒れ果てた政治を再建するため「低姿勢」に終始した。池田は国民に「寛容と忍耐」を呼びかけ、安保のような政治問題ではなく、「所得倍増」という経済政策を最大の政権課題に据えた。

池田は政権発足後間もなく、安保闘争とならんで日本を揺るがせていた三井三池炭鉱争議を沈静化させた。この争議の終焉は、石炭から石油へと日本のエネルギー転換を告げるものであった。また、一九六〇年一〇月の三党首演説会の最中に右翼青年に刺殺された浅沼社会党委員長に対する池田の追悼演説は、野党議員の涙を誘うなど、おおきな反響をよんだ。

一九六一年一月、米国でもケネディ政権が発足し、四月にはハーバード大学の日本史教授のE・ライシャワーが駐日大使として日本に赴任した。安保闘争によって断たれた日米間の対話を回復すべく、ライシャワーは日米「イコール・パートナーシップ」の確立を模索したが、これは「同盟（アライアンス）」という言葉を避けるよう配慮されたものであった。

COLUMN 「トランジスタ・ラジオのセールスマン」？

池田勇人首相が一九六二年一一月の訪欧でフランスに立ち寄った際、『フィガロ』紙によってド＝ゴール大統領が池田を評した言葉として紹介された。核武装を頂点とする古典的な外政家ド＝ゴールと、経済には強くても外交には明るくない池田の好対照な関係を映しだすエピソードである。しかし、『フィガロ』紙はかつて、米国が鶏肉の対仏輸出をはかった際、ケネディを「チキンのセールスマン」と呼んだことがあり、ド＝ゴール自身が本当にそう語ったのかは不明である。

一九六一年六月、池田‐ケネディ会談がおこなわれた。ケネディは腰の激痛をおしてポトマック川に浮かべたヨット上での会談を演出した。この会談では、一九五〇年代とは異なり、防衛問題は話しあわれず、日米貿易経済合同委員会の設置が目玉となった。このことは、一九六〇年代にはいって経済問題が重要な位置を占めはじめたことを意味していた。米議会で演説した池田は、「援助の要請に参ったのではありません」と述べて、経済的に復興し、ふたたび大国の地位を占めはじめた日本の自信を示した。帰国した池田は、党内各派閥の長を漏らさず閣僚にとりこんだ「実力者内閣」を組織し、秋の日米会談に備えた。一九六一年一一月、D・ラスク米国務長官はじめ五人の閣僚が訪日し、箱根で会談した。一度に五人もの閣僚がワシントンを留守にし、同一国を訪問するというのは異例であった。

一九六二年一〇月のキューバ危機では、ケネディのテレビ演説前に、ライシャワーから池田に大統領の親書がもたらされた。池田は思い悩んだすえ、米国の行動を支持する声明を発表した。結果的に英仏と同じ行動をとることとなったが、このとき日本は、核戦争一歩手前という緊迫した状況下にあって、なにもできないということを思い知らされた。

一九六二年一一月、池田は欧州諸国を訪問し、GATT（関税と貿易に関する一般協定）一一条国移行とOECD（経済協力開発機構）加盟を原則的にとりつけることに成功した。池田は米欧日を「三本の柱」とみたてた国際秩序観を明らかにし、「自由陣営から信頼され、共産陣営から畏敬される」日本をめざした。一九六三年二月、日本はGATT一一条国に移行し、九月にはIMF（国際通貨基金）、世界銀行などの合同年次総会が東京で開かれ、一〇二カ国が参加した。一九六四年四月、日本はIMF八条国に移行するとともに、OECDへの加盟も果たした。

日本の戦後復興と大国への復帰をもっとも印象づけたのは、一九六四年一〇月に開催された東京オリンピックである。大会にあわせて、東海道新幹線が開通し、名神高速道路も建設された。咽頭がんを患い入院した池田は、オリンピックの開会式にはかろうじて出席することができたが、閉会式の翌日、引退を表明し、後継者に佐藤栄作を指名した。

多党化する野党——◆

新安保条約調印直後の一九六〇年一月、社会党から飛びだしていた西尾末広ら右派勢力は、「資本主義と左右の全体主義と対決」する民主社会党（六九年に「民社党」に改称）を結党したが、一一月の総選挙で大敗して以降、党勢を戻すことはできなかった。

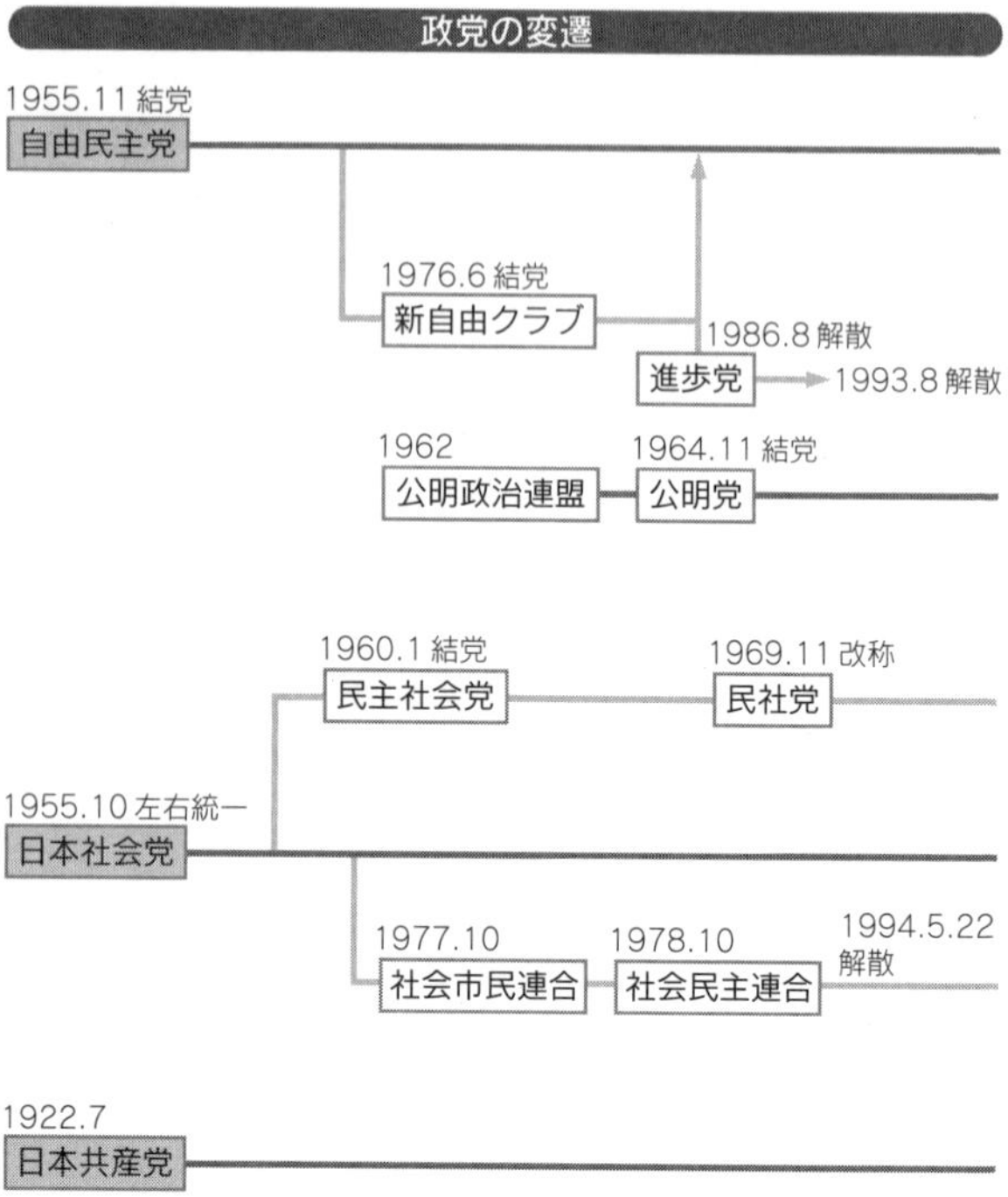

浅沼の刺殺後、社会党書記長の江田三郎は、ソ連型の社会主義革命を否定し、米国の生活水準、ソ連の社会保障、英国の議会制民主主義、日本の平和憲法の実現をめざす「江田ビジョン」を発表した。しかし依然マルクス主義の強い影響下にある党内左派から受けつけられず、江田は辞任に追いこまれた。

一九六六年、社会党は左派主導による「日本における社会主義への道」を事実上の綱領とし、①日米安保条約の廃棄、②中立と非武装宣言、③極東における集団的平和保障体制の確立とアジア太平洋非武装地帯の設置、④自衛隊の解体、を骨子とする「日本の平和と安全を保障する道」を採択した。江田の失脚以降、河上丈太郎、佐々木更三、勝間田清一、成田知巳と委員長が交代したが、社会党は長期低落傾向を示した。

一九五五年から政界に進出した宗教団体・創価学会は、五六年に参議院に当選者をだし、六二年一月、公明政治連盟を結成した。一九六四年一一月、公明党が結党し、六七年一月の衆議院選挙で二三名の当選者をだし、自民党、社会党につぐ第三党となった。しかし一九七〇年に言論出版妨害事件を起こして以降、宗教政党から国民政党へと転換した。

一九五二年の総選挙以降政治の表舞台から姿を消していた共産党は、一九五五年二月の総選挙で二議席を獲得し、同年夏の第六回全国協議会（六全協）で、それまでの武装方針を放棄して党勢の立て直しにかかった。一九五八年宮本顕治を書記長に選出、六一年七月の党大会で、米帝国主義と日本独占の「ふたつの敵」に反対する新しい民族主義革命を民族民主統一戦線の手で推進する、という綱領を採択した。

中ソ対立下にあって、中国との関係を深めていった日本共産党は、一九六三年春以降、ＴＢＴ（部分的核実験停止条約）をめぐりソ連共産党と対立していった。一九六四年五月、来日中のソ連副首相Ａ・ミコヤンがみまもるなか部分的核停条約が批准にかけられた際、賛成票を投じた共産党議員らは「親ソ派分子」として除名された。

なお、中ソ対立と連動した日本の党派対立は、平和運動にまで波及した。一九六一年一〇月のソ連の水爆実験以後、すべての国の核実験に反対する社会党・総評系と、社会主義国の核実験を擁護する共産党系の対立が激化した。社会党・総評系は、部分的核停条約にもＮＰＴ（核拡散防止条約）にも反対する「原水協」（原水爆禁止日本協議会）から脱退し、「原水禁」（原水爆禁止日本国民会議）を組織した。以後ふたつの団体は、毎年八月、別々に大会を開催することとなった。

一九六〇年代の防衛政策——◆

一九五九年七月、赤城宗徳防衛庁長官は、一次防の終了年度である一九六〇年度から六五年度までの六カ年計画を発表した。「赤城構想」と呼ばれたこの計画では、六年間で防衛費を倍増し、ヘリコプター空母二隻、ナイキ、ホーク、ボマークという三種類の地対空ミサイルの導入などを特徴とした。しかし、社会党などの反対もあり、核弾頭も搭載可能なボマークの導入は見送られ、ヘリ空母構想も挫折を余儀なくされた。

一九六一年七月になって、「在来型兵器の使用による局地戦以下の侵略」への対処を打ちだした二次防が決定された。その後、一九六六年一一月に、三次防が決定されたが、基本的には二次防を引き継ぐものであった。なお、軍事に関することがタブーとされた戦後日本では、師団は「軍管区」、戦車は「特車」と呼ばれてきたが、一九六〇年代以降「師団」「戦車」という呼称が復活した。

一九六三年、自衛隊統合幕僚監部は防衛庁内で、北朝鮮と中国が韓国を侵略した、という想定のもとに机上演習をおこなった。日米共同で北朝鮮、中国、ソ連と戦うという作戦で、核兵器の持ちこみや自衛隊の海外出動なども検討した。一九六五年二月、社会党議員が、このいわゆる「三矢作戦研究」の存在を国会で暴露した。有事の際には「戦時諸法案」を制定して「国家総動員体制」に移行する、というこの計画は戦前への回帰を想起させ、おおきな波紋を呼んだ。

変転する日中関係──◆

岸政権時代、完全に冷えきった日中関係であったが、岸が退陣したことで関係改善の兆しがみえはじめた。一九六二年九月、自民党顧問で親中国派で知られた松村謙三が訪中し、周恩来首相と会談、「積み上げ方式」による日中関係改善で合意した。同年一一月には、高碕達之助と中国アジア・アフリカ連帯委員会主席の廖承志の間で日中総合貿易に関する覚書が交わされ、両者のイニシャルをとって、「LT貿易」と呼ばれた。

この覚書交換にもとづき、一九六三年七月、日本輸出入銀行の融資による対中国プラント輸出が調印され、八月には閣議決定された。これに対し台湾は、輸銀融資は貿易問題ではなく対中経済援助にあた

COLUMN 三無事件

一九六一年一二月、池田勇人首相らを殺害し、自衛隊を軸とした国家権力を掌握しようとしたクーデター計画が発覚した。無戦争、無失業、無税の「三無」の実現を掲げるかれらは、一九六〇年安保闘争に危機感を強め、六二年春に左翼勢力が共産主義革命を起こすとの予測にもとづき、予防的なクーデターを起こそうとしたのである。旧軍将校、陸軍士官学校出身者ら一三名が逮捕され、一九六四年、破壊活動防止法第一号が適用された。

るとして強く抗議し、九月、駐日大使を召還した。

日台関係が緊張していた一九六三年一〇月、中国の油圧機器訪日代表団の通訳として来日した周鴻慶が亡命を希望するという事件が起こった。周は、当初ソ連への亡命を希望したが、その後台湾への亡命、中国への帰国など、目まぐるしく意思を変えた。日本は最終的に周を中国へ送還したが、台湾はこの処理に怒りをあらわにし、日本から代理大使以下四人の大使館員を召還した。

一九六四年一月には、フランスが台湾と断交し中国と国交を結んだことで、台湾がおかれた状況はますます悪化した。二月、事態の打開をはかるため、元首相の吉田茂が訪台し、蔣介石総統と会談した。このときの会談の了解事項として「中共対策要綱五原則」がまとめられた。そのなかでは、日中貿易は民間貿易にかぎり、日本は中国に対し経済援助をおこなわないこと、中国に対する「大陸反攻」政策が客観的にみて「政治七分軍事三分」の成功率にあるときは、日本は台湾に対して「精神的道義的支持」を与えることを約束した、とされている。吉田は帰国後、大筋において要綱案に誤りのないことを書簡にして台湾に送付した（「第二次吉田書簡」）。

一九六四年一〇月、中国は初の核実験に成功する。中国がいずれ核武装することは確実視されていたものの、実際に隣国の共産国が核兵器を手にしたことは、日本にとっておおきな衝撃であった。一九六六年五月ごろからは、文化大革命がはじまった。中国の外交活動は停止し、日本の新聞社は国外に追いだされた。

一九六六年二月から、宮本書記長を団長とする日本共産党代表団は、中国、北ヴェトナム、北朝鮮を訪問したが、ヴェトナム戦争の拡大に反対する反米統一戦線にソ連を加えるかどうかで中国と意見が一致せず、日本共産党と中国共産党は対立関係にはいった。一九六八年八月のチェコ動乱、六九年三月のダマンスキー島における中ソ武力衝突以後、中国は「ソ連社会帝国主義、米帝国主義、佐藤反動内閣、宮本修正主義集団」を中国人民の「四つの敵」と称するまでになった。「自主独立」を掲げた日本共産党に代わり、中・ソ・北朝鮮と友党関係を結んだのは社会党であった。

日韓国交回復

李承晩が大統領であった一九五〇年代、日韓国交回復交渉は遅々として進まず、日韓関係は冷えきったままであった。ところが、一九六〇年四月に「学生革命」で李政権が倒れると、許政暫定政権および張勉民主党政権は対日関係改善にのりだした。同年九月、小坂善太郎外相は、公式使節としてはじめて訪韓し、交渉再開で合意した。小坂は「遺憾の意」を表明するとともに、「経済発展こそ共産主義に対する最良の対策である」と述べた。

一九六一年五月、軍部によるクーデターで朴正熙国家再建最高会議議長が軍事政権を発足させた。朴は植民地統治時代、日本の陸軍士官学校を卒業した知日派であり、日韓会談には積極的であった。しかし、対韓消極派の池田は、韓国側が期待した岸信介や石井光次郎ら自民党の「大物」を全権に据えなかったため、韓国側を落胆させた。

一九六一年一一月、箱根会議出席のため来日したラスク米国務長官は、池田に対韓政治妥結を促した後訪韓し、米国の対韓援助削減を圧力として、朴に請求権の形式面で譲歩するよう迫った。その後、朴は訪米の途中日本に立ち寄り、池田首相と会談、請求権と李ラインのふたつの点で譲歩の姿勢を示した。しかし、一九六二年三月の日韓外相会談では、小坂外相が会談の継続を拒否した。

池田訪欧中の一九六二年秋、金鍾泌中央情報部長が来日し、大平正芳外相と会談した。そこでいわゆる「大平＝金メモ」をとり交わし、日本側の無償協力三億ドル、円借款二億ドル供与とし、名称はそれぞれ請求権と経済協力とに使い分けることで妥協が成立した。

一九六三年にはいると、韓国内の政情が不安定化し、金鍾泌は米国への事実上の亡命を余儀なくされ、日韓交渉も停滞した。一九六三年一一月、ジョンソン米大統領は、ケネディの葬儀に出席した池田、朴と三者会談し、両者に早期妥結を説得した。

佐藤政権発足後の一九六五年一月にはいり、椎名悦三郎外相が訪韓し、「両国間の長い歴史のなかに不幸な期間があったことはまことに遺憾なしだいで、深く反省する」と、日本政府としてははじめて公式の場で朝鮮統治に対し「反省の意」を示した。

一九六五年六月、日韓基本条約が調印されたが、日韓両国内では、はげしい反対デモがくりひろげられた。他方、一九五五年に国交正常化を呼びかけて以来、日本との貿易を拡大させてきた北朝鮮は、日韓国交正常化以後、「日本軍国主義」批判に転じた。

東南アジアへの関与――◆

賠償問題に終始した観のある一九五〇年代とは異なり、六〇年代の日本は、東南アジア地域に対して一定の影響力を行使するようになる。

一九六一年五月、マラヤのT・A・ラーマン首相がマレーシア連邦構想を発表し、一九六二年一二月にブルネイで反乱が起きると、インドネシアは「マレーシア粉砕」を叫びはじめた。フィリピンも北ボルネオの領有権を主張し、東南アジア情勢が緊迫化すると、日本は来日したスカルノとラーマンを会談させて調停を斡旋した。しかし一九六三年九月、マレーシアはインドネシア、フィリピンと断交した。池田は、同月、インドネシア・フィリピン両国を訪問し平和的解決を求め、一九六四年一月に来日したスカルノに和解をすすめ、六月には東京で三国首脳会談を開催したが、問題解決にはいたらなかった。

スカルノはインドネシア共産党との関係を深め、マレーシアの国連安保理非常任理事国いりに対し国連を脱退、中国に傾斜していった。一九六五年九月、陸軍左派が起こしたいわゆる九・三〇事件でスハルト陸軍大臣が全権を掌握し、共産党を壊滅させた。日本は一九六六年九月、インドネシア債権国会議を開き、インドネシアに対する経済援助を総合的に検討した。

一九六六年四月、日本は政府主催として戦後初の国際会議である、東南アジア開発閣僚会議を開催、六カ国が正式参加し、インドネシアとカンボジアがオブザーバー参加した。日本はこの会議を、「東南アジア地域協力の母体」と位置づけていたが、ここでいう「東南アジア」からは、南アジアが抜け落ち、ヴェトナム戦争にかかわりをもつミャンマー以東の一〇カ国をさす概念へと変容した。

また、一〇億ドルの資金提供を公にし、東南アジアの地域協力への支援への転換をはかった一九六五年四月のジョンソン米大統領の画期的な演説を受けて、日本はADB（アジア開発銀行）の設置に深く関与し、東京に本部を誘致しようとしたが、選挙でフィリピンにやぶれ、本部はマニラにおかれることとなった。しかし、初代総裁以降、このポストには日本人が座りつづけた。

一九六六年六月、韓国の朴大統領の提案で、ヴェトナム戦争にかかわり中国封じ込めの傾向をもつASPAC（アジア・太平洋協議会）がソウルで発足したが、六九年六月、日本はその第四回閣僚会議を開催するとともに、参加しなかったインドネシアをオブザーバー参加させるイニシアティヴをとった。他方で、日本は一九六七年八月に結成されたASEAN（東南アジア諸国連合）を当初あまり評価しなかった。

SECTION 3 沖縄返還と非核三原則の確立

ヴェトナム戦争下の沖縄返還交渉――◆

同じ「吉田学校」の優等生として、池田勇人とはライバルの関係にあった佐藤栄作は、池田の病気退陣により首相の座を射止めた。佐藤は岸信介の実弟であり、池田と同じ熊本の五高を卒業後、東大に進み、鉄道省に入省、運輸次官をへて、吉田に請われて政治家となった。佐藤は、一九六四年七月の自民党総裁選で池田に挑むにあたり、未決の沖縄返還の実現を掲げたのである。

米国は太平洋戦争末期、沖縄に上陸してはげしい戦闘をおこなった。沖縄は戦後、本土とは切り離されて軍政がひかれ、一九四七年ごろから沖縄のもつ軍事戦略上の価値にかんがみ、恒久基地化がすすめられ、講和後も引きつづき軍政下におかれた。一九六二年三月になって、ケネディ米大統領が、限定的ながら、沖縄返還の意思を表明した。佐藤は一九六五年一月の訪米で、ジョンソン米大統領に沖縄返還をもちだしたが、色よい返事はもらえなかった。

そこで佐藤は、本土の終戦から二〇年目にあたる一九六五年八月、戦後首相としてははじめて沖縄の地を踏んだ。那覇空港に降り立った佐藤は、「沖縄の祖国復帰が実現しないかぎり、わが国にとって戦後は終わっていない」という声明を発表した。しかし、日本政府が米国に復帰要求を申しいれることを要請する決議文を手渡そうとした二万人のデモ隊が、佐藤が宿泊を予定していたホテル前に座りこみ、警官隊と衝突した。このため佐藤はホテルに帰ることができず、米軍基地内の迎賓館で一夜を明かさざるをえなかった。

しかし、ヴェトナム戦争終結の目途がたたないなかで、米軍の前線基地としての機能を担っている沖縄の施政権返還が本当に実現できるのか、確証はなかった。佐藤は、一九六七年八月、沖縄県出身で早稲田大学総長をつとめた大浜信泉を座長にむかえ、総理の諮問機関として沖縄問題等懇談会(沖懇)を発足させた。沖懇は、沖縄返還の時期を「両三年以内」とする報告書を提出した。佐藤はまた、ジョンソン米大統領の特別補佐官W・ロストウをはじめ米政権の関係者と知己のある若泉敬・京都産業大学教授を重用した。若泉は、「ミスター・ヨシダ」というコードネームを使用し、しばしば帽子にサングラスにレインコートといういで立ちでホワイトハウスに出入りした。

一九六七年一一月、佐藤‐ジョンソン会談がおこなわれ、小笠原の早期返還と、沖縄の「両三年以内」の返還で合意した。小笠原は、一九六八年四月に返還協定に調印された。一九六七年一二月、佐藤は国会で非核三原則を表明し、つづいて翌一九六八年一月の施政方針演説でも「核兵器の絶滅を念願し、みずからもあえてこれを保有せず、その持ちこみも許さない」ことを再確認した。一九六八年二月、沖懇の下部組織として、沖縄基地問題研究会（基地研）が発足し、国際政治学者らが集められ、沖縄の「核抜き」返還が可能かどうかを検討した。

一九六八年一一月は、おおきな節目となった。まず沖縄ではじめて認められた主席公選で、革新系が推す屋良朝苗・沖縄教職員会長が保守系の西銘順治・那覇市長をやぶって当選した。その八日後、B52戦略爆撃機が嘉手納基地内に墜落し、搭載していた通常爆弾が爆発するという事件が起こった。他方、米国では、ニクソンが大統領選挙に勝利した。ジョンソン政権との継続性を保つため、佐藤は、若泉と同じ京都産業大学教授であり、ニクソンの外交顧問R・アレンと親しい高瀬保をもうひとりの密使として当選直後のニクソンの元へ派遣した。このとき高瀬は、佐藤の実兄である岸信介元首相の親書を携えていた。岸は、大統領選とカリフォルニア州知事選にやぶれ不遇にあったニクソンをなにかと世話しており、影響力を保っていたのである。

一九六九年一一月、若泉は渡米し、ニクソン、H・A・キッシンジャーと会談し、秘密合意議事録を作成した。核兵器の持ちこみについて、日本に対する「事前通告」としていた部分を、若泉が「事前協議」と変更したことにつき、キッシンジャーは同意した。しかし、「かかる事前協議においては、米国政府は好意的回答を期待する」という一文が挿入されたため、実質的には「イエス」の回答しかありえないこととなった。同月、佐藤‐ニクソン会談がおこなわれ、一九七二年の沖縄返還で合意した。このときの共同声明には、日本の安全にとって韓国は「緊要」であり、台湾は「重要な要素」であると記されていた。いわゆる「韓国条項」と「台湾条項」である。

ニクソン当選による最大の変化は、沖縄返還交渉に繊維問題がもちこまれたことである。繊維問題は、一ドルで買える日本製の「ワンダラー・ブラウス」が米製品を席巻し、一九五七年に綿製品協定が結ばれて以来、日米間の摩擦の種であった。繊維を伝統的な基盤産業とする南部諸州の支持を頼みとし

COLUMN 「もうひとつの密約」を暴いた記者と外務省事務官の悲劇

一九七一年、毎日新聞記者が、外務省の女性事務官から極秘電信文を入手し、四〇〇万ドルの土地の原状回復費を日本政府が肩代わりしていることを突きとめた。一九七二年三月、この文書を入手した社会党議員が国会で政府を追及したが、その際文書の出所が発覚した。記者と事務官は国家公務員法違反容疑で起訴され、ともに有罪となった。起訴状に男女関係が記載されていたことから、政府の密約問題は、個人的なスキャンダルにすり替えられた。しかし最近になって、記者が報じた密約は事実であったことが、公開された米国の公文書から裏づけられたが、政府は依然として密約の存在を否定している。

て当選したニクソンは、一九七〇年一〇月の佐藤との会談で、「核抜き」を認める代わりに、繊維問題で日本側が妥協するという、いわゆる「糸（繊維）と縄（沖縄）」の取引を迫ったのである。

くすぶる自主核武装論◆

一九七四年九月、退役海軍少将Ｇ・ラロックは、核搭載可能な艦艇には実際に核兵器が積まれており、日本その他へ寄港する際に降ろすようなことはしない、と米議会で証言した。ライシャワー元大使も一九八一年五月に同様の見解を示し、非核三原則のうち「持ちこませず」の虚構性ははやくから指摘されてきた。最近になって、若泉の回顧録や米国の極秘文書の発見によって、「持ちこませず」は虚構であることが自明のものとなっている。

しかし、「持たず、つくらず」の原則、すなわち日本の自主核武装についても、疑念は払拭されていない。戦後の保守指導者の多くは、しばしば自主核武装の可能性に言及してきた。そもそも軽武装主義を確立したとされる吉田茂は、首相引退後、みずからの軽軍備政策を「反省」し、積極的に防衛力増強の必要性を説き、核兵器の保有もほのめかしていた。鳩山一郎は、「いかなる条件でも絶対にもたないと言明するのは時期尚早」と口を滑らせた。岸信介は、政策として核武装する意思はないとし、核実験禁止をみずからの外交の基軸のひとつに据えながらも、核兵器の保有じたいは憲法違法ではない、という立場をとっていた。

池田政権はＴＢＴに署名・批准したものの、池田勇人自身は、核兵器には並々ならぬ関心をもっていた。一九六一年一一月に箱根でラスク国務長官と会談した池田は、核兵器への興味を率直に語っていたし、六二年秋に訪欧した際には、日本に核兵器があれば、自分の発言力は倍増したであろうと秘書官に漏らしている。おりにふれて核兵器への憧憬を口にする池田に対し、秘書官は、池田の選挙地盤が被曝地広島であることを指摘して、諫めなければならなかった。

隣国中国が核実験に成功した直後に首相となった佐藤栄作は、一九六四年一二月、ライシャワー大使に対し、中国が核をもっているのであれば、日本ももつのは常識であると述べている。翌一九六五年一月におこなわれたジョンソン米大統領、ラスク米国務長官との会談で、佐藤は「私個人としては、もし中国共産党政権が核兵器をもつのなら、日本もまたもつべきだと感じている。しかし、これは日本人の国民感情に反するので、非常に内輪にしか言えない」と述べている。

非核三原則の国会決議を求める野党に対し、佐藤は非核三原則の堅持、日米安保条約による米国の核抑止力への依存、核軍縮外交の推進、核エネルギーの平和利用推進という、「核四政策の柱」を提唱し、

COLUMN ノーベル平和賞を受賞した佐藤

佐藤栄作は、「核抜き・本土並み」による沖縄返還と非核三原則が評価され、一九七四年一〇月、ノーベル平和賞を受賞した。佐藤には前年の受賞者キッシンジャーの一票も投じられた。前年、ヴェトナム戦争を終わらせた「功績」によりキッシンジャーと共同受賞が決まった北ヴェトナムのレ・ドク・ト外相が受賞を辞退していたため、アジア人初の受賞となった。しかし、受賞式には米国のヴェトナム戦争を支持した佐藤の受賞に反対する学生がつめかけた。そのため佐藤は裏口から式場にはいらなければならなかった。

非核三原則のみの決議は認めようとしなかった。一九六九年一月、佐藤はU・ジョンソン駐日大使に向かって、非核三原則はナンセンスであると述べた。

新左翼運動の高揚と減退――◆

一九五五年の共産党の武装闘争方針撤回、五六年のスターリン批判およびハンガリー動乱の衝撃を受けた左翼活動家たちは、共産党や社会党といった既成の政党から離反し、分裂をくりかえしながら戦術・武装をエスカレートさせ、日韓条約反対闘争、羽田闘争・佐世保闘争・新宿争乱事件などのヴェトナム反戦運動、成田空港反対闘争、大学紛争（全共闘運動）に参画していった。

一九六五年四月、作家の小田実らを中心にヴェトナム戦争反対を唱える「ベ平連」（ベトナムに平和を！市民連合）が結成され、デモ行進をおこなうだけではなく、日本に駐留する米脱走兵を援助したり、米軍基地内での米兵反戦運動を組織化したりするなどの活動をおこなった。新宿駅東口の線路脇に書かれた「この壁の向こうはヴェトナムだ！」という落書きが示すように、学生たちは全国各地で線路にはいりこみ、米軍タンク車輸送を実力で阻止した。

文化大革命下の中国は、日本の学生運動を支援し、日本の大学内には「毛沢東主義万歳」「造反有理」といったスローガンもみられた。こんにちでは、文化大革命は中国内部の権力闘争という見方が定着しているが、当時の日本の知識人はこれを礼賛する者が少なくなかった。

一九七〇年三月、史上最高の七七カ国が参加し、最先端の科学技術を一堂に集めた大阪万国博覧会がはじまった。米国が前年アポロ一一号がもち帰った「月の石」を展示したのに対し、ソ連は人工衛星で対抗した。「人類の進歩と調和」を謳ったこのイベントに、日本人の約二人にひとりが足を運んだ。

万博がはじまった同じ月、日本赤軍のメンバーが日航機「よど」号をハイジャックし、「世界同時革命」構築のため北朝鮮に亡命した。一九七〇年の一一月には、自衛隊へ体験入隊するなどの活動をおこなってきた作家の三島由紀夫が、「盾の会」メンバーを率いて市ケ谷の陸上自衛隊本部に侵入し、決起を呼びかけたが失敗し、割腹自殺した。

こうした不穏な事件の勃発にもかかわらず、一〇年前にあれほどの大衆闘争を招いた安保条約改定は、万博の華やかなムードのなかで自動延長され、おおきな騒ぎには発展しなかった。

一九七二年、連合赤軍メンバーが仲間の粛正と浅間山荘への立て籠もり事件を起こした。パレスティナ・ゲリラと連帯すべくレバノンを拠点に活動していた日本赤軍メンバーは、イスラエルのテルアビブ空港乱射事件で約一〇〇人を死傷させた。この後、日本赤軍は一九七五年にマレーシアの米大使館を占拠した「クアラルンプール事件」を、七七年にはインド上空で日航機をハイジャックした「ダッカ事件」を起こした。

また日本国内でも、一九七四年八月、東アジア反日武装戦線を名のる過激派が、海外に進出する巨大企業を「人民を搾取する帝国主義的侵略の先兵」と位置づけ、三菱重工業ビルを爆破し、死者八名をだすなど、次つぎに企業爆破事件を敢行した。しかしこれ以降、過激化の度合いを極端に強めた新左翼運動は、減退していくこととなる。

SECTION 4

ショックにみまわれる日本

◆ふたつのニクソン・ショック――

一九七一年七月一五日、ニクソンは、キッシンジャー補佐官がすでに中国を訪問したことを明らかにするとともに、翌一九七二年に中国を訪問すると発表した。こうした日が訪れることは、けっして予想外であったわけではない。駐米大使をつとめた朝海浩一郎は、在任中のある日、国務省や軍の中堅を相手に次のようなシナリオを示した。「米国は今般中共を中国の正当な政府として承認することとなり、その発表は明日である。日本は今までこの問題につき、よくわれわれと協力してくれたので、発表一日前にとくに大使に通報するしだいである。『サンキュー、アンバサダー、お帰りはこちらです』と扉をさし示される」。

このシナリオは、「朝海の悪夢」といわれているものだが、実際の米国の対日通告は、一日前ではなくわずか二時間前であったといわれている。ケネディのキューバ危機時とは異なり、米中頭越し接近という、同盟国であり中国の隣国である日本への通告がこのようなかたちでなされたことは、あらためて国際政治に占める日本の存在の小ささを思い知らせることとなった。

米国の対中政策転換の衝撃的な表明からちょうど一カ月後の八月一五日、ニクソンは金とドルの一時的交換停止、一〇%の輸入課徴金など、新経済政策を発表した。すぐに対策を講じた欧州諸国に対し、日本は対応を手間どった。東京為替市場を二七日まで固定レートのまま開きつづけたため、日本は約五〇億ドルを買い支えることとなり、インフレを引き起こす結果を招いた。

ふたつのニクソン・ショックは、佐藤政権に引導を渡すこととなった。佐藤は、一九七二年五月の沖縄復帰記念式典に出席したのを花道として引退した。佐藤政権は、七年八カ月の戦後最長記録を更新したが、その終焉は自民党派閥抗争時代の幕開けを告げるものであった。

共産圏との国交回復――◆

一九七二年七月の自民党総裁選では、田中角栄、福田赳夫、大平正芳、三木武夫の四人がはげしい攻防をくりひろげた。第一回投票で脱落した三木と大平は、中国政策の転換を条件として田中に協力することとし、決選投票で田中が福田をやぶり、戦後最年少の五四歳で首相となった。田中自身はその著書『日本列島改造計画』で知られるとおり土建事業に熱心ではあっても、票や金にならない外交にはさほど関心がなく、総裁選では日中国交回復について積極的な姿勢はみせていなかった。しかし、中国問題に積極的な三木と大平の協力を得た関係上、対中国交正常化にとりくまざるをえなかった。

一九七二年七月、竹入義勝・公明党委員長が訪中し、周恩来首相と会談した。このときとり交わされたいわゆる「竹入メモ」では、中国側が日米安保条約や尖閣列島の領有問題が国交正常化の妨げにならないことを保証するとともに、賠償請求権を放棄することを明らかにしていた。竹入から中国側の意図を伝えられた田中は、ただちに訪中を決め、ニクソンとハワイで首脳会談をおこない、日本の方針を伝えた。九月、田中は訪中し、日中共同声明に調印して国交を回復した。

他方、自民党副総裁の椎名悦三郎は特使として台湾を訪問した。反日キャンペーンが張られるなか、日本側一団の車列は群衆にとり囲まれ、はげしい抗議の罵声を浴びた。椎名らは蔣経国首相らと会談したが、蔣介石総統との面会は許されなかった。一九七二年一〇月、日本と台湾の大使館は国旗掲揚を止め、一一月中にそれぞれの大使が本国に帰国した。一二月、日台間の民間レベル交流を継続するべく、日本に交流協会、台湾に亜東関係協会が設立され、以後事実上の大使館としてこんにちまで機能している。

中国と対立関係にあるソ連は、日中国交回復に触発され日本に対する働きかけをおこなった。日ソ関係は、一九六〇年安保改定以来、外相などの相互往来があったものの、冷えきったままであった。一九七二年一〇月、Ｌ・Ｉ・ブレジネフ書記長は田中首相に親書を送り、大平外相が訪ソした。一九七三年一〇月には、田中が訪ソした。一九七五年一月、宮澤喜一外相が訪ソし、Ａ・Ａ・グロムイコ外相と会談した。一年後の一九七六年一月には、グロムイコ外相が来日したが、ソ連側は領土問題の存在と日米安保条約を認めなかったので、日ソ関係はなんら改善しなかった。

中ソ対立により一九六七年以降「自主路線」をとってきた北朝鮮は、米中接近を受けて日本非難を弱め、日韓条約破棄を条件としない対日関係改善を呼びかけた。しかし一九七三年八月、韓国の元大統領候補・金大中が東京のホテルからＫＣＩＡ（韓国中央情報部）により拉致された事件を契機として、日朝関係はふたたび冷却化した。

日本はニクソン・ショックを受けて、中国以外にも一九七二年二月にモンゴル、七三年三月に東独、そして一九七三年九月に北ヴェトナムと、社会主義諸国と矢継ぎ早に国交を正常化している。とりわけ、米国が泥沼の戦争を戦った相手である北ヴェトナムと、日本は一九七三年四月から接触を開始し、七月にはパリで本格交渉にはいり、九月に国交を樹立した。しかし、国交回復後も賠償問題をめぐって対立し、一九七五年一〇月まで大使が交換されなかった。

一九七五年四月のサイゴン陥落を受け、日本は五月、南ヴェトナム臨時革命政府を承認した。その後ラオスで王制が倒されたのにつづいて、一九七六年一月に王制を廃止し、民主カンボジアを宣言したポル・ポト政権と、日本は七六年八月に外交関係を回復した。

第三世界の対日反乱

一九七三年一〇月、第四次中東戦争が勃発したのを受け、ペルシャ湾岸六カ国は、原油価格二一%引き上げを発表した。石油のほぼすべてを海外、とくに中東に依存する資源小国の日本にとっては、まさしく衝撃以外の何物でもなかった。一九六〇年代に驚異的な経済成長をとげた日本は、米ソにつぐ世界三位の石油消費国であり、新たなエネルギー供給を求める田中首相は、中東紛争が勃発したとき、ソ連で「資源外交」を展開中であった。

日本の首相は、それまで中東諸国を訪問したことすらなく、外務省に中近東アフリカ局が設置されたのは一九六五年のことで、七三年時点でペルシャ湾岸の産油国八カ国を、アラビア語が話せない四人の大使で担当していた。日本は、実際に石油を購入する欧米のオイルメジャーは重視しても、産油国アラブ諸国にあまり関心をもたなかった。他方で、米国が背後にある以上、イスラエルとも良好な関係をもたざるをえなかった。

日本はアラブ諸国から「友好国」には分類されず、石油供給の削減対象にはいった。一九七三年一一月、アラブ石油相会議は、二五%削減を声明し、日本に衝撃を与えた。石川良孝・クウェート大使は、今回の措置は日本を直撃しないと外務省に訴えたが顧みられず、ガソリンスタンドが閉鎖され、デパートからトイレット・ペーパー、砂糖、洗剤などが消えて主婦が連日列をつくるなど、日本はパニック状態に陥った。

外務省出身のアラブ専門家が、密使としてサウジアラビアを訪問した。サウジアラビア側は、日本は台湾を「捨てた」のだから、イスラエルとも断交せよ、と迫った。つまり日本は、イスラエルの占領地からの「全面撤退」と対イスラエル政策の「再検討」を声明することが「友好国」認定の条件となったのだが、来日したキッシンジャー米国務長官はそうした動きを牽制した。米国とアラブ諸国との狭間に立たされた日本は、米国の了承なしに、「全面撤退」と「再検討」の文言を含む声明の発表に踏みきった。

一九七三年一二月、田中は三木副総理を中東八カ国に派遣し、経済援助と引き替えに石油供給を要請した。その結果、ＯＡＰＥＣ（アラブ石油輸出国機構）石油相会議は日本を「友好国」と認定し、石油供給再開に応じた。

一九七四年一月、田中首相は東南アジア五カ国を訪問したが、氾濫する日本商品に対する不満が爆発し、タイとインドネシアで反日暴動に遭遇した。この事件をきっかけとして、日本は対東南アジア関係の再検討を迫られた。おりしもサイゴン陥落後、ASPACは無意味化しており、SEATO（東南アジア条約機構）も事実上の解体に向かっていた。一九七六年二月、ASEAN初の首脳会議が開かれ、日本は出席を希望したが認められなかった。日本が参加を許されるのは、一九七七年八月の第二回首脳会議からである。

脅威なき「基盤的防衛力」——◆

金権スキャンダルを暴露された田中角栄は、米大統領としてはじめて来日したフォードを見送った後、一九七四年一一月、辞任した。後継者には福田、大平、三木の三名が名のりをあげた。おおがかりなスキャンダルの後だけに、清潔なイメージが重要であるという理由で、「クリーン三木」といわれた三木武夫が指名されるという、いわゆる「椎名裁定」がおこなわれた。自民党内でリベラルとして知られた三木の政治的理念がもっともよく反映されたのが、防衛政策の転換であろう。

第三次佐藤内閣にみずから希望して不人気な防衛庁長官となった中曾根康弘は、ニクソン・ドクトリンを受けて、「国防の基本方針」の改定をめざすとともに、三次防の二倍もの予算を要求する「新防衛力整備計画案の概要」を発表した。しかし、あまりにも規模のおおきい防衛費と中曾根の自主武装論は反発を招いた。結局、初の『防衛白書』を刊行した以外に、中曾根の構想は実現しなかった。中曾根が退任し、ニクソン・ショックをへた後の一九七二年一〇月、三次防の延長上に四次防が閣議決定された。

三木首相は、元文部大臣の坂田道太を防衛庁長官に起用した。一九七一年から防衛庁防衛局長をつとめていた久保卓也は、特定の脅威を前提としてそれに対処するという「所要防衛力」論ではなく、一国の防衛の基盤となる防衛力を整備するという、いわゆる「基盤的防衛力」構想を発表していた。「冷戦感覚からの脱却」をめざした坂田は、久保構想をとりあげ、一九七六年一〇月、「平時において十分な警戒態勢をとり得るとともに、限定的かつ小規模な侵略までの事態に有効に対処」することを掲げた「防衛計画の大綱」に結実させた。翌一一月、防衛費はGNP（国民総生産）の一％を超えないことを目途とすることが閣議決定された。また、一九七六年二月、佐藤政権時代の六七年四月に表明された武器輸出三原則を政府統一方針として強化し、同年六月には、七〇年二月に署名したものの批准が先送りされていたNPTを批准した。

一九七六年二月、米ロッキード社による旅客機売りこみで多額の工作資金が日本政府高官にわたっていたとする疑惑が発覚した（ロッキード事件）。三木はフォード米大統領に親書を送り、資料提供を要請した。七月、田中元首相が逮捕された。こうした三木の行動に対し、自民党内では「三木おろし」がはじまった。

こうしたさなかの一九七六年九月、ソ連の戦闘機ミグ25が北海道の函館空港に強行着陸し、パイロットが米国への亡命を希望する、という事件が起こった。特定の「脅威」を前提としない防衛政策への転換が東京ではかられているころ、隣接する「仮想敵国」ソ連が軍事機密の漏洩を防ぐため機体を爆破しにくることを自衛隊はおそれ、緊張した。しかし政争がつづく東京では、この危機意識が十分共有されていたとはいいがたかった。

三木は、世論を背景に粘りつづけたが、一九七六年一二月の総選挙で自民党が大敗した責任をとり、退陣した。

第Ⅲ部

冷戦の終焉

1970年代中盤▼
1990年代前半

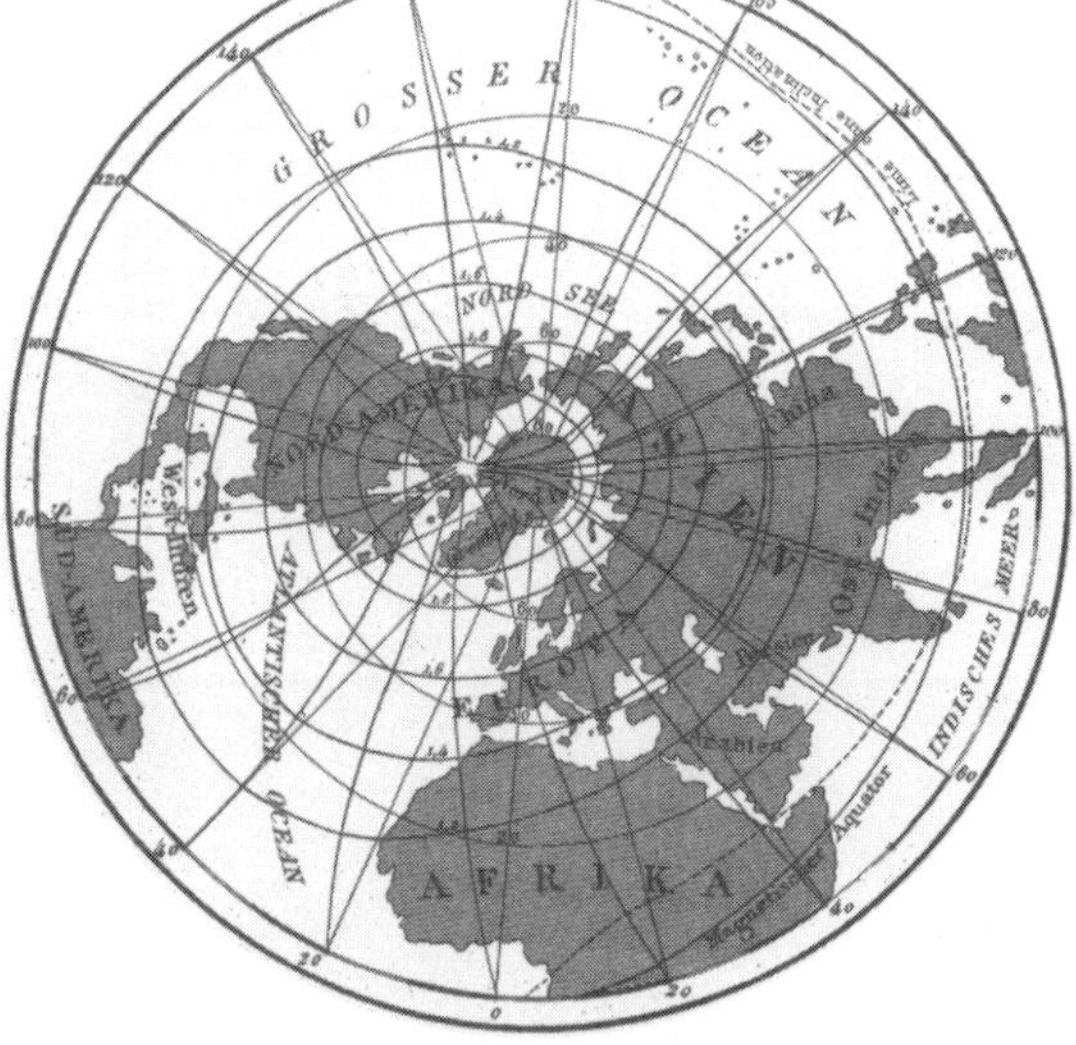

第Ⅲ部関連年表

年	月	世界	日本
1977	8		福田ドクトリン発表
1978	7		福田首相，防衛庁に有事立法研究を指示
	8		日中平和友好条約調印
	11	ソ越友好協力条約調印	
	12	ヴェトナム，カンボジアに侵攻 OPEC総会で原油価格値上げ決定	「日米防衛協力のための指針」決定
1979	1	米中国交樹立	
	2	中越戦争（～3月） イラン革命	
	3	エジプト＝イスラエル平和条約調印	
	6	米ソ，SALT II調印（発効せず） OPEC総会で基準価格引き上げ等決定	 第二次石油ショック
	12	NATOの中距離核「二重決定」 ソ連，アフガニスタンへ侵攻	大平首相訪中（円借款500億円供与）
1980	1	カーター・ドクトリン発表	大平内閣，対ソ制裁措置表明
	2		海上自衛隊，環太平洋合同演習に初参加
	4		大平内閣，イランへの経済制裁決定
	8	ポーランド「連帯」，政府と政労合意	
	9	イラン＝イラク戦争勃発	
1981	3		第二次臨時行政調査会（臨調）発足
	12	ポーランドで戒厳令公布	
1983	1		中曾根内閣，対米武器技術供与を決定 中曾根首相訪米（「日米運命共同体」と発言）
	3	レーガン，ソ連を「悪の帝国」と非難 レーガン，戦略防衛構想（SDI）発表	臨調，最終答申を中曾根首相に提出
	5	ウィリアムズバーグ・サミット	
1985	3	ゴルバチョフがソ連共産党書記長就任	
	8		中曾根首相，靖国神社公式参拝
1986	2	ソ連共産党，「ペレストロイカ」を基礎とする新綱領採択	
1987	1	欧州単一議定書発効	中曾根内閣，GNP比1%枠撤廃決定
	12	INF全廃条約調印（88年6月発効）	
1988	5	ソ連，アフガニスタンから撤退（～89年2月）	
	8	イラン＝イラク戦争停戦	
1989	5	ブッシュ，「封じ込めを越えて」演説 ゴルバチョフ訪中，中ソ関係正常化	
	6	天安門事件	
	9	ポーランドで非共産党政権成立	
	11	「ベルリンの壁」崩壊	
	12	マルタで米ソ首脳，冷戦終焉を確認	
1990	8	イラク，クウェートに侵攻（湾岸危機）	
	10	ドイツ統一成立 CSCE「パリ憲章」採択	
	11	CFE調印（92年11月発効）	国連平和協力法案廃案
1991	1	多国籍軍，イラクを攻撃（湾岸戦争）	
	6	ロシア共和国大統領にエリツィン就任 コメコン解体	
	7	ワルシャワ条約機構解体 米ソ，START I調印	
	8	ソ連で保守派によるクーデター未遂事件	
	12	独立国家共同体（CIS）発足	
1992	6		PKO協力法成立
1993	8		細川護熙内閣発足（「55年体制」の崩壊）

WORLD

第5章　米ソ二極構造の浸食と冷戦終結

●ベルリンの壁崩壊（ベルリンの壁開放を祝って，壁の上の東独国境警備兵に花を差し出す西ベルリン市民）

1970年代までに冷戦の米ソ二極構造は，対立と緊張緩和をくりかえしながらも，ほぼ固定化したかのように思われた。それからわずか十数年でソ連・東欧ブロックが崩壊し，ドイツが統一するとは，誰も予想できなかった。ふりかえってみれば東西間の相互不信の溶解は1970年代の欧州からはじまり，一時的な足踏みと退行を孕みつつも，ゆっくりと，しかし着実に進行した。1989年の「ベルリンの壁」崩壊から91年のソ連解体は，劇的ではあったけれども，冷戦終焉プロセスの最終局面であったにすぎない。

（1989年11月，ベルリン。写真提供：PANA）

SECTION 1

「新冷戦」の時代

冷戦の終結？――◆

冷戦期には何度か、このまま冷戦が終結するのではないかということが、希望的観測とともに期待された時期があった。しかし一九七五年のＣＳＣＥ（全欧安全保障協力会議）開催ほど、そのことがまことしやかに語られ、新聞紙上のトップをにぎわせた事件はないだろう。この年の七月三〇日から八月一日にかけて、フィンランドの首都ヘルシンキで、米・ソ・カナダと、アルバニアをのぞいた欧州の合計三五カ国首脳が一堂に会し、安全保障、経済から文化交流、人権問題まで、広範な問題を討議した。そこで合意された内容を織りこんだ政治宣言が、「ヘルシンキ最終議定書」であった。

「デタントのプロセスを拡げ、深め、永続させる」決意を表明したこの文書では、国境不可侵原則や紛争の平和的解決および信頼醸成措置に関する第一章「欧州の安全保障に関する諸問題」、経済協力の推進などを謳った第二章「経済、科学技術、環境の分野における協力」、人的交流と情報の自由および人権に関する第四章「人道的およびその他の領域における協力」という、おおきく分けて三つの分野での協力が謳われていた。

ＣＳＣＥの重要な特徴は、これが一回だけの会議で終わるのではなく、この最終議定書での合意事項の履行状況検証のため、数度にわたる再検討会議および各問題についての専門家会合などを含めた一連の協議が含まれているということであった。ＣＳＣＥプロセスと呼ばれるゆえんである。

しかし東西和解をめざしたヘルシンキ最終議定書について、ソ連と西側はそれぞれ異なった意義をみいだしていた。

ソ連はヘルシンキ最終議定書を、戦後の欧州分断の現実を相互に認めあう国際的とり決めとみなしていた。つまり東欧の政権の正統性、領土の正統性に対する西側の承認であり、ソ連ブロックの承認である。その意味でソ連側はＣＳＣＥを「ブレジネフ外交の勝利」と宣伝した。ソ連は人権尊重、情報の自由、移動の自由などにかかわる条項の重みを理解せず、いかようにも運用によって形骸化できると考えていた。

これに対して西側が重視していたのは、人の交流や情報の交流についてのとり決めであった。そのため「欧州分断の相互承認」と「人権尊重」の取引ともいわれたヘルシンキ最終議定書は、西側においては、東側の人権問題についての履行可能性に対する悲観論から、割のあわない取引とされ、評価はかならずしも高くなかった。とくに米国では、議会を中心にヘルシンキ最終議定書への批判が強かった。フォード米大統領は、ＣＳＣＥ以後もやまないソ連による反体制派の逮捕や第三世界への影響力拡大の動きをみて、一二月に「フォード・ドクトリン」を表明し、軍事力の強化と核の優位の確保を打ちだした。このときフォードは、今後「デタント」という言葉は使わず、「力による平和」に変えると宣言するにいたった。

しかし実際にはCSCEは、閉鎖社会である東側にも一定のインパクトを与えた。東欧各地で人権問題に関する市民団体が設立されはじめたのである。チェコスロヴァキアではその流れはやがてV・ハヴェル（のちに大統領）をリーダーとする「憲章七七」の運動として結実した。またポーランドでは、労働者に対する権利擁護のための運動「人権市民権擁護運動」を生みだした。自由労組「連帯」への動きは、ここからはじまった（後述「ソ連ブロックの動揺」参照）。

ソ連の新たな膨脹——◆

ソ連は一九七〇年代から八〇年代にかけて、一方でCSCEの成果を宣伝しながら、他方で軍拡を推し進めた。ソ連は、そもそも欧州の地上兵力バランスにおいては、つねにNATO（北大西洋条約機構）を上回っていた（図「欧州中央部地上兵力バランス」参照）が、一九七〇年代にはいって、ICBM（大陸間弾道ミサイル）とSLBM（潜水艦発射弾道ミサイル）の急増が顕著であった（図「米ソ戦略核バランス」参照）。

また、ソ連は第三世界で反資本主義を掲げる民族解放運動に対しても支援を熱心におこなった。一九七六年にソ連は、アフリカのアンゴラで独立を宣言したMPLA（アンゴラ人民解放同盟）の後押しをし、さらに七七年にはエチオピア、七八年には南イエメンなどに親ソ的な社会主義政権を成立させた。また同じ年にヴェトナムと友好協力条約を結び、カムラン湾に海軍基地を建設した。さらに一九七九年には、米国の裏庭である中米ニカラグアでD・オルテガ率いるサンディニスタ民族解放戦線が政権を奪

欧州中央部地上兵力バランス（1980年）

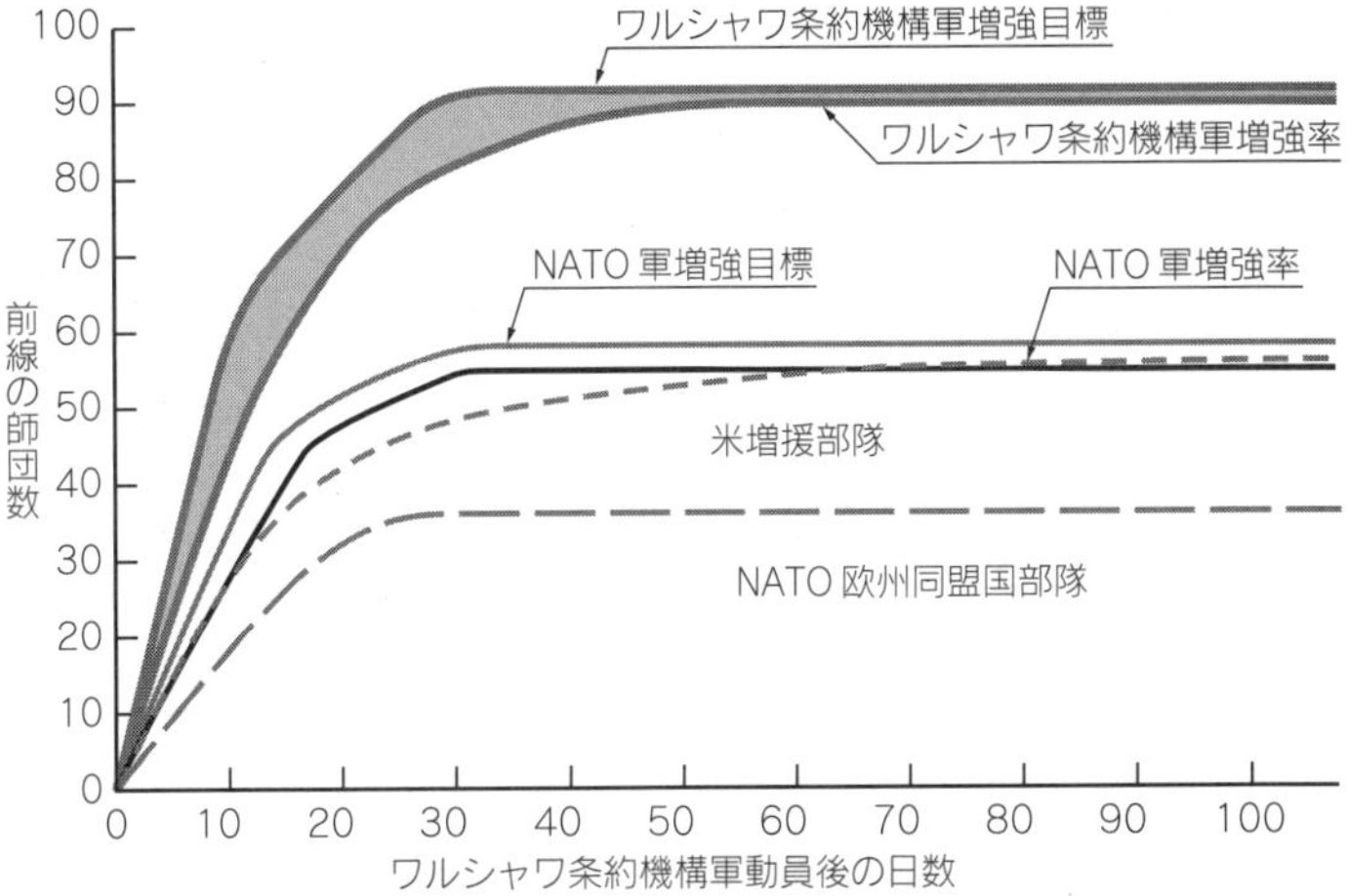

出所：Richard L. Kugler, *Commitment to Purpose: How Alliance Partnership Won the Cold War*, RAND, 1993, p. 366より作成。

米ソ戦略核バランス

兵器の種類	1968年	1973年	1978年	1983年	1988年
〈アメリカ〉					
ICBMs	1014	1054	1054	1053	1043
SLBMs	656	656	656	568	640
Bombers	612	504	450	338	372
合　計	2282	2214	2160	1959	2055
合計弾頭数	7800	8700	12000	12000	13000
〈ソ　連〉					
ICBMs	800	1425	1500	1398	1386
SLBMs	100	535	900	950	942
Bombers	160	160	160	160	160
合　計	1060	2120	2560	2508	2488
合計弾頭数	2900	4000	5900	9700	11500

注：ICBMs（大陸間弾道ミサイル），SLBMs（潜水艦発射弾道ミサイル），Bombers（戦略爆撃機）

出所：*Ibid.*, p. 483より作成。

取し、ソ連寄りの姿勢を明らかにした。こうした一連の第三世界に対する支援のなかで、ソ連は、アルジェリア、イラク、リビヤ、シリアなどに二万六〇〇〇人以上の軍事顧問を派遣していた。このようにソ連は、欧州ではCSCEにより一種の勢力均衡をはかりながら、イデオロギーの次元では西側との共存は拒否し、とくに第三世界で勢力拡大をつづけていた。まだ冷戦は終結していなかったのである。

一九七七年に発足したカーター政権が「人権外交」を唱えはじめたことは、米国による第三世界でのソ連に対するイデオロギー面での反攻を意味した。とりわけ大統領安全保障担当補佐官のポーランド系米国人Z・K・ブレジンスキーは対ソ強硬派で、人権問題をめぐりソ連をはげしく非難したので、米ソ関係は急速に悪化の兆しをみせた。ブレジンスキーは対ソ戦略の観点から、一九七九年一月には中国との国交正常化をも導いた。

ただしソ連に対抗するという目的があるだけに、「人権外交」にもかかわらず米国は、一方で親米的な独裁政権や権威主義的政権への支援も継続した。イランのM・R・パーレヴィ政権や韓国の朴政権に対する支援は、「人権外交」のもつ矛盾のあらわれであった。とくにイランについては、パーレヴィの圧政に対して一九七九年にホメイニを指導者とするイスラム原理主義による革命が成功すると、パーレヴィを支持してきた米国に対する反発も起こり、在イラン米大使館が占拠され人質をとられるという代償をカーターは支払わされた。この事件は人質奪還作戦のみじめな失敗により、カーター政権の基盤をいちじるしく弱めた。

米ソ関係は、一九七九年のソ連軍によるアフガニスタン侵攻によって決定的に悪化した。同年一二月二七日、アフガニスタンでクーデターが起こり、親ソ派のB・カルマル政権が発足した。ソ連はカルマル政権の要請に応えるかたちで一〇万人規模のソ連軍をアフガニスタンに進出させ、首都カブールほか主要都市・拠点を制圧したうえで反カルマル勢力と戦闘を展開した。

カーター政権は、ソ連の行動に対して一九八〇年一月、SALTⅡ（第二次戦略兵器制限条約）批准延期、対ソ穀物輸出大幅削減、高度科学技術品目を含む輸出制限などの制裁措置を発表し、西側諸国に対して同調を促した。くわえて米国は、同年開催のモスクワ・オリンピックのボイコットを呼びかけた。さらにカーターは、軍事力を行使してでもペルシャ湾岸での石油を中心とした米国の死活的利益を守るとする「カーター・ドクトリン」を打ちだし、国防費の増額を発表した。

これが「新冷戦」とも「第二次冷戦」とも呼ばれる時期のはじまりであった。米ソ両首脳は、一九七九年六月、ウィーンでカーターとブレジネフがSALTⅡ交渉の際に会談して以来、一九八五年一一月まで約六年間にわたり会合をもつことはなかった。これは一九七二年から七五年までの間に毎年のように計四回も首脳会談をしていたころとは対照的であった。

レーガンの軍拡──◆

ソ連脅威論の高まりのなか、現職のカーターをやぶって一九八一年一月に大統領に就任したレーガンは、七〇年代を軍事的に「失われた一〇年」と呼び、ソ連の膨脹への対抗として軍事費の大幅な増大を求めた（一九八一年の一七一〇億ドルから八六年には三七六〇億ドルに）。またカーター政権下で凍結されていたB1爆撃機計画を再開し、MX大陸間弾道ミサイル、トライデント型潜水艦の増強をおこなった。さらに海軍は、退役寸前の艦艇まで動員してそれまでの四五四隻から、航空母艦一五隻を含む「六〇〇隻艦隊」建造に向けて努力を傾注し、グローバルな関与への決意を明確に示した。

また世界的にも反ソ勢力を積極的に支援し、中米ニカラグアにおける反革命勢力コントラへの支持を明確にするとともに、一九八三年一〇月には南米の小国グレナダの政権が左傾化したことを理由に軍事介入した。この一九八三年は、ソ連空軍機による衝撃的な大韓航空機〇〇七便撃墜事件が発生した年でもあり、米ソ関係は「ここ二〇年間で最低のところまで悪化している」[*Strategic Survey 1984*, 1985, p. 36]と評された。レーガンがソ連を「悪の帝国（evil empire)」と指弾したのも一九八三年であった。

さらに同じ一九八三年三月、レーガンは「SDI」（戦略防衛構想、通称「スター・ウォーズ計画」）を発表し、弾道ミサイル防衛システムの開発に着手した。この構想は、核弾頭搭載の弾道ミサイルを宇宙配備の兵器を含む多段階のシステムで完全に無力化するという軍事的ねらいとともに、このシステムに対抗しようとするソ連に技術的・経済的に厖大な負担を強いることで打撃を与え破綻させるという政治的ねらいを有しているとみられていた。ICBMにおいて数的に劣っていた米国の戦略的優位性を確実にすると思われたこのシステムの構築に、米国は一九八三年から八九年で一七〇億ドルを費やしたが、技術的にみると成果はわずかであった。SDIの主たるねらいが政治的なものであったとされるゆえんである（コラム「夢見るレーガン？」参照)。

COLUMN　夢見るレーガン？

レーガンは一九八〇年代の軍拡で知られるように、筋金いりのタカ派とみられがちである。SDI（戦略防衛構想）はまさにそうしたタカ派レーガンの真骨頂ともいえる。しかし同時に、生まれてはじめての選挙でF・ローズヴェルトに投票して以来、五〇歳まで民主党員であったレーガンには、核廃絶を夢見る理想主義者の一面もあった。C・パウエル将軍はレーガンについて次のように述べている。「レーガンを批判したリベラルがおかした過ちは、レーガンが保守主義者であり、また非常におおがかりな国防増強を支持するという理由から、観光牧場に住む戦争屋のようなものだと思いこんだ点にあった。それは間違っていた。ロナルド・レーガンは核による絶滅の脅威を逆転させようと夢みる夢想家だった」。レーガン自身、回想録で核戦争について「誰も『勝つ』ことはできない……私の夢は、核兵器のない世界ということになった」としたうえで、国防省のブリーフィングに訪れた軍人について、「戦争で『勝てる』と主張する人たちもいた。かれらは頭がおかしいのではないかと私は思った」と述懐している。

一九八三年三月二三日、レーガンはSDI構想を発表した。かれは、SDIこそが夢の核廃絶を可能とする万能の盾だと確信していた。したがって記者会見でも、科学者の多くが技術的に困難な課題が多いため実現を困難視していたにもかかわらず、かれは自信たっぷりに説明した。これをみてソ連は心配した。ソ連もSDIの実現など不可能だと考えていたが、レーガンの自信に満ちた態度に軍首脳部は一抹の不安に駆られた。軍人はつねに、最悪のシナリオを想定して動く。参謀長S・アフロメーエフ将軍からも、この不安が消えなかった。何度も会合がおこなわれ、議論が重ねられたが、結局のところソ連がこれに対抗するのはむずかしいと判断された。それゆえに、最後には軍の既得権益を侵しかねないゴルバチョフの改革を受けいれたのであった。

結果的にSDI構想発表は、元俳優レーガンの歴史に残る名演技となった。

しかし一九七九年からの「新冷戦」は、長くはつづかなかった。一九八〇年代なかば以降、米ソ関係は急速に改善されていった。よく知られているように、ソ連に新しい指導者ゴルバチョフが登場し、改革政策を打ちだすようになったのである。このことから、緊張関係は急速に解けていった。

ここで留意すべきは、そうした米ソ関係の改善に、レーガンの政策の変化もまた貢献していたことである。一九八四年一月一六日に各国に放映されたテレビ演説は、レーガンの対ソ政策の変化を宣言するものとなった。この演説でレーガンは米ソ関係にふれ、ソ連批判の常套句であった「冒険主義」や「膨脹主義」といった表現に代えて、「共通の利益」の強調をおこない、「封じ込め」に代えて協力と対話の重要性を説き、軍拡に代えて軍備管理の必要性を訴えた。そしてこの演説を契機に、レーガンの対ソ姿勢はいっかんしてより和解的なものに変化して二期目にはいるのである。

「新冷戦」から冷戦終結へとつながった米ソ和解の動きの背景として、ゴルバチョフの役割がクローズアップされ、レーガンの役割は受動的であったという理解がしばしばなされている。しかしレーガンの対ソ政策の変化は、ゴルバチョフの書記長就任前のことであった。冷戦終結というゴールに向けて「ゴルバチョフがボールをとって走ったのは間違いないが、ボールを投げいれたのはレーガン大統領だった」という評価もけっして的はずれとはいえない。

ソ連ブロックの動揺——◆

デタントを利用して軍拡をおこない「新冷戦」に直面したソ連であったが、ソ連・東欧ブロックは経済問題を中心に内側から腐食がはじまっていた。そのことを象徴的に示したのが、一九八〇年のポーランドにおける「連帯」運動の勃発であった。

一九七〇年代前半にポーランドは、デタントの波に乗って「小さな奇跡」と呼ばれる経済成長を果たした。しかしもっぱら西側の資金頼りであったため、二度の石油ショックにより西側経済が不況に陥ると、たちまち対外債務が膨らんだ。財政健全化のためにポーランド政府が一九八〇年に基礎的食料品の値上げを発表すると、労働者は反発し、各地でデモやストライキが頻発した。このストライキが全国的に拡大したとき、これを組織化してやがて政府との交渉をおこなうようになったのが、グダインスクのレーニン造船所の電気工であったL・ワレサ率いる自由労組「連帯」であった。「連帯」は、一九七〇年代後半に、CSCEの流れを受けて、労働者の権利を擁護するために結成された「KOR（労働者擁護委員会）」をその母体としながら、知識人と労働者を結びつけるかたちで拡大した。敬虔なカトリック教徒の多いポーランドにあっては、S・ヴィシンスキ枢機卿の巧みな指導のもとで、教会もこの知識人と労働者の運動を支援したことが、のちの「連帯」の発展のおおきな力となった。

「連帯」は一九八〇年八月に、社会主義国では画期的な政労合意「グダインスク合意」をとりつけた。しかしここには食肉値上げの撤回や賃上げなどの経済的要求のほか、自由労組結成承認、ストライキ権承認、検閲の緩和、経済政策への発言権確保、出版・言論の自由など、政治的要求も掲げられていた。この合意は、いわば経済的な要求達成の見返りに、共産党政権の存在を黙認するものであった。これ以降、「連帯」は、政府との合意を守ろうとするワレサを中心とする穏健な勢力と、より急進的な政治的要求を掲げる勢力とに分裂し、国内政治経済は混迷を極めた。

そうしたなか、一九八一年一二月一三日、首相兼国防相で党第一書記でもあったW・W・ヤルゼルスキ将軍は、非常事態宣言（戒厳令）を布告し、ワレサなど「連帯」の主な幹部を逮捕・拘束、みずからは救国軍事評議会議長に就任して事態を沈静化した。

ヤルゼルスキはのちに回想録で、この措置がソ連の直接介入を防ぐために必要だったとして正当化した。しかしこんにち明らかになっているところでは、アフガニスタンに侵攻して泥沼に陥っていたソ連には、もはやポーランドに介入をおこなう余力はなかった。ここには、介入のためのコストおよびその後に予想される西側の経済制裁によるコストが、ソ連ブロック崩壊のリスクを上回っているとの判断があった。

これはソ連ブロックの弱さのあらわれであった。そもそも「連帯」が一六カ月もの長きにわたって活動しえたのも、ポーランド共産党の統治能力の低下と、その後ろ盾となるべきソ連のブロック管理能力の低下のためであった。ソ連ブロックは確実に蝕まれていた。

SECTION 2

統合への底流

「ユーロミサイル」問題の波紋

ＮＡＴＯは一九六〇年代後半以降デタントを推進していたが、その一方で、ソ連と東欧諸国の軍事的増強がつづき、欧州では通常兵力を中心に東西間の軍事力格差がしだいに拡大しつつあるとの認識をもちつづけていた。ＮＡＴＯ参加の欧州諸国の懸念を決定的に高める契機となったのが、一九七七年にソ連が配備をはじめた中距離核ミサイルＳＳ20である。ＳＳ20は射程五〇〇〇キロメートル、ソ連本土から西欧全域を攻撃できる能力をもちながら米ソＳＡＬＴ交渉と規制の対象外となっていた。そのため、米ソ両国が軍備管理と核抑止によって戦争の危険から解放される反面、欧州には東側優位の通常兵力と新たに配備のはじまったソ連のＳＳ20ミサイルの脅威が管理されることなくとり残される結果となることに、西欧諸国の危機感が高まったのである。

欧州の安全保障上の均衡が崩れることは、東西冷戦の最前線たる西独にとっておおきな脅威であった。ひとたび戦争がはじまれば、壁を隔てた「同胞」が戦いあうことになるばかりか、主戦場たるドイツ全土が甚大な被害をこうむることが明白だったからである。また、英国やフランスとちがって独自の核戦力をもたず、自国の防衛を全面的に米国の核抑止力に依存していた西独では、欧州における軍事的均衡が東側有利に傾くなかでソ連が自国へ軍事侵攻してきた場合、米国は自国が核攻撃を受けるリスクをおかしてまでも西独防衛のために対ソ核報復にでるだろうか、との疑念が根強かった。こうした危機感を背景にH・シュミット首相は、一九七七年、欧州における中距離核ミサイルと通常戦力も軍備管理の対象とするよう訴えた。これを受けたNATOも、一九七九年、欧州に生じた東西間のミサイル・ギャップを埋めるためとして、八三年までに欧州の中距離核の制限に関する米ソ交渉にソ連が応じなければ、SS20に対抗する米国の中距離核ミサイル、パーシングⅡと地上発射巡航ミサイルを配備することを決定する（NATO二重決定）。NATOのこの決定は、欧州における東西対立を決定的なものとし、二週間後のソ連によるアフガニスタン軍事侵攻とともに本格的な「新冷戦」開始への契機となったのである。

ユーロミサイル問題の波紋は、たんに東西関係にとどまらなかった。とりわけ東西対立の最前線としてパーシングⅡミサイルの配備が想定されていた西独では、NATOの二重決定に重要な役割を果たしたシュミット首相への批判が急速に高まった。シュミットは、NATOの二重決定が欧州における軍備管理交渉をはじめるための手段にすぎないと考えていたが、国際情勢が緊張の度合いを高めつつあるなかでのNATOの決定は、むしろ軍拡をあおるものとみなされたのである。パーシングⅡの配備阻止をめざして生まれ、戦後西独最大の市民運動に発展した反核平和の大規模デモ活動が各地でもりあがるなか、シュミットは、出身政党SPD（社会民主党）内でも孤立を深めた。外交政策ばかりではなく一九七九年の石油危機を契機に経済運営に関しても左傾化するSPDに危機感をいだいた連立パートナーF

DP(自由民主党)もしだいにシュミットからの離反を強め、八二年にはついにCDU/CSU(キリスト教民主・社会同盟)への連立くみかえを決める。シュミットに代わって首相に就任したのはH・コールであった。FDPの連立転換理由には、経済政策とともに「NATO二重決定への支持」があげられていた。W・ブラントを引き継いだシュミット政権は、国際状況が急激に変化するなか「ユーロミサイル問題」という「新冷戦」の開始を象徴する課題に直面して崩壊したのである。

両独社会、変化の新潮流——◆

デタントの頂点から「新冷戦」にいたる一九七〇年代後半から八〇年代への移行期は、こうした国際的な潮流の変化と密接にかかわるかたちで、東西両ドイツの内部で、静かな、しかしおおきな変化への潮流が生まれた時代でもあった。この時代に醸成された新しい流れは、一九八〇年代初頭の米ソ「新冷戦」への移行にもかかわらず底流として成長をつづけ、八五年にソ連にゴルバチョフが登場してふたたび国際情勢が変動への契機をつかんだとき、いっきに顕在化することになる。

第一の潮流は、一九八三年のNATO中距離核ミサイルの配備開始によってソ連がINF(中距離核戦力)、START(戦略兵器削減交渉/条約)といった軍縮交渉を打ちきるなど米ソ間の緊張が緊迫化する一方で、東西ドイツ間では東方政策によって開始され七〇年代に深まった双方の交流が継続されたことである。コール新政権は一九八三年のパーシングⅡミサイルの西独配備を決定・実施したにもかかわらず、両ドイツ政府とも相互関係の改善に向けた意思は強かった。

両者の対話は、一九八七年にE・ホーネッカーの初の西独正式訪問に結実するが、これ以降、両ドイツ間の交流はその規模と範囲を急ピッチで拡大する。両ドイツ間で姉妹都市協定を結ぶ都市の数が増大し、東西の政治家の相互訪問がつづいた。経済的にも東西間の交流が拡大し、一九八三年上半期に西独の対東輸出は前年比二六％の伸びをみせた。また、一九八三年から八四年にかけて西独は、東独に対し二〇億マルクあまりの巨額の政府借款を与えたばかりではなく、民間銀行も一九八四、八五年と三六億マルクもの融資をおこなうなど経済関係が拡大した。さらに、東独市民の西独訪問許可要件が大幅に緩和されて、これまでの年金生活者や親族の葬儀など以外の理由でも旅行が許されるようになると、一般市民の壁を越えた相互訪問が飛躍的に増大をみせ、多くの若者が西独を訪問した。「新冷戦」が深まるなかで登場したコール保守政権下でも、一九七〇年代以降の東方政策の成果は放棄されることなく、むしろひろがったのである。

第二の潮流は、デタントと「新冷戦」への移行が平和運動や人権擁護組織などの市民運動を両ドイツ国内で活性化させたことである。ＮＡＴＯが二重決定をおこなった一九七九年以降、アムステルダムなど欧州各地で平和運動がもりあがりをみせていたが、ＮＡＴＯ防衛の最前線としてパーシングⅡミサイルの配備を予定していた西独での平和運動のもりあがりには目を見張るものがあった。一九八一年一〇月にはボンで「核兵器のない欧州」を求める三〇万人規模のデモが実現し、八二年春にミサイル配備開始を決める連邦議会の審議がはじまると、恒例となった復活祭デモは全ドイツで六五万人に達した。

こうした反ミサイル・デモ活動は、一九八三年一一月に実際に配備がはじまるとその勢いを急速に失うが、この時期の平和運動のもりあがりは、八三年の連邦議会選挙で平和運動をひとつの母体とする緑の党の連邦議会への初進出に貢献する。緑の党は、平和運動ばかりではなく反原発・環境保護運動や人権活動家、女性運動や住民活動などさまざまな市民運動の潮流をたばねた政党であった。こうした市民運動は、一九七〇年代におけるブラントの東方政策と国内の改革政治によって力を得、また「反ユーロミサイル」という争点によって勢いづけられたものだった。西独はデタントと「新冷戦」への移行を通じて「緑の党」という市民運動を母体とする政党を得、党が代表した社会の新しい潮流はその後のドイツ政治・外交の展開に無視できない影響を与えることになる。

また、西独にみられたような市民運動の活性化は、これに呼応するかたちでこの時期東独でもみられた。一九七〇年代以降、教会の庇護のもとに数多くの在野組織が活動していたが、八二年以降ライプチヒのニコライ協会ではじまった日曜の「平和の祈り」集会は、規模こそ小さいものの東西間の緊張激化をその契機としたものであった。東西ドイツは、米ソ対立が緊張の度合いを高めるにつれて、分断国家としてともに東西冷戦の最前線に立つという現実を共有していたのであった。一九八五年一〇月には同じく教会の庇護のもと、のちの東独民主化で一躍有名になった市民組織「平和と人権のためのイニシアティヴ」もその活動を開始した。こうした在野組織の多くは、ユーロデタントの頂点でもあり東独でも正式に公表されたCSCEヘルシンキ最終議定書の人権条項に組織の主張と活動の正統性をみいだしていた。東独でもまた、デタントの成果と「新冷戦」への移行は、市民運動を生みだし、またその活動に養分を与えつづけたのであった。

第三の潮流は、米ソ間の対立が激化するなかで、米ソ関係に左右されない「欧州」という独自の地位が浮上したことである。そもそも、東西間の安全保障上の均衡が崩壊することに対するシュミットの危惧やユーロミサイル配備に反対する平和運動の欧州大でのもりあがりは、米ソ両大国関係の移り変わりに欧州が左右されることへの欧州独自の反応とみることもできる。コール保守政権ですら対東独関係を拡大させたし、INF後の短距離核戦略の近代化問題では近代化を求める米英との溝も深めた。また、政府責任から解放されたSPDはいっそう「欧州の独立性」を主張して、より活発な東独交流を進めた。一連の動きは、冷戦と東西対立の象徴でもある東西ドイツが、双方の死活的な利益である欧州の安全を両ドイツの自主性において現実的に確保しようとする意図のあらわれであった。

統合へ進む欧州——◆

冷戦構造の終焉と欧州の劇的な変化へのひとつの底流となった「欧州」の独自性は、欧州統合の進展というかたちでも示された。東西のブロック間関係が、一〇年つづいたデタントから「新冷戦」へとその基軸を移しつつあった一九八〇年代はじめまでに、西欧各国間の政治経済的な協力体制はEC（欧州共同体）を中心に着実に進展をみせていた。ECはこの時期までに、仏・独・ベルギー・オランダ・ルクセンブルク・伊の原加盟六カ国に加え、一九七三年に英国・アイルランド・デンマークを、八一年にはギリシャを加えて一〇カ国に拡大していた。また、欧州理事会の創設（一九七四年）、第一回欧州議会直接選挙の実施（七九年）などの機構改革に加え、EMS（欧州通貨制度）の発足（七九年）による各国為替相場の共同管理を実現していた。そもそも、マーシャル・プランを契機に東欧が鉄のカーテンで遮断されるなか、西欧だけの統合として出発したＥＣは、東西の軍事ブロック間関係の動向には左右されない独自の論理で着実に発展してきたのである。

しかし、ＥＣが一定の成果をおさめる一方で、一九七〇年代にはいってさらなる統合への勢いが停滞しはじめたことも事実であった。欧州の復興と独仏を中心とする各国の和解といった統合の初期の中心的な目的が達成されたばかりではなく、一九七一年のドル・ショック、七三年の第一次石油ショックを契機に停滞をはじめた世界経済が各国経済に与えた影響は深刻で、統合への推進力を削いだ。一九七二年のパリ首脳会談で各国首脳は、「七〇年代の終わりまでに加盟国間の複合的なすべての関係を欧州連合へと転換する」と宣言して、これまでの成果を超えた通貨同盟の実現、政治外交分野や社会分野においても欧州共通の活動をいっそう拡大する意思を示したが、その後この目標を達成するためのさまざまな構想や計画が発表されたにもかかわらず、目標達成の期限であった一九七〇年代の終わりまでに具体的な成果へとつなげることはできなかった。一九八〇年代にはいって、日本や米国が技術のハイテク化や省エネ化を通じてふたたび経済成長への足がかりをつかみはじめたにもかかわらず、欧州各国の「停滞の七〇年代」からの立ち直りは鈍かった。各国は国内経済の立て直しに没頭し、また加盟国の非関税障壁が共同市場の円滑な発展を阻害していた。この時期「ユーロペシミズム」の風潮が各国にひろがったのである。

こうした危機感のなかで、フランスとドイツの強い支持を受けて欧州委員会委員長に就任したのが

COLUMN ユーロがドイツ人にもたらした頭痛

欧州統合の証しは二〇〇二年一月一日、ついにドイツ人の財布にまで届く。この日の零時を期して新ユーロ紙幣と硬貨が一般に流通をはじめたのである。ドイツ各地では、二四時間稼動する銀行のATMの前にユーロ紙幣を手にしようと人だかりができていた。しかしこのとき、花火と爆竹にビールが加わって正月気分に浮かれた人々に、ちかく軽い頭痛が襲うことまでは、まだ誰も予測できなかっただろう。

ユーロの導入がドイツ人にもたらした頭痛の原因——それはチップの支払い問題だ。たとえば、独マルク時代、ベルリンのコーヒーの相場は二マルク五〇ペニヒ、喫茶店で腰をおろして飲んだ場合には、これに五〇ペニヒ程度のチップを加え三マルク支払う、というのがふつうの習慣だった。ユーロの導入によって一ユーロ＝約二マルクとなった現在、ベルリンでのコーヒー一杯の値段は一ユーロ五〇セントが相場である。さて、ここでチップをいくら払うのかが大問題となる。これまでのやり方を踏襲してコーヒー代に五〇セントのチップを加えて二ユーロを支払うのなら、従業員にスマートな対応ができるというものだ。しかし、実際のところ五〇セントとは一マルクのことである。これはマルク時代の倍だ。ユーロの導入とともに便乗値上げをされたうえに、これまでの倍ものチップを払わされるのではかなわない。だからといって、チップ二五セントを加えた一ユーロ七五セントの支払いというのは、いくらなんでも半端すぎてケチな印象をともなってしまう。どうすればいいのか？多くのドイツ人はおそらく、二〇〇二年のはじめに同じ問題に直面したはずだ。時間とともにドイツ人も、ユーロ導入とともにやってきた頭痛の種を解消する解決策をみいだしていくのだろうが、ドイツ人がチップに対して寛大になってこれまでの倍を支払うようになるのか、それともセント硬貨での支払いにつきまとうケチな印象に慣れてしまうのか、関心のあるところだ。

J・ドロールであった。ドロールは一九八四年に委員長に就任すると、政治や社会分野までも含むより広範な欧州連合の実現の前段階として完全に自由な域内市場の実現を構想し、就任翌年の八五年にはその具体策として「域内市場白書」を閣僚理事会に提出して承認される。この白書は、一九八六年にECに参加したポルトガルとスペインを含む全一二カ国が、域内単一市場を妨げる規制や非関税障壁を撤廃し、九二年末までに市場統合を完成させるというものであった。

ドロールはこうした市場統合への各国のとりくみを促すため、さらにECの政策決定過程を効率化し権限を強化するための機構改革にものりだす。ドロールの方針は、特定の加盟国が全会一致を原則とする閣僚理事会において事実上の拒否権を行使できたこれまでの状況をあらため、理事会に多数決制を導入して権限を強化するとともに、政策決定過程の民主化を進めるために欧州議会の権限を拡大するというものであった。この方針は、一九八六年に単一欧州議定書の調印というかたちで結実する。ECのもつ権限を拡大し、単一で自由な大市場による流通の活発化と企業間競争の促進を通じて欧州経済の再生をはかる、というドロールのシナリオは順調に進み、期限である一九九二年末には域内市場統合が完成した。

こうして一九八〇年代なかばからいっきに進んだ市場統合への勢いは、八〇年代前半の沈滞ムードを一掃するとともに、欧州統合をふたたび活性化させることに成功する。市場統合の成功はマーストリヒト条約によるEU（欧州連合）成立（一九九二年）と通貨同盟実現という欧州統合の新たな段階への決定的な推進力となった。そしてこのプロセスは、一九八九年の「ベルリンの壁」崩壊に象徴される東西ブロック間関係の大転換によって、もうひとつの統合、すなわちドイツ統一と連動しつつ進行することになるのである。

SECTION 3 冷戦構造の地殻変動

◆ゴルバチョフ登場

一九八五年三月一一日、五四歳のゴルバチョフがソ連書記長に選出された。一八年以上君臨したブレジネフが一九八二年に死去して以来、アンドロポフ（一九八四年二月死去）、チェルネンコ（八五年三月死去）と病弱の老指導者による短命政権がつづいた後の、久々の本格的政権の誕生であった。

ゴルバチョフは対外的には清新な新しい指導者の印象を与えたが、内政面では経済危機というむずかしい問題をかかえていた。ソ連経済は第二次世界大戦直後から一九六〇年代くらいまでは、将来に期待をもたせる実績をあげていた。戦後の荒廃から復興を演ずるには、国家主導の経済運営が必要だったのである。ソ連政府は消費物資生産よりも工業化に重点をおいた経済運営をおこない、一九五〇年にはすでに工業生産高の水準が戦前を上回り、その後の十数年間、急速な成長をとげた。

しかし一九七五年を過ぎると経済状態は劇的に悪化し、成長率も急激に落ちこんだ。一九八〇年代にはいってからの経済危機は深刻で、この七〇年代からの一五年間で国民所得の伸び率は半分以下になった。問題は、労働者の生産性低下、ハイテクの研究・開発の遅れ、官僚制の硬直性・非能率、軍拡による軍事コストの増大などであった。

ゴルバチョフが最初に示した政策は、国内政策においては積極的な投資による経済発展の「ウスコレーニエ（加速化）」戦略、科学技術革命の推進、そして禁酒令などに代表される労働規律の強化、および人事刷新や行政改革などであった。しかしソ連経済は、規律引き締めや士気の鼓舞といった使い古された小手先の手法ではまったく回復せず、社会主義システムじたいに手をふれることなくしては、もはやどうにもならないところまできていた。

そこでゴルバチョフは、企業活動の大幅な自由化などを含む本格的な経済改革という意味で「ペレストロイカ（建て直し）」を一九八六年ごろからさかんに提唱しはじめた。しかしゴルバチョフがめざしたのはあくまで社会主義の建て直しであり、体制内改革であって、その出発点は「レーニンの原則」に戻るということでしかなかった。市場主義経済を部分的に導入するゴルバチョフの経済改革のモデルは、ロシア革命直後のレーニンによる「新経済政策（ネップ）」にほかならなかったのである。同時に経済システムの改善のためには政治行政的な改革も不可欠であるとして、「グラスノスチ（情報公開）」も打ちだされた。

そもそもゴルバチョフは、一九八五年の党中央委員会総会での事実上の就任演説で「グラスノスチ」拡大の必要性に言及していた。これはマスメディアなどを中心とした下からの監視と批判により、腐敗しきった無能な中堅幹部層や特権的な地位を築いて改革に非協力的な指導層と闘うため、一般市民を味方につけようとしたものであった。

グラスノスチの必要性は、翌一九八六年四月に発生したチェルノブイリ原子力発電所の炉心爆発事故で露呈された。事故の詳細が明らかにされないまま疎開を強いられ、不安な日々を過ごした一三万人以上の周辺住民の怒りは、ソ連の旧態依然とした秘密主義への大きな批判につながったのである。

しかしグラスノスチはいったんはじめられると、体制を建て直すためのたんなる道具では終わらず、独り歩きをはじめた。たしかにグラスノスチによってマスメディアは辛辣に党を批判し、幹部職員らは世論に耳を貸さないわけにはいかなくなったので、党の浄化と活性化という意味ではおおきな働きをなしたといえよう。しかし同時にグラスノスチは、一般大衆の党に対する不信感をも生みだした。これは党にとって危険であった。また不信の矢面は、やがて「社会主義体制の現状」から「社会主義そのもの」に移り、スターリン批判のみならずレーニンに対する批判にまで及んだので、社会主義の改革をめざしていたゴルバチョフにとってはおおきな誤算となった。

転換点としての一九八七年——◆

ゴルバチョフの改革は、一九八七年にひとつの転機をむかえた。ゴルバチョフ自身、同年一一月二日のロシア革命七〇周年記念式典演説において「ペレストロイカの第一段階は基本的に終了した」と述べているように、より大胆な改革に着手したのである。

最初の大胆な改革は、それまであまり手がつけられていなかった政治改革で、とくに党内の政治行政改革と民主化であった。一九八七年一月のソ連共産党中央委員会総会において、党による官僚支配の絶対性を掘り崩す目的で、民主化路線が採択された。具体的には、党内各レベルでの選挙における複数立候補制や秘密投票制であった。この民主化路線は、ソ連の脱社会主義化プロセスの第一歩であった。なぜなら複数立候補制と秘密投票は、論理的にはやがて複数政党制選挙に連なるものだったからである。共産党の鉄の規律は、ここからじょじょに崩れだしていくのである。

一方、外交面での改革は、人事の入れ替えからはじまった。一九八五年七月、スターリン時代から長きにわたって外務省を支配し、主張を簡単には譲らない忍耐強い交渉姿勢のため西側の外交筋から「ミスター・ニェット」と称されていたグロムイコが、最高会議幹部会議長に祭りあげられ、後任にグルジアの改革派シェワルナゼが就任した。さらにA・ヤコブレフやG・アルバートフのような西側との交流経験のある人材の登用がはじまり、外交からイデオロギー色を薄める努力がはじまった。

そのうえでゴルバチョフは一九八七年二月、国際フォーラム「核のない世界と人類の生存のために」において演説をおこなった。ここでかれは、核による破局という事態は資本家のみならずプロレタリア社会主義者をも破滅させる、したがって核の破局の阻止という全人類的利益のほうが階級利益より重要である、とのテーゼを示した。これが「新思考外交」として知られるようになる新しい外交戦略のはじまりとなった。階級的価値ではなく全人類的価値の強調により、ゴルバチョフはソ連の外交からイデオロギー的要素を拭いさろうとしたのである。ゴルバチョフは、「もはや世界をふたつの色彩で、黒と白または赤と白だけで描くことはできない」として新思考外交の現実主義的姿勢を明らかにした。そのおおきな成果は、一九八八年五月一五日に開始されたアフガニスタンからのソ連軍撤退であった（八九年二月撤退完了)。

東欧との関係でみると、重大なふたつの変化があった。第一に、ゴルバチョフはソ連同様、東欧でも経済改革のみならず政治改革を容認する方向へ傾いた。逆にいえば政治改革をまったくともなわない経済改革にゴルバチョフは懐疑的になったといえる。第二に、政治的な問題の解決に際して、軍事力の利用はしないという決断をおこなった。これは「ブレジネフ・ドクトリン」の事実上の否定であった。こうした改革の方向は、東独やチェコスロヴァキアなど、自国の体制については頑迷なまでに保守的であった政権にとって、弔鐘となった。

政治的な改革に踏みこんだこと、対外関係の論理の見直しに踏みこんだことにくらべると、経済改革の進展は思わしくなかった。一九八五年からはじまった経済改革は、必要性が声高に叫ばれたにもかかわらず、その内実は比較的穏健な修正主義でしかなかった。しかしここでも一九八七年から、やや急進的改革がはじまった。たとえば同年制定の国有企業法は、中央による生産割り当てをじょじょに減らすことを求めるものであった。いっけん地味なこの法案は、その論理的帰結として最終的に一九九一年七月一日にゴスプラン(国家計画委員会)、ゴススナブ(国家供給委員会)の解体をもたらした。これは指令型計画経済の解体プロセスのクライマックスを意味した。こうして資本の私有化が進み、社会主義体制は崩壊に向かったのである。

軍事・安全保障面でも、一九八七年には画期的な条約が締結された。欧州諸国に脅威を与えていたＩＮＦの削減交渉が、最終的に合意に達したのである。一九八三年の米国による西欧へのＩＮＦ配備開始以来、中断されていたＩＮＦ削減交渉は、八五年三月から戦略核、宇宙兵器を含めた包括交渉としてジュネーヴで再開していた。

この新たにはじめられた交渉の特徴は、ゴルバチョフの譲歩姿勢であった。ゴルバチョフにとってＩＮＦ問題とは、たんに特定の射程距離をもつ核ミサイルの保有制限というレベルのことではなかった。核ミサイルによる軍拡競争を少しでも中止し、それによって軍事コストを抑えて、その分の貴重な資源を経済改革にまわすという国内経済の投資と資源配分の問題であった。経済改革が困難な状況に直面しているだけに、ゴルバチョフはこれまでにくらべると大胆な譲歩によって、合意成立を試みた。

具体的にゴルバチョフは、ＩＮＦをめぐる、それまでの争点のほとんどすべてについて譲歩姿勢を示した。たとえば欧州部でのＩＮＦ全廃に合意し、査察についても米国の主張する厳格な査察、とりわけ現地査察に合意、英仏のミサイルを削減に含めないことにも合意した。そのうえソ連として最後までこだわっていたＳＤＩの研究・開発中止要求についても、ＩＮＦ問題とリンクさせることをゴルバチョフがあきらめたので、ついにＩＮＦを全廃させることで合意が成立した。

一九八七年一二月八日、レーガンとゴルバチョフはワシントンで米ソＩＮＦ全廃条約に調印した。レーガンが述べたように、この条約によって「史上はじめて、『軍備管理』という言葉が『軍備縮小』におき換えられた」のであった。米ソ両国は、すべての中距離核戦力（米国の地上発射巡航ミサイル、パーシングⅠおよびⅡ型弾道ミサイル、ソ連のＳＳ４、ＳＳ５、ＳＳ12、ＳＳ20）の解体を三年間で二段階に分けて実施することを約したのみならず、調印後、二〇〇〇年までに何度かの現地査察を実施することについても合意が成立した（表「ＩＮＦ全廃条約によって廃棄されるミサイル」参照）。

またゴルバチョフは自国が優位に立っている通常兵力についても、一九八六年四月に全欧州における削減交渉をはじめる提案（ＣＦＥ〔欧州通常戦力削減交渉〕）をおこない、一九八七年二月にはＣＦＥの進展を促すため、ソ連軍の兵力を削減して、「合理的十分性」の原則にもとづく純粋に防衛的形態に再構築すると発表した。

INF全廃条約によって廃棄されるミサイル

	発射装置	ミサイル
〈米国/NATO〉		
パーシングⅡ/地上発射巡航ミサイル	282	689
パーシングⅠ	73	150
合　計	355	839
〈ソ　連〉		
SS20	523	650
その他のINF（SS4, SS5, SS12）	91	260
合　計	614	910

出所：Kugler, *op. cit.*, p. 472 より作成。

こうしてゴルバチョフのペレストロイカは、全戦線において攻勢をかけたかにみえた。一九八八年末には、長年の懸案であった中ソ関係も改善の兆しがみられた。毛沢東の死後、一九七〇年代末に鄧小平が実権を握り改革開放路線を進めていた中国は、ゴルバチョフの改革に関心を寄せており、ソ連のアフガニスタン撤退開始を受けて、モスクワで中ソ外相会談が開かれたのである。そして翌一九八九年五月、ゴルバチョフは北京を訪れ、三〇年ぶりの中ソ首脳会談が開かれた。しかしゴルバチョフの訪中は、おりからの政治的民主化を求める学生運動に火をつける結果となった。学生運動を「反革命」と断じた鄧小平は、首都に厳戒令を敷き戦車により弾圧（「天安門事件」）した。中国は同じ改革路線でも、政治改革には踏みこまないという点でソ連との違いを際立たせた。

ゴルバチョフの改革は、それがいかなる青写真にもとづくのかは不透明ではあったものの、改革の規模のおおきさでは確かに例をみないものであった。ところがこれら一連の大改革は、結果的にふたつの「パンドラの箱」を順次、開くことになった。最初に開いたのは東欧諸国の自由化・民主化であり、ついでソ連邦各共和国の民族問題であった。前者はソ連・東欧ブロックの解体をもたらし、後者はソ連そのものの解体をもたらした。

東欧における波紋――◆

一九八七年のゴルバチョフによる改革のための大攻勢は、東欧において波紋をひろげた。ポーランドのヤルゼルスキ以外の東欧の指導者はすべて、二五年以上もの間権力の座にいたため、ゴルバチョフの改革がそれまでの各国の社会主義による「成果」を否定することになるのを懸念した。

東独にとって改革は経済にかぎるべきであった。たしかに東独は、一九七〇年代後半からソ連に警戒されるほど西独との貿易を増やし、西独へ経済的な依存を増やしていた。しかし東独という人工国家の唯一の存在意義は、イデオロギーにあった。したがって社会主義イデオロギーを覆すような改革には、東独指導部はもっとも教条的に反応していた。

チェコスロヴァキアもゴルバチョフ改革には当惑させられていた。そもそもチェコスロヴァキアのG・フサーク率いる指導部は、ゴルバチョフ改革とよく似た体制内改革であった一九六八年の「プラハの春」に対する「正常化」プロセスのなかで誕生した。したがって、「プラハの春」的な改革を認めることは、みずからの権力基盤を突き崩すおそれがあった。

これにくらべるとハンガリーやポーランドは、ゴルバチョフ改革をむしろ追い風として利用した。ハンガリーのJ・カダール政権も、チェコスロヴァキア同様に一九五六年の動乱を踏み台にして誕生した政権であった。しかしハンガリーはこの一九五六年を教訓に政治的改革はあきらめ、経済改革に専念することで一定の成果をおさめてきた。その意味では、経済改革を中心に体制の建て直しをめざすゴルバチョフの新しい路線は、ハンガリーにとって受けいれやすかった。

ポーランドでは一九八三年七月に戒厳令が解除された。ワレサをはじめとする「連帯」の活動家は、それまでにほぼ全員が釈放されたていた。ヤルゼルスキがいかなる政権運営をめざすのかは、やがて明らかになった。それは経済改革の重視であり、閣僚にも党内の改革派を多く登用し、社会主義経済の「上からの」改革をめざすものだった。ゴルバチョフ自身、ヤルゼルスキ将軍の「上からの」経済改革に全面的な支持を与え、さらに政治改革もおこなうよう勧告するほどだった。隣国西独のシュミット元首相がみぬいていたように、ヤルゼルスキは「第一にポーランドの愛国者、第二に将軍、そしてやっと第三番目に共産主義者」だったのである。

さらにヤルゼルスキは、一九八七年一一月には「連帯」の再合法化に踏みきり、翌一九八八年には体制の抜本的改革をめざした「円卓会議」開催を「連帯」指導者らに呼びかけた。こうしてまずポーランドにおいて、多元的民主主義への移行がはじまった。

東欧革命――東欧社会主義体制の崩壊――◆

一九八九年の「東欧革命」はふたつの出来事が導火線となって勃発した。ひとつはポーランドのヤルゼルスキによる「円卓会議」で決まった、上下両院の総選挙だった。

この選挙は新設の上院では完全自由選挙だったものの、国政の最終的決定権をにぎる下院については六五％が共産党を含めた与党グループの全国区リストによる信任投票のかたちで選出されることになっていた。つまり「連帯」が政権をにぎることはないように「円卓会議」で一定の枠がはめられていたのである。しかし一九八九年六月におこなわれた選挙結果は、政府側・野党側双方の予想を超えて、上院では事実上「連帯」が全議席を制圧し、下院でも与党グループが議席の三分の二を確保できなくなった。これはブレジネフ・ドクトリンに対する挑戦であり、共産党が政権から脱落するというみとおしを生みだした。しかしゴルバチョフは動かなかった。最終的に大統領を共産党が、首相を「連帯」がだすというかたちで妥協が成立し、九月に東欧で戦後初の非共産党主導となるT・マゾビエツキ政権が誕生した。

もうひとつの出来事は、ハンガリーとオーストリアの国境で起こった。すでに一九七〇年代から経済の改革をつづけてきたハンガリーでは、一九八八年から自国民に対する出国制限を大幅に緩和し、共産党内部の改革派を中心に自由化路線が推進されていた。そうしたなかで、一九八九年五月下旬、オーストリア＝ハンガリー国境で両国の外相が会合をもち、両国関係のいっそうの緊密化を演出するために、共同で国境の鉄条網を切断する作業をおこなった。これにより両国国民の自由往来が可能となった。これはソ連ブロックに開いた小さな穴であった。しかしまもなく重大な穴になった。ここからオーストリア経由で西独にのがれるべく、大量の東独市民がハンガリーに押しかけたのである。こうしてマグマのようにたまった東独市民の自由を求めるエネルギーは、そのあまりの多さにハンガリー政府が東独との間にヴィザを導入して事実上入国を阻止すると、次にはチェコスロヴァキアに向かい、最後には「ベルリンの壁」に向かうことになる。

他の東欧諸国においても軒並み、政治的多元主義に向けてポーランドと同様のプロセスが開始された。それは政府と在野勢力――ある場合は人権団体であり、ある場合は環境保護団体であったりした――との「円卓会議」をへて暫定的政権を樹立し、その後に自由選挙の洗礼をへて正統性を有した新政府を樹立するというものであった。

ポーランドとほぼ同時にハンガリーでも一九八九年はじめより複数政党制への動きが開始され、六月には円卓会議が開催された。これを受けて一九九〇年三月から四月に自由選挙が実施され、非共産党政権が成立した。

東欧でもっとも保守的とみられていたチェコスロヴァキアにおいても、一九八九年一一月には民主化要求のデモが連日のようにみられるようになった。やがてハヴェルら「憲章七七」運動のグループが中心となり「市民フォーラム」が結成され、政権側との間に円卓会議が開催された。円卓会議の合意にもとづき一二月には共産党員が少数派となった新しい内閣が誕生し、ハヴェルが大統領に選出された。

東欧の指導者のなかでもっとも長く権力にあったブルガリアの共産党書記長ジフコフも、一九八九年一一月、「ベルリンの壁」が崩壊した翌日に辞任した。翌一九九〇年一月には共産党と野党勢力、環境保護団体などの市民グループによる円卓会議が開催され、六月の総選挙実施など一連の民主化過程について合意がなされた。

東欧の民主化がほとんど無血革命となったのに対して、チャウシェスクが独裁的な体制をしいていたルーマニアでは、一九八九年一二月にティミショアラでハンガリー系住民に対する迫害を契機にデモが発生、またたくまに他の都市に波及した。やがて軍もチャウシェスク政権打倒支持を明らかにするなか

COLUMN よみがえるハプスブルクの智恵

一九八九年五月二日のオーストリア＝ハンガリー国境における鉄条網と警報装置の解体は、文字通り「鉄のカーテン」撤去のはじまりであった。これを報道で知った東独市民は、夏のバカンス・シーズンにあわせて大挙してハンガリーへやってきた。八月までに約二〇万の東独市民がハンガリーに押し寄せ、そのまま西側へ脱出できることを期待して残留した。そうしたおりに、ハプスブルク家末裔で「汎欧州運動」で知られる欧州議会議員オットー・フォン・ハプスブルクが、オーストリア＝ハンガリー国境で平和集会を企画した。国境開放を祝うこの集会のさなかに、集まった五〇〇人の東独市民を、そのままハンガリー側からオーストリア側に逃がした。これはハプスブルクの「汎欧州運動」の精神が、冷戦の東西分断を乗り越えた瞬間だった。これを契機に東独市民の自由へのマグマが噴流しはじめ、やがて「ベルリンの壁」に向かったのであった。

で、逃亡を試みたチャウシェスク夫妻は逮捕されたのちに、特別軍事法廷にて死刑を宣告され、即時、刑が執行された。

ソ連はこうした中・東欧における事態の急激な変化を静観した。ゴルバチョフは一九八八年一二月の国連総会演説でも、国民が自由に政治社会システムを選ぶ権利があることを明言しており、ブレジネフ・ドクトリンは事実上、放棄されていたのだった。

しかし中・東欧各国の新指導部は、いぜんとして駐留ソ連軍を自国内にかかえていたうえ、ソ連軍部や保守派が相当、ゴルバチョフに圧力をかけているという点からみても、ソ連をいたずらに刺激しないよう、慎重にふるまった。ポーランド初の自由選挙で非共産党勢力が大統領を共産党側に渡したのは、ソ連の意図に対する疑念を反映したアプローチであった。

SECTION 4 ドイツ統一——変容するブロック間関係

東欧諸国の体制変革が進み、ソ連がこうした動きにブレジネフ・ドクトリンの放棄と民族の自己決定を認めることでこたえるなか、国際的な注目を浴びたのが東独の動向であった。ハンガリーやポーランドなどと異なり、東独の体制変革とドイツ民族の自己決定は、ドイツ統一というおおきな問題を提起する可能性があったからである。そして、東西対立の最前線たる両ドイツが統一へと踏みだすことは、東西両ブロック間の分断によって築かれてきた戦後欧州秩序の見直しと再構築が避けがたいものになることを意味していた。

壁の崩壊から統一問題へ――◆

東独政府は、東欧各国で民主化が進むなか体制改革を拒否しつづけた。東西対立の解消と体制の開放は、東西分断という現実によって支えられてきた東独体制そのものをあやうくしかねなかったからである。一九八九年五月以降すでにチェコスロヴァキアやハンガリーを経由して西独への脱出を試みる市民が増えつつあったにもかかわらず、政府は八九年六月に天安門での学生デモを武力で鎮圧した中国政府を公然と擁護し、「隣の家が壁紙を張りかえるからといって、自分たちがこれにならう理由はない」と述べて、東欧の潮流から孤立しても、あくまで改革拒否をつらぬく姿勢を明確にしていたのである。

こうした政府の姿勢に対し、東独市民が失望したのは明らかであった。一九八九年九月一〇日、ハンガリー政府が東独市民に対してオーストリアへの出国を認めると、四八時間で一万人もの東独市民が国境を越えた。また、東欧各国の西独大使館に東独市民が逃げこむという事件があいつぐなど市民の脱出がつづいた。しかし東独政府は、市民の脱出に加えてライプチヒやドレスデンなどの大都市で民主化を求めるデモがひろがりつつあった九月末の段階でもなお強硬姿勢を崩さず、不測の事態に備えて軍や治安部隊による武力投入の準備も進められていた。一〇月六日に予定された東独建国四〇周年記念式典へのゴルバチョフの参加が政府の方針転換への転機になるとの期待が裏切られると、デモはいっきに全土へと拡大をみせた。しかし、治安部隊の投入が懸念された一〇月九日のライプチヒのデモで、デモ参加者の多さに圧倒されるかたちで武力介入が断念されると、対話のきっかけをみずから断ってきた体制は「下からの圧力」を前にいっきに自壊をはじめる。一九七一年以降東独の最高権力の座にあったホーネッカーが事実上解任され、E・クレンツがその後任に就いたが、遅すぎた自己改革に手をつけた体制側は、流動化する事態を掌握できないまま、一九八九年一一月九日夕刻、市民の圧力に屈するかたちで「ベルリンの壁」開放に追いこまれたのである。

「ベルリンの壁」が開放されて以降も、東独情勢は安定せず流動化はいっそう進んだ。総選挙を求めるデモがさらなる拡大をみせる一方、一九八九年一一月だけで西側への移住者は一三万人を超え、混乱のなかで東独経済も破局的な様相を示しはじめていた。一党支配体制が放棄された人民議会で新たに首相に任命されたH・モドロウは、一一月一七日、西独からの援助と協力で体制の安定をはかろうと東西両ドイツの「条約共同体」構想を打ちあげる。さきを越されるかたちとなった西独首相コールは、事態が東独主導で進むことをおそれ、二八日の連邦議会で統一問題に関する「一〇項目プログラム」を発表した。これは、モドロウ提案の「条約共同体」にとどまらず、最終的には両ドイツの統一をめざすという大胆な構想であった。コールの「一〇項目プログラム」提案は、外相の合意すらとらない突然のものだったが、いまだドイツ統一が漠然と思い描かれているにすぎないなか、「条約共同体」から「国家連合的構造」をへて「連邦」型の統一へという道筋を明確に示した点で、両ドイツ国内や国際的な世論の一歩先をいくものであった。コール自身統一がただちに実現するとは考えていなかったにもかかわらず、この提案が両ドイツの国内世論を統一へと変化させ、この世論に促されるかたちで国際関係は新たな激動へと導かれることになったのである。

国際問題としてのドイツ統一――◆

コールの「一〇項目プログラム」は、欧州各国の困惑を引き起こした。西側諸国のなかでもっとも強い懸念を表明したのが英国である。サッチャー首相は、東西の異なるブロックに属するふたつの国家の統一が東西秩序を揺るがすことを懸念し、また統一によってドイツが巨大化することに反対していた。フランスも英国の懸念を共有していたが、欧州統合におおきな価値をおくミッテラン大統領は、西独が統一問題を優先するあまり、戦後外交政策の基本であった欧州統合を軽視し、西側から距離をとるようになるのではないかと強くおそれていた。また、東側諸国の困惑もおおきかった。とくにポーランドは、ドイツ統一によってヘルシンキ最終議定書で確認された戦後国境の不可侵性がやぶられることにより、同じく最終議定書で決着をみたはずのポーランド西部国境、オーデル＝ナイセ線の見直し要求がドイツ側からもちだされることを危惧した。

ソ連のドイツ統一反対の立場はさらにきびしいものがあった。ゴルバチョフはコール演説以前から「ふたつのドイツ国家の存在は第二次大戦の帰結である」としてドイツ統一の動きを牽制してきたが、一二月にマルタ島で開催された米ソ首脳会談の席でもドイツ統一問題が急展開することへの警戒の姿勢を崩さず、コール提案が統一を意図的に加速させていると強く批判していた。

こうした各国の懸念は、東西両ドイツが最前線にあってそれぞれのブロック体制に深くくみこまれ、このふたつのブロック間の対立が戦後欧州秩序の安定を支えてきたことを考えれば、当然の反応であった。核戦争の危険や民族の分断をともなったとはいえ、まがりなりにも安定を維持してきたヤルタ体制に代わる欧州の新たな秩序への道筋が示されないまま、ドイツ統一への動きだけがはやいテンポで進むことを各国はおそれたのである。

こうした情勢のなか、米国がドイツ統一にどのような対応をみせるのかが注目された。ブッシュ政権は「一〇項目プログラム」公表以来ドイツ統一に好意的な姿勢を示してきたが、一九八九年一二月四日のＮＡＴＯ首脳会議（ブリュッセル）においてはじめてドイツ統一に対する米国政府の姿勢を具体的かつ明確に示す。まず、ドイツに対し自決権を根拠に統一への支持を表明する一方、その条件として統一ドイツのＮＡＴＯ残留とＥＣ統合の強化を強く求めた。とりわけ統一ドイツのＮＡＴＯ残留は、西独を西側の安全保障のなかにしっかりとくみこんだ体制が、ドイツ統一後にあっても存続することを明確にドイツ統一への指針としたものであり、パリやロンドンの懸念に配慮したものであった。他方でポーランドやソ連に対しても、ドイツ統一が平和的で段階的なプロセスをへて実現することを保証し、ドイツが連合国の法的責任と役割を尊重すること、そしてヘルシンキ最終議定書が規定する国境の不可侵性を遵守することを条件として示した。米国は、西側諸国ばかりではなくポーランドの懸念にも理解を示し、とりわけソ連に対しては、欧州の安定を最優先する姿勢を示してその立場への配慮を忘れなかったのである。

さらに、ドイツ統一をめぐる争点と並行して、ドイツ問題をどのような枠組みで協議すべきかという点をめぐっても意見が対立した。欧州各国からの懸念がひろがるなかソ連は、統一問題をドイツぬきで米英仏ソ戦勝四カ国の協議事項とすることを提案した。第二次大戦で勝利した連合国は、戦後のベルリンとドイツ全体に対して「権利と責任」を保持しており、ドイツの主権は形式的にはいぜんとして四連合国による留保のもとにおかれていたのである。早急なドイツ統一に反対する英国やフランスがソ連提案に賛成する姿勢を一時示したが、こうした動きに対して西独は、民族自決の当事者の権利を無視し、戦勝国が敗戦国に許可を与えるかのように処理するのは時代錯誤であると強く反発していた。

米国はここでも対立の調整にのりだし、東西両ドイツが米英仏ソ戦勝四カ国と協議しつつドイツ統一を完成させるという「二プラス四方式」を提案する。これは、統一の完成にあたっての国内案件については両ドイツ政府の協議に委ねると同時に、統一の外的側面については四カ国に一定の役割を認めるものであった。この方式をめぐっては、一九九〇年二月にカナダのオタワで開かれていたＮＡＴＯとワルシャワ条約機構間の「オープンスカイ交渉」と並行して各国間協議がもたれ、最終的に六カ国の合意にこぎつける。六カ国はさらに、ドイツ問題解決へのプロセスとして、①三月一八日予定の東独人民議会選挙後に両ドイツ政府が統一の内的側面に関する交渉を開始する、②両ドイツ政府の交渉と並行して両国が戦勝四カ国と統一にともなう外的側面に関する協議をおこなう、③「二プラス四交渉」の結果はＣＳＣＥに報告し、ドイツ統一の欧州レベルの正統性を確保する、という三段階をへてドイツ統一にいたることも確認した。ドイツ統一の争点はでそろい、問題解決に向けた交渉枠組みの大枠はこうしてほぼ固まったのである。

内政が促す欧州再編

一九八九年一二月以降、東独国内の状況は急速に統一への速度を高めていた。首相モドロウは、東独の国家としての存続をめざして民主化運動勢力との融和も進めていたが、世論が早期統一を志向し経済が破局的状況を示すなか、政権の行き詰まりは明らかであった。当初一九九〇年五月の予定であった人民議会選挙の三月一八日への繰上げ実施が決まる。

コールにとって、人民議会選挙で早期統一を求める勢力が勝利することは決定的に重要だった。なぜなら、東独で統一に慎重な勢力が勝利をおさめることにでもなれば、コールがこれまで進めてきた統一路線が修正を余儀なくされる可能性があったからである。そのためコールは、早急な統一を支持する勢力の結集を支援して「他国」であるはずの東独の選挙戦に介入し、選挙同盟「ドイツのための同盟」の結成にも直接のりだす。国際的にドイツ問題解決への方向性と枠組みが決定した重要な段階で、コールの今後はまさに人民議会選挙での勝利にかかっていたのである。結果は「ドイツのための同盟」の圧倒的な勝利であった。選挙結果が西独への編入方式での早期統一というコールの路線を支持したことで、ドイツ統一問題でのコールのリーダーシップと発言力は強まることになる。

選挙結果を受け、統一に向けた東西両ドイツ間の交渉はコールの主導権のもと順調に進んだ。一九九〇年四月一二日に発足したL・デメジエールを首班とする東独大連立政府は、発足後ただちに西独加盟方式で統一を実現する方針を示した。そして約一カ月後の五月一八日には、「通貨・経済・社会同盟」に関する国家条約が両ドイツ蔵相によって調印され、正式の国家統一を先どりする両国の幅広い社会・経済統合への道が定まった。

人民議会選挙でドイツの統一が後戻りのできない現実になったことが明らかになると、「一〇項目プログラム」の公表以降ドイツ問題での立場のちがいがめだった西側諸国の間で、ドイツ統一を容認し、「二プラス四」会議に向けて西側の足なみをそろえようとする動きがしだいに強まった。この推進力となったのが、統一ドイツのNATO加盟問題とEC統合問題である。

コールは、ソ連がいっかんして統一ドイツのNATO帰属に強く反対し、「統一かNATO脱退か」を迫るなかでもけっしてドイツのNATO帰属の方針を変えなかった。ドイツのNATOへのくみこみを主張して譲らなかったサッチャーも、一九九〇年三月末のコールとの会談で、ついにドイツ統一支持を明らかにした。またEC統合問題でも、コールはイニシアティヴを発揮する。コールは、すでに一九八九年一二月にストラスブールで開かれたEC首脳会議の席で、それまでの慎重な姿勢を見直して、通貨同盟の促進を議題とする政府間会議の開催に同意していたが、一九九〇年四月には、ECの政治統合を促進するための政府間会議開催をフランスと共同提案する。このふたつの政府間会議は、一九九二年の欧州同盟条約として結実するが、コール政権がド゠ゴール‐アデナウアー以来の「独仏枢軸」によって進んできたEC統合を、ふたたびミッテランとの協調のなかで深化させる決断をしたことは、ドイツが統一後も欧州統合の成果を継承する意思を示すものであった。ミッテランのドイツ統一支持も固まる。

両ドイツ国家間の実質的な統合が進み、またそれに後押しされるかたちでドイツ問題に関する西側の協調体制が整うなか、最大の懸案となったのがソ連との間で合意のみえない統一ドイツのNATO帰属問題であった。この問題は西側諸国の関係を強めた反面、ソ連との関係をむずかしくしたのである。NATO帰属問題でソ連とどう合意するか。ドイツ統一の最終段階で最大の問題が浮上する。

◆――冷戦枠組みの転換――「二プラス四」会議から最終条約へ――◆

ドイツの内的な統一が一九九〇年三月の人民議会選挙後順調に進んだのに対し、外的側面のうち、統一ドイツのNATO帰属問題が進展をみせていないことは、五月五日にボンで開かれた第一回「二プラス四」会議の場で明らかになった。シェワルナゼは、統一ドイツのNATO帰属がソ連の安全保障上の脅威になるとして反対し、六カ国間で早急な合意が得られないなら、この問題を内的側面から切り離して結論を先送りすべきであると主張した。シェワルナゼ提案は、合意が達成されるまでの間統一ドイツには完全な主権が留保されることを意味しており、西独をはじめ各国の同意を得られなかったが、ソ連からNATO帰属問題での譲歩を引きだすには、西側諸国に新たなアプローチが必要であることは明らかであった。ソ連の強硬な姿勢の背景には国内保守派の抵抗があり、ゴルバチョフの権力基盤を強めなければ外交政策の大幅な後退も予想される状況にあった。統一ドイツのNATO帰属を欧州全体の安定につなげ、ドイツがNATOに加盟してもソ連がそれを脅威と感じない国際環境を欧州規模でつくりだす具体的な構想が早急に求められたのである。

一九九〇年六月二二日に東ベルリンで開かれた第二回「二プラス四」会議でも、統一ドイツのNATO帰属問題で具体的な進展はなかったが、この間、関係各国で新たな欧州秩序への模索がしだいに具体化しつつあった。五月三一日からワシントンで開かれた米ソ首脳会談で、G・H・ブッシュ大統領は、NATO帰属問題をソ連の安全保障上の利益と結びつける解決策として、欧州の通常兵力制限やNATO戦略の見直しを含む九項目の打開策を示していた。この時期H・D・ゲンシャー西独外相も、NATO、ワルシャワ条約機構両同盟の間での協定締結による敵対的関係の解消、ドイツ軍の削減と連動した全欧規模の通常兵器削減とCSCE強化などの検討を進め、シェワルナゼと頻繁に会談を重ねていた。NATO諸国の模索は、六月はじめにワルシャワ条約機構が首脳会議を開いて「軍事ブロックという安全保障政策を克服する」ための組織改編を宣言するなど東側の動きによってさらに加速され、七月六日に開催されたNATO首脳会議での「ロンドン宣言」に結実する。この宣言は、NATOが武力による先制攻撃を否定し、ワルシャワ条約機構とともに「われわれはもはや敵ではない」との共同宣言をおこなうことを提言したほか、柔軟対応戦略を修正して核兵器への依存を小さくするなど、核戦略の転換や通常兵力の削減を含む包括的なNATO改編案となった。

こうした展開を受けてゴルバチョフは、一九九〇年七月二日からはじまったソ連共産党大会を無事にのりきったのを機に、ついに統一ドイツのNATO帰属容認に向けて踏みだす。七月一五・一六両日にコーカサス地方スタブロポリで開かれたコールとゴルバチョフの独ソ首脳会談で、両国は統一ドイツの主権の全面的回復とNATO帰属でついに合意に達したのである。ゴルバチョフとコールは、ソ連軍撤退をめぐる諸問題のほか、五〇億マルクにのぼる経済援助などで合意し、統一後に独ソ間で包括的な二国間条約を締結することを約束した。

この直後の七月一七日にパリで開催された第三回「二プラス四」会議では、独ソ合意を受けて正式の最終条約への詰めの協議が順調に進んだ。またこの会議で、ドイツがオーデル＝ナイセ線を最終的な国境として承認することでポーランドと正式合意に達したことは、ドイツ統一の国際的側面がついに最終段階にあることを示した。こうして、一〇月三日に正式なドイツ統一を控えた一九九〇年九月一二日、モスクワで第四回目にして最後の「二プラス四」会議が開かれ、「ドイツに関して合意された諸規定に関する条約」が六カ国外相によって調印される。このいわゆる「最終条約」は、戦勝四カ国がもつドイツおよびベルリンに関する権利と責任の失効を明記し、戦後国境の確定、ドイツ国防軍削減のほか統一ドイツの完全な主権の回復と自由な同盟選択権を定めたばかりではなく、ドイツの統一を可能にした「欧州の分断を克服する歴史的変容」に言及していた。

さらにドイツ統一へのプロセスが戦後欧州秩序の平和的再編を促進したことは、ドイツ統一完成後の一九九〇年一一月一九日から二一日にかけて開催されたCSCEパリ会議で再度確認される。会議では、統一ドイツを含む欧州二二カ国が通常兵器削減で合意したほか、NATO・ワルシャワ条約機構加盟国が相互に敵ではなくパートナーであるとして、欧州の対立と分断の終わりを宣言した「パリ憲章」が採択されたのである。

ドイツがはじめた戦争の戦後処理問題のなかから生まれた欧州の分断は、こうして半世紀をへてふた

COLUMN 東西分断の町 ベルリンのいま

東西を隔てていた壁がとりのぞかれ、統一が実現してから一〇年になるベルリンでは、いまでも分断時代の影をみることができる。旧東地域にあるフンボルト大学には東出身の学生が、旧西地域の自由大学や工科大学には西からの学生が多いといわれているし、東西ではよく読まれている新聞もちがう。東地区には西では売っていないタバコやコーラの銘柄もあるし、東時代のレシピで焼かれたパンはいまでも東地域で人気がある。語彙も微妙に異なっていて、話すことばで出身がわかる場合もある。

統一から一〇年を過ぎても残りつづける東西ベルリンのちがいは、これまでのり越えられるべき課題と考えられることが多かった。学者たちは、なぜいまだに東西のちがいが残りつづけているのかを明らかにしようとしてきたし、政治家は東西の格差の是正を訴え、心の壁をとりのぞくべきだと高らかに演説してきた。また、東地域はいまだに二流扱いをされていると声高に批判する勢力も政治的に無視できない影響力がある。

しかし、日々直面する東西のちがいをのり越えようとするのではなく、それを楽しんでいるベルリン市民たちが多いことも事実である。東地域に住む人が、東独時代のレシピで焼かれたパンにデンマーク製のバターを塗り、毎日東独時代の電車にのって西の職場にでかけ、夜にはチェコ製の自動車で西の繁華街であるクーダム通りを疾走してベルリン・フィルのコンサートにでかけていく、というのもベルリンの日常風景になっている。

政治家や学者が必死になって克服しよう、解明しようとしてきたことが、市民生活ではいとも軽々とのり越えられている。東西のちがいとそれが交じりあう楽しさをベルリン市民は肌で知っているのだ。カフェやクラブ、小劇場やギャラリーなどが立ちならびベルリンでもっとも活気のある地域、ミッテ地区、プレンツラウアーベルク地区、クロイツベルク地区のすべてがベルリンの壁で区切られた東西の隣接地にあることは偶然ではないようである。

たびドイツ統一の過程をへて終焉をむかえた。このドイツ統一が平和的に実現されたこと、さらに欧州統合と矛盾することなくむしろその動きをいっそう進めたこと、そして統一が欧州全体の軍縮と相互信頼を促したことは、東西軍事対立の半世紀間に静かに進んだドイツと欧州の内側からの変容をも示すものであった。

SECTION 5 冷戦の終焉

◆ソ連邦解体

ゴルバチョフは冷戦構造をおおきくゆり動かした。かれのペレストロイカは、当初、東欧の自由化・民主化に先行し、むしろそれらを促した。しかし一九九〇年になってみると、もはや東欧はソ連の状況を飛び越えてしまった。東欧諸国が軒並み議会制民主主義、市場主義経済システムへと移行し、自由選挙の洗礼を受けたあとも、ゴルバチョフは社会主義体制の再生に努力を傾けていたのである。そのうえ、ソ連内の民族問題が爆発の兆しをみせていた。最初の余震はバルト海沿岸地域で発生した。

一九九一年一月、独立の動きを強めていたリトアニアの首都ヴィルニュスにソ連軍空挺部隊が展開し主要な施設を占拠するという事件が起きた。ゴルバチョフが強硬な姿勢にでた背景に、共産党保守派の圧力があったのは想像にかたくない。ゴルバチョフとともに民主化・自由化を推進してきたシェワルナゼ外相が、前年一二月に「軍事独裁」の危険への警告を残して辞任したのは暗示的であった。

しかしこの問題に際してのバルト側の強硬な姿勢と西側の断固とした姿勢、およびエリツィン率いるロシア共和国の猛烈な反発をみたゴルバチョフは、ここにいたってふたたび自由化・民主化路線に立ちもどった。

民族問題の打開案としてゴルバチョフがもちだしたのは、連邦制改編であった。かれは国家枠組みとしての連邦を放棄し、各共和国の主権を前提とした「国家連合」への移行を決意したのであった。これは、連邦制を支える中央集権的な共産党綱領の抜本的改革への着手を意味した。

共産党保守派はこの動きに強く反発した。一九九一年八月一九日、新連邦条約調印予定日の前日、ついにソ連の保守派はクーデターを敢行、首都モスクワの制圧にのりだした。しかしエリツィンが即座にロシアを守る断固とした姿勢を明らかにし、市民を指揮した。軍部もかならずしも一枚岩ではなかった。結局、クーデターはわずか数日で破綻した。これはたんに保守派の敗退のみならず、クーデターに際してなんら力を示すことができなかったゴルバチョフとソ連政府の権威失墜を意味し、同時にエリツィンの指導力とロシア共和国政府の台頭を明らかにした。こうしてエリツィンの強力なリーダーシップのもと、一九九一年一二月にソ連は解体され、議会制民主主義と市場主義経済にもとづく新しいロシア連邦が誕生した。

冷戦は、いつ終わったのか――◆

冷戦のはじまりがそうであったように、冷戦の終わりも、突然やってきたわけではない。戦後に冷戦のはじまりが認識される契機になったのは、第1章でみたように、ソ連による東欧支配の過程であった。東欧支配に際してイデオロギーは強力な武器であった。その意味では、東欧の共産党政権が軒並み倒れた一九八九年なかばから九〇年なかばまでに、冷戦終結の最初の局面があったといえよう。米ソ協調の最後の試みであったヤルタ会談で約束された自由選挙が、四四年たってようやく実施されたのである。

一九八九年五月、ブッシュ大統領はテキサスでの演説において、ソ連に対する封じ込め政策は成果をあげたとしたうえで、「いまや、封じ込めを越えて、一九九〇年代の新しい政策に向けて踏みだすときである。……〔中略〕……世界中で起きている変革およびソ連の内部で起きている変革を視野にいれた新しい政策に移行するときがきたのだ」と高らかに宣言した。この演説は、極秘文書である国家安全保障指令（NSD23）「封じ込めを越えて」の内容を反映しているといわれている。一九四六年のケナン長文電報、クリフォード報告、一九五〇年のNSC（国家安全保障会議）68文書などをとおして形成された「封じ込め」にもとづく米国の対ソ戦略が、このときおおきな節目をむかえたのだ。

ただしここから、ブッシュ政権が一九八九年をもって冷戦終結とみなしていたと考えることは、かならずしも正しくない。ブッシュ政権内部には、なおゴルバチョフの意図に対する疑いが根強く残っていた。B・スコウクロフト大統領補佐官（安全保障担当）は、この時点でなお、ゴルバチョフの目標が社会主義のダイナミズムをとり戻すことだとみており、「一九九〇年までは、私にとってゴルバチョフは潜在的にそれまでのソ連指導者よりも危険であった」と回想している。

欧州分断の凝縮ともいうべきドイツ問題も、その解決は一九九〇年一〇月まで待たなければならなかった。冷戦期に主戦場となることが予想されたドイツの平和的統一こそが、冷戦終結のシンボルであった。さらにドイツの独り歩きを許さないためにも、統一ドイツは引きつづきＮＡＴＯに残留する必要があった。その意味では冷戦終結は、ドイツ統一が成立した一九九〇年一〇月であった。

しかし、いかに東欧各国に非共産党政権が成立し、いかに東独という人工国家が消滅し、いかに米ソ協調が謳いあげられようとも、東欧にとってソ連の存在は、民主化・自由化にとっての不気味な制約要因であった。ソ連では、いつ反動的な政治家が台頭してこないともかぎらなかった。実際、一九九一年夏に勃発したソ連の「八月クーデタ」は、未遂に終わったとはいえ、ソ連共産党・軍部の保守派の存在をあらためて浮かびあがらせた。その意味では、一九九一年七月のワルシャワ条約機構解散、一二月のソ連解体と新しい民主主義ロシア連邦の誕生によって、東欧諸国にようやく本当の冷戦終結が訪れたということもできよう。

冷戦が一九四五年から四七年にかけてじょじょに姿をあらわしたように、一九八九年から九一年にかけて東西対立はじょじょに、しかし確実に解消され、冷戦は終結にいたったのである。

◆冷戦は、なぜ終わったのか——

冷戦がはじまってまもなく冷戦起源論争がはじまったように、冷戦はなぜ終わったかについての論争も、すでに活発におこなわれている。

まず米国外交の勝利だったととらえる見方がある。それによればソ連の崩壊は、米国による封じ込め政策の勝利であり、かつてケナンが予測したように、米国が「辛抱強く、しかも断固とした封じ込め」を継続したことで、ソ連はその共産主義固有の本来的な弱さのために自壊したとみる。よりイデオロギーに着目すると、冷戦は最終的にはふたつの異なる生産様式の競争だったのであり、そこで資本主義の生産力が共産主義を上回ったと考える見方もある。また個人の役割に注意を向け、ちょうど冷戦起源論の正統主義がトルーマンを冷戦の勇士と讃えたように、レーガンの役割を重視する考え方もある。レーガンの力の政策こそが、ソ連を限界にまで追いつめ、米国に最終的な勝利をもたらしたというのである。

こうした見方にまっこうから対立するのが、ゴルバチョフの役割を高く評価する考え方である。それによると、ゴルバチョフが着手した国内外での大胆な改革によりソ連が変化したことこそが、冷戦の恐怖と緊張の悪循環を終わらせたという。米ソ交渉においても、もっぱらソ連側の新思考とそれにもとづく一連の譲歩が、冷戦的対立に終止符を打ったのであり、米国はよくてそれを傍観したにすぎず、悪くするとその硬直化した冷戦思考により、冷戦終結を遅らせたとみる。こうした見方に立つと、ゴルバチョフがいなければ、冷戦はつづいていたということになる。

この見解の最大の問題は、冷戦終結にゴルバチョフがいかに貢献をしたにせよ、肝心のゴルバチョフ改革は失敗に終わり、ソ連が解体してしまったという事実をどう評価するかである。ゴルバチョフがソ連を解体するという青写真をもって改革に着手したとみる人はいないので、冷戦終結に功績があったとしても、ゴルバチョフ評価は簡単ではない。けっきょく、ソ連の経済的破綻はゴルバチョフ以前からの構造的問題に起因しているので、西側が冷戦に勝ったというよりはソ連が負けを認めたのであって、その際、ゴルバチョフが「負け」を潔く認める歴史的な勇気を発揮したことにより、冷戦が延々ともつれるのを救ったというのが妥当だろう。

また、歴史上の「帝国」がおしなべて陥った、「過剰拡張」に原因を求める見方もある。P・ケネディが『大国の興亡』で描いてみせたように、あまりに拡張した帝国は、その維持コストがおおきくなり、やがて衰退する。ソ連は一九七〇年代に獲得した地域を維持するために、年間一〇〇億ドルから二〇〇億ドルも必要とするようになっていた。とくに軍事費の負担はおおきく、一九八〇年代末の時点でGNP（国民総生産）の一〇%という説から、間接経費を含めるとじつに七〇%という説まであった。こうしてソ連指導部は、グローバルな拡張に終止符を打たざるをえなくなった結果、帝国は縮小し、軍事費は削減され、冷戦は終結したという。

さらに米ソ以外のアクターとして、CSCEプロセスに注目する見方もある。それによると、一九七〇年代にはじまったヨーロッパのデタントが、八〇年代はじめの米ソ「新冷戦」にもかかわらず底流として脈々とつづき、反体制運動を支え、市民運動の活性化を促した。やがてゴルバチョフが登場すると、

バレンツ海
コラ半島
白　海
ペチョラ川
メゼニ川
ウラル山脈
フィンランド共和国
スウェーデン王国
ボスニア湾
北ドヴィナ川
オネガ湖
スホーナ川
ラドガ湖
ロシア連邦
カマ川
ウプサラ
バルト海
ヘルシンキ
タリン
サンクト・ペテルブルグ
ストックホルム
エストニア共和国
ペイプス湖
ラトヴィア共和国
リガ
モスクワ
ゴトランド島
リトアニア共和国
カザフスタン共和国
ロシア連邦（飛地）
ヴィリニュス
ミンスク
グダニスク
カリーニングラード
ベラルーシ共和国
ポーランド共和国
ドン川
ワルシャワ
ヴォルゴグラード
ヴォルガ川
キエフ
オーデル川
ドニエプル川
カスピ海
プラハ
クラクフ
ウクライナ
ドニエストル川
オデッサ
チェコ共和国
スロヴァキア共和国
モルドバ共和国
アゾフ海
ウィーン
オーストリア共和国
ブダペスト
キシニョフ
ハンガリー共和国
カフカス山脈
スロヴェニア共和国
ルーマニア
トビリシ
ドナウ川
グルジア
クロアチア共和国
ブカレスト
黒　海
ボスニア・ヘルツェゴヴィナ
ベオグラード
ユーゴスラヴィア連邦共和国
アルメニア共和国
サラエヴォ
ブルガリア共和国
アドリア海
ソフィア
ワン湖
スコピエ
ティラナ
マケドニア共和国
イスタンブール
アンカラ
トルコ共和国
ティグリス川
ナポリ
アルバニア共和国
バルカン半島
トゥズ湖
ギリシャ共和国
エーゲ海
ユーフラテス川
イラク共和国
海
イオニア海
アテネ
シリア・アラブ共和国
シチリア島
ロードス島
キプロス共和国
ニコシア
レバノン

現代ヨーロッパ

アイスランド共和国
レイキャビク
ノルウェー海
ノルウェー王国
ベルゲン
オスロ
スコットランド
北海
エジンバラ
デンマーク王国
コペンハーゲン
ベルファスト
イギリス
(グレートブリテンおよび北部アイルランド連合王国)
ダブリン
アイルランド
エルベ川
ハンブルク
バーミンガム
オランダ王国
ハーグ
アムステルダム
ベルリン
ロンドン
テムズ川
ブリュッセル
ドイツ連邦共和国
ライン川
イギリス海峡
ベルギー王国
ボン
大西洋
セーヌ川
ルクセンブルク大公国
パリ
フランス共和国
ロアール川
ミュンヘン
スイス連邦
ベルン
リヒテンシュタイン公国
ビスケー湾
ボルドー
ジュネーヴ
ローヌ川
アルプス山脈
ヴェネチア
ガロンヌ川
ピレネー山脈
ポー川
ドウロ川
マルセイユ
モナコ公国
イタリア共和国
イベリア半島
アンドラ公国
ポルトガル共和国
マドリード
バルセロナ
コルス島
リスボン
ローマ
テージョ川
エブロ川
スペイン
サルデーニャ島
ティレニア海
セビリア
バレアレス諸島
地中海
チュニジア共和国
チュニス
ジブラルタル海峡
アルジェ
ラバト
モロッコ王国
アルジェリア民主人民共和国

それと連動しつつ東西欧州の交流をいっそう深めることで、とくに東側市民の自立を促し、それが一九八九年以降の動きを「下から」押しあげたというのである。

最近ではこれと反対に東側における「上からの革命」であったという見方もでてきている。それによると、若手・中堅の改革派共産党幹部は、共産主義の信奉者というよりはたんなる出世主義者、機会主義者であったので、一九八〇年代後半の国際環境の変化のなかで、巧みに自分たちの利益を守るように行動し、結果的にある時点から、共産主義者の崩壊に積極的に手を貸したとみる。

冷戦起源論が、第二次大戦後五〇年以上たってもまだ決着をみていないように、冷戦終焉論も、簡単に結論がでる問題ではない。今後、時代が移り、史料がでてくるにつれて、こうした研究は、論争をとおして分裂や収斂をくりかえしながら、より実りある成果を生みだしていくだろう。

第6章 国内冷戦の終焉へ

JAPAN

●細川内閣組閣
(1993年8月9日。組閣後の記念撮影を終え，首相官邸の庭で新閣僚と乾杯をする細川護熙首相)

日本が国際社会と共存していくためには，どのようにしたらよいのだろうか。日本は国際社会から軍事的な国際貢献を求められたとき，どのようにすればよいのだろうか。ここでは，1970年代の終わりから湾岸戦争までの日本を，対外関係を中心にしながら論じていく。そのなかから，日本がどうすべきかを考えてもらいたい。

(1993年8月，東京。写真提供：時事)

SECTION 1 全方位外交から日米基軸への転換

保革イデオロギーの多元化――◆

一九七〇年代は、民主化の進行した時代であるとともに、高度経済成長にともなう〝影〟が露呈した時代であった。民主化の進行は、ヴェトナム戦争反対や消費者保護などの市民運動、学校や保育所の設置、悪化した生活環境の改善などを要求する住民運動といった新しい運動を生みだした。これらは、自らの権力欲を満たそうとするものではないが、政治になんらかの影響を与えようとするものであった。これらの運動の発生は、有権者の要求・利益を政治エリートに伝達するチャネルが、政党以外にも存在することを示した。政治・行政と市民・住民との関係からみれば、行政への委任と政治参加という対立があらわれたのである。

政治参加は、国政より身近な地方政治のほうが有効性を感じやすい。そのため中央からの上意下達ではなく、地方の独自性を強めて、住民に密着した政治をおこなおうという主張が生みだされてくる。つまり中央集権か地方分権かという対立が登場する。

一方、自民党政権は、一九六〇年代から七〇年代はじめにかけて経済成長を最優先した。そのため一九六〇年代から各地で公害が発生していた。公害病患者の続出は、生活環境と経済成長のいずれを重視するかという問題を提起した。また日本の社会保障はまだまだ不十分であった。公害対策や社会福祉の充実を地方レベルで実現していったのが、一九六〇年代から七〇年代はじめにかけて大都市や地方の中核都市などに誕生した革新自治体であった。革新自治体は、老人医療の無料化、敬老福祉年金の支給などの福祉政策や、国の基準よりもきびしい公害規制などを実施していった。

一九七〇年代にはいって、国レベルでも、自民党政権は、野党の主張を先どりして社会保障の充実を実現し、公害対策も進めていった。だが一九七三年の石油ショックによって、安い石油が安定的に供給されるという日本産業の前提条件は揺るがされた。そのため日本は、失業率が増大するなど、長期的な不況に陥る一方、消費者物価指数が上昇するというスタグフレーションになった。革新自治体も、財政危機にみまわれて行き詰まり、政治運動も全体として沈滞した。そのため経済成長と社会福祉とはどちらが優先されるべきか、経済的平等はどのようにして確保すべきか、ということがあらためておきな問題とされるようになった。

このように一九七〇年代には、新しい保革対立軸が登場してきていたのである。「革新」＝政治参加、地方分権、環境保護、福祉重視、大きな政府、政府の経済介入重視、平等尊重、「保守」＝行政への委任、中央集権、経済成長、自助重視、小さな政府、自由市場重視、自由尊重という、福祉・参加・平等をめぐる保守‐革新の対立軸であった。これは、保革イデオロギー構造のなかで、国内冷戦軸であった従来の旧体制・安全保障をめぐる保守‐革新とは別の次元を構成していた。

新しい保革対立軸上は、地方に革新自治体を生みだしたように、どちらかといえば革新世論のほうが優位であった。しかし中央レベルで革新政党が政権をとることはなかった。それは、①革新世論は経済政策や外交・防衛政策の転換を求めるものではなく、革新政党は政権担当能力を欠いているとみられていたこと、②革新世論を吸収すべき野党が分化し、むしろ自民党が包括政党化していったこと、③革新政党が、自民党と国会で対立しているようにみえながら密室で取引をしたり、市民運動や住民運動を自己の勢力の拡大のために利用しようとしながら、運動が激化するとおよび腰になったりしたために、有権者が政党離れを起こしたことなどによる。

それでも自民党は、一九七四年参院選では非改選とあわせて一二六議席（定数二五二）、七六年総選挙では公認候補だけでは過半数にとどかない二四九議席（定数五一一）、七七年参院選でも非改選とあわせて一二四議席にとどまり、与野党伯仲状況が展開することになった。

全方位平和外交と福田ドクトリン――◆

一九七六年一二月二四日、福田赳夫内閣が登場した。福田は、就任直後に「全方位平和外交」を掲げた。基本的には日米安保を基軸としつつも、デタント（緊張緩和）が進んでいるという認識のもとで、ソ連や中国などとも友好的な関係を推進していくというものであった。その対東南アジア版が、いわゆる「福田ドクトリン」と呼ばれるようになったものである。

福田は、一九七七年八月六日から一八日にかけて、東南アジア諸国を歴訪した。そして最終訪問国のフィリピンのマニラで演説をおこなった。その内容は、①日本は軍事大国にはならず、平和に徹して東南アジアと世界の平和と繁栄に貢献する、②日本は、政治・経済だけではなく、社会・文化などひろい範囲で、東南アジアの真の友人として、心のふれあう信頼関係を築く、③日本は、対等な協力者として域外諸国と協力しながら、ASEAN（東南アジア諸国連合）諸国の連帯と発展に積極的に協力するとともに、インドシナ諸国と相互理解にもとづく関係を醸成することによって、東南アジア全域の平和と繁栄の構築に寄与する、というものであった。

福田ドクトリンは、ODA（政府開発援助）の倍増をともなっていたため、ASEAN諸国には高く評価されたが、日本外交としては、従来の経済協力中心の東南アジア外交を転換していた。日本は、東南アジアに対しても戦争の傷跡を残していた。そこに日本が政治的に積極的に関与することは、東南アジア諸国にとっては従属させられるのではないかという不安を生み、米国も不信感をいだくおそれがあった。しかし日本は、ヴェトナム戦争後の東南アジアの国際秩序を安定したものにするため、積極的な姿勢を打ちだしたのである。日本は、米国と異なり、サイゴン陥落後、ヴェトナムに援助をつづけた。ヴェトナムのカンボジア侵攻で援助は打ち切られることになるが、日本が架橋的な役割を果たすことも不可能ではなかった。こうした日本の転換は、一九七八年の日本・ASEAN外相会議をはじめ、後年のARF（アセアン地域フォーラム）などへ発展していくことになる。

日中平和友好条約の締結——◆

福田内閣の外交におけるもっとも重要な業績のひとつが、日中平和友好条約の締結である。中華人民共和国とは、一九七二年に国交が回復していた。しかし講和はまだであった。それは、自民党内の親台派に慎重論があったことに加えて、中国が条約に「反覇権」条項をいれるように主張したからである。中国はソ連と対立し、ソ連の対外政策を「覇権主義」だと非難していた。「反覇権」条項をいれれば、ソ連の反発は必至であった。

そのころ日ソ関係は、漁業問題や北方領土問題で冷却しはじめていた。ブレジネフ書記長は一九七七年六月に日ソ善隣協力条約を提案したが、日本が領土問題の解決と平和条約の締結が先だと主張すると、ソ連は、領土問題は解決済みだとして、田中‐ブレジネフ会談の成果すら認めようとはしなかった。

日本は、一九七八年七月二一日、三年二カ月ぶりに再開された日中平和友好条約締結交渉で、「反覇権」条項をいれることを容認することにした。その代わり、「反覇権」条項は、特定の第三国、すなわちソ連に向けられたものではないという第三国条項をいれることで、中国との妥協をはかった。中国側は近代化推進のためには、西側諸国からの資本や技術の導入が必要だったため、それを受けいれた。

こうして日中平和友好条約は、一九七八年八月一二日、園田直外相と黄華外相との間で調印され、一〇月二三日、鄧小平副首相との間で批准書が交換され、発効した。条約締結は、日ソ関係をさらに冷却化させた。しかし革新や中道の諸政党は、条約締結に反対してはいなかった。ただ、鄧小平が、福田との会談で、日本が日米安保条約を維持し、自衛力を増強するのは当然だと発言したことは、日米安保強化や自衛隊増強は、中国などの反発を招くという理由で反対してきた革新陣営にとって痛手となった。

有事立法研究の開始――◆

一九七八年七月、制服組のトップの統合幕僚会議議長であった栗栖弘臣が、週刊誌上で、緊急時には自衛隊が超法規的活動をすることもありうると発言し、政治問題化した。金丸信防衛庁長官は、栗栖議長の発言は文民統制に反するとして、栗栖を更迭した。

この問題を契機として、福田は、一九七八年七月二七日、防衛庁に有事立法と有事の防衛研究の促進を指示した。一九六五年に発覚した三矢研究は、制服組が政治家の統制を受けぬまま有事の研究をしていたとして政治問題化したが、福田は、首相としてはじめて公式に有事立法研究に着手することを了承したのである。防衛庁は、一九七八年九月二一日、「防衛庁における有事法制の研究について」を発表して、有事立法研究が本格化していく。

有事立法に対して社会党・共産党などの革新陣営は反対したが、公明党は、憲法の範囲内で有事立法を認めるという基本見解を明らかにした。公明党の支持基盤の創価学会では、婦人部や青年部などが平和運動に携わっており、公明党の発表は波紋を呼んだが、一九七八年九月六日、有事立法研究の必要性を認めないと軌道修正した。

福田の後任の首相・大平正芳は、自民党総裁予備選挙で有事立法の必要性を認めず、有事立法論議は立ち消えしたかにみえた。しかしこのときにはじめられた有事立法研究の成果の一部が、三矢研究当時の防衛庁長官・小泉純也の子で、福田の秘書だった小泉純一郎首相や、福田の子である福田康夫官房長官らの手によって、二〇〇二年通常国会に上程され、翌年成立した。

◆――ガイドラインの決定

一九七五年の三木‐フォード会談で、日米安保条約の協議条項が実質的には無意味であったことをあらためるために、日米間の防衛協力関係を緊密にすることが確認され、坂田‐シュレジンジャー会談で、日米防衛首脳の定期協議と、有事の際の作戦協力のための協議機関を設けることが合意されていた。この合意にもとづいて一九七六年七月八日、日米安全保障協議委員会の下部機関として、日米防衛協力小委員会が設置された。この小委員会には、日本側からは防衛庁防衛局長（文官）、統合幕僚会議事務局長（制服）、米国側からは在日米大使館公使、在日米軍参謀長が出席し、日米両国が、制服組を含めて、在日米軍と自衛隊との共同作戦・情報交換・後方支援・指揮系統などについて協議した。その検討の成果が、一九七八年一一月二七日、「日米防衛協力のための指針」（ガイドライン）として、日米安全保障協議委員会で決定された。

その内容の第一は、侵略を未然に防止するための日米間の軍事協力である。日本は、米軍の核抑止力に依存しつつ、有事の際には米軍の来援を求めるとされ、そのために「共同作戦の研究」「共同演習」「共同訓練」や情報交換などをおこなうとされている。

第二は、対日武力攻撃の際の日米協力の基本原則である。日本の領土内で日本もしくは在日米軍に直接攻撃があった場合（いわゆる「日本有事」）には、日本は、「限定的で小規模な侵略を独力で排除」し、独力で排除するのが困難な場合には米国が協力する。そして自衛隊は、日本領海およびその周辺海空域で防御作戦をおこない、米軍は、自衛隊の作戦を支援し、自衛隊の能力の及ばない面での補完的作戦をおこなうことになっている。

第三は、日本以外の極東での米軍の戦闘に対する「日本側からの便宜供与のあり方」の研究をおこなうことである。日本をのぞく極東での平和や安全に対する侵害があり（いわゆる「極東有事」）、日本の安全に重要な影響を与える場合、日米間の協力をどうするのかの研究である。

ガイドラインにもとづき、それまで米軍と共同訓練をおこなっていなかった航空自衛隊や陸上自衛隊でも共同訓練がおこなわれるようになった。さらに海上自衛隊は、一九八〇年二月、米国・カナダ・オーストラリア・ニュージーランドなどとの環太平洋合同演習（リムパック）にはじめて参加した。ただ、極東有事の際の日米協力の研究は、日本が、憲法第九条によって専守防衛を原則としていたためすぐには進まず、検討が進むのは冷戦後のことである。

政府は、ガイドラインを国防会議と閣議で了承した。だが社会・共産両党は、ガイドラインは米国の戦争に日本を自動的に巻きこむものだという抗議声明を発した。

イラン革命と日本の対応――◆

一九七八年一二月七日、第一次大平正芳内閣が発足した。そのころイランに、イスラム原理主義にもとづく革命が起こった。一二月末、イランの原油生産は全面的に停止した。中東第二位の産油国であったイランの政情不安は、原油の受給に不透明感をもたらした。第一次石油ショック後、アラブ産油国は、メジャーと呼ばれた欧米の国際石油資本から油田を接収して原油権益を国有化し、価格決定権をもつようになっていた。一二月一六日からアブダビではじまったOPEC（石油輸出国機構）総会は、一九七九年度中に原油価格を四段階に分けて一四・五％値上げすることを決定した。一九七九年一月、メジャーは、対日原油供給の削減を通告してきた。さらに六月二八日、ジュネーブでおこなわれていたOPEC総会では、基準価格の二三・七五％引き上げと、上限一バレル二三・五ドルの上のせを認める二重価格制を決定した。こうして第二次石油ショックが起こった。

一九七九年一月に一バレル一五ドルだった原油価格は、六月には三七ドルとなっており、その後も上昇傾向を示していた。一一月、イランのイスラム系学生が米大使館を占拠し、外交官ら六〇人を人質とする事件が起こった。しかしイランの革命政権は、それに対してなんらの措置も講じず、米国は、一九八〇年四月七日、イランからの原油を含む輸出入の禁止、国交断絶、在米イラン資産の凍結などの措置をとり、同盟国に同調を求めた。

日本は原油輸入の一五％をイランに依存し、しかも一九七九年一〇月一二日、政府は、革命政権が再開を求めていた三井グループの石油化学プロジェクトへ二〇〇億円を出資することを決断し、八〇年三月には工事再開でイランと合意しており、イランとの関係悪化は回避したかった。だが日本が、米国の輸入禁止であまったイランの原油を高値で購入しつづけたため、C・R・ヴァンス米国務長官は「無神経」だと非難した。

大平は、対米関係を重視して方針転換することにし、一九八〇年四月二四日、イランへの経済制裁を決定した。五月二三日にも第二次制裁を決め、六月二日からEC（欧州共同体）との協調措置として、イラン向け新規輸出契約に対して貿易管理令を発動した。ただし石化プロジェクトの工事は中止されたわけではなかった。九月に、自国への革命の波及をおそれたS・フセインのイラクがイランとはじめた戦争で工事現場が爆撃され、工事は中断した。このころから三井グループは、プロジェクト撤退の意向を示しはじめるが、原油の安定供給先の確保を優先する通産省は、撤退論に反対しつづけた。首相と通産省との間には、対中東外交について考えの開きがあった。

総合安全保障と対中円借款供与──◆

大平は、官僚主導の政策決定では従来の発想を超えられないと考え、首相の諮問機関として、一九七九年二月、政策研究会を発足させた。浅利慶太（劇団「四季」主宰）、大来佐武郎（日本経済研究センター会長）、公文俊平（東京大学教授）、高坂正堯（京都大学教授）、香山健一（学習院大学教授）、佐藤誠三郎（東京大学教授）らを中心にして組織された、田園都市構想、対外経済政策、環太平洋連帯、総合安全保障など、政治・経済から文化にいたる九つの研究グループには、のべ一七六人の若手・中堅の研究者・官僚が動員された。

猪木正道・平和・安全保障研究所理事長を座長とする総合安全保障研究グループが検討した総合安全保障とは、軍事力のみではなく、経済、外交、技術、文化などを含めて総合的に安全保障を考えようと

COLUMN モスクワ・オリンピックのボイコット

第二二回夏季オリンピック・モスクワ大会は一九八〇年七月一九日に開会された。このオリンピックはソ連のアフガニスタン侵攻直後に開催されたため、米国をはじめ日本・西独・中国などが抗議の意味で参加しなかった。また参加八一カ国中、英・仏など一〇カ国の選手が入場行進を拒否した。

このオリンピックでは、柔道の山下泰裕選手やマラソンの瀬古利彦・宗茂・宗猛選手、男子体操団体、女子バレーボールなどにメダルの期待がかかっていた。四年に一度しかないオリンピックでメダルをとるのはなかなかむずかしい。オリンピックをボイコットすれば、選手生命のピークをすぎてしまうかもしれない。山下選手は涙まじりにオリンピックへの参加を訴えた。一九八〇年五月二四日、ＪＯＣ（日本オリンピック委員会）総会は紛糾し、異例の採決が行われ、二九対一三で不参加を決めた。

四年後の夏季オリンピック大会は米国ロサンゼルスで開催された。山下選手は見事にこの大会で金メダルを獲得したが、男子体操や女子バレーボールはこの大会で金メダルをとることはできず、これを境に凋落していくことになる。

ところでロサンゼルス・オリンピックの開会式は一九八四年七月二八日に行われたが、そこにはソ連など一五カ国の選手団の姿はなかった。モスクワ・オリンピックへのボイコットの対抗措置であった。前年の一九八三年末、東西間の軍縮交渉がすべて中断していたことも影響していたと思われる。

じつはモスクワ・オリンピックの前のモントリオール大会でもアフリカ諸国の多くが大会をボイコットしていた。南アフリカ共和国とスポーツ交流したニュージーランドが参加することへの抗議によるものであった。もちろんこれは東西対立の影響を受けたものではない。だが政治の影響がスポーツに及ぶ事例が、アマチュア・スポーツの最高峰で三度も続いたのである。

するものである。総合安全保障のなかでおおきな役割を占めるのが「戦略援助」であった。日本が防衛費をいっきょに増額するのは、国内やアジア諸国の反発を受ける。そこで西側陣営の強化に貢献するために、防衛費増額の代替手段として、戦略的要衝にある国や紛争周辺国などへの経済協力をおこなうのである。大平は、一九八〇年、パキスタンやトルコ、タイなどに戦略援助を実施していった。

大平は、一九七九年一二月、首相としては国交正常化の際の田中角栄以来になる訪中をおこなった。大平は、①対中援助は排他的なものではなく、欧米諸国と協調する、②ASEAN諸国への援助を減らさない、③軍事協力はおこなわないという原則を示し、中国に対して最初の円借款五〇〇億円を約束した。日中平和友好条約が締結された後であったということだけではなく、中国の近代化を促し、中国をさらにソ連から離間させ、アジア・太平洋地域の経済にくみこんでいこうとするものであった。

大平は、一九七九年四月末からの訪米では、米国を「かけがえのない友邦であり、同盟国」と呼び、八〇年五月一日のカーター米大統領との会談では、防衛力強化や対ソ制裁外交などを約束し、日米が「共存共苦」することを明らかにしている。従来、福田に対して「ハト派」的とみられてきた大平だが、近年、再評価の動きがある。それは、以上のようにかれが「西側の一員」路線を明確にしていったからというのがひとつの理由である。

SECTION 2

「新冷戦」と日米同盟関係の強化

◆——「ソ連脅威論」の氾濫

一九七九年一二月二七日、ソ連がアフガニスタンに侵攻した。デタントは崩れ、「新冷戦」と呼ばれるようになった。対米関係を重視する大平正芳は、翌年一月二五日、ココムによる輸出規制などの対ソ制裁措置を表明し、五月には、日本体育協会理事会に伊東正義官房長官らを出席させて、モスクワ・オリンピックのボイコットを促した。社会・公明・共産・民社四党も、一月一〇日にソ連軍の即時撤退を求める声明を発した。

当時、ソ連は、米ＣＩＡ（中央情報局）の予測によると一九八〇年代なかばには石油が枯渇し、資源を求めて中東への南下をねらっているといわれ、アフガニスタン侵攻はその第一歩ととらえられた。しかしソ連は、世界最大の石油輸出国であった。一九七八年に石油メジャー・エクソンは一九八二年から八三年でもソ連産の原油はその半分をソ連圏のみならず、西側諸国へも輸出しうる余力があると予測し、八一年三月にＣＩＡは予測の誤りを認めた。しかしそのような資源枯渇の予測は正確ではないという議論は無視された。またソ連が、中東・アフリカ諸国などに軍事援助や直接介入したことは、ソ連が世界を共産主義化しようとする膨脹主義的政策をとっていることによるとされた。そして東西の海軍力

COLUMN 吉田ドクトリン

「吉田ドクトリン」とは、永井陽之助が一九八〇年代に使った言葉である。日本の安全は、日米同盟によって保障されているので、防衛費を低く抑えられ、その分を経済活動にあてることができたからこそ、日本は、通商国家として、こんにちのような経済的繁栄を享受している、という安保効用論である。「安保＋〝軽武装〟＋経済成長主義という三位一体的枠組みの創始者として」吉田茂を描く議論の起源は、一九六〇年代の高坂正堯の著作などにみいだせる。高坂は、吉田には「確固たる哲学」があったとし、その経済中心主義路線が池田勇人によって引き継がれたと論じた。

永井は、「戦後日本の正教ともいうべき吉田ドクトリン」は、一九五一年の吉田‐ダレス会談で確立され、池田‐ロバートソン会談で威力を発揮したと述べている。さらに永井は、「大蔵省、経済企画庁、通産省など強力な経済官庁がうって一丸となり、吉田路線の正統をうけつぐ、大平‐鈴木‐宮沢の保守本流をまもりぬくかぎり、吉田ドクトリンは永遠である」としている。

この議論が生まれた背景には日本の「経済大国」化がある。「経済大国」化は、安保体制を正当化するものととらえられ、安保の創始者として吉田が高く評価された。この議論は、護憲・軍縮論者にも、ある程度高い評価を受けている。他方、「経済大国」化によって日米経済摩擦が激化し、米国は、「安保ただ乗り」論を武器に、経済力にみあった軍事的負担を日本に要求した。それに対して「吉田路線」を高く評価する者のなかから、その継承を説く者と、そこから脱却して軍事力急増を説く者とが出現した。「吉田ドクトリン」論は、日米同盟関係を前提としながら、軍事力急増を批判する現状肯定の政策論であった。

ただし吉田自身は、『経済中心主義の外交』なんてものは存在しないよ」といい、吉田の側近であった白洲次郎は、吉田には原理・原則は存在しなかったと述べていたという。

や核兵力の軍事バランスが、兵力の質は無視され、数だけで比較され、ソ連の優位が説かれていた。たとえば米国は、一九七〇年前後にＩＣＢＭ（大陸間弾道ミサイル）が一〇五四基、ＳＬＢＭ（潜水艦発射弾道ミサイル）が六五六基に達した後、総量を増やさなかったためにソ連に追いぬかれた（第五章二一三ページの表「米ソ戦略核バランス」参照）が、質の点でははるかに米国が優位であった。

ソ連が西欧に向けてＩＮＦ（中距離核戦力）のＳＳ20を配備したことも、西欧への侵攻の意図のあらわれととらえられた。一九七八年六月にヴェトナムがカンボジアに侵攻し、翌年一月、ヴェトナムが支援するヘン・サムリン政権が樹立されると、中国が、二月にヴェトナムに侵攻した（中越戦争）。ヴェトナムの背後にはソ連がいるとされた。東アジアの兵力は図「日本周辺における兵力配備状況」のようになっているとされていた。

ソ連の脅威は日本にも向けられており、一九八〇年代なかばに、北海道などから攻めこんでくるとか、日本を先制核攻撃してくるとかいう「ソ連脅威論」が氾濫した。それに備えるため、日本の防衛力強化が強く主張された。このころには、ソ連社会主義への幻想はなくなっており、いわゆる進歩的知識人の影響力も小さくなっていた。「新冷戦」は、日本の安全保障論議におおきな影響をもたらし、論壇の「保守化」を促した。

永井陽之助は、国内の防衛論議を、軍事志向と福祉志向、日米同盟志向と対米自立志向というふたつの軸を用いて、①福祉・自立志向の非武装中立論者、②福祉・同盟志向の政治的リアリスト、③軍事・同盟志向の軍事的リアリスト、④軍事・自立志向の日本型ゴーリスト（ゴーリズムとは、フランスの

日本周辺における兵力配備状況（概況）

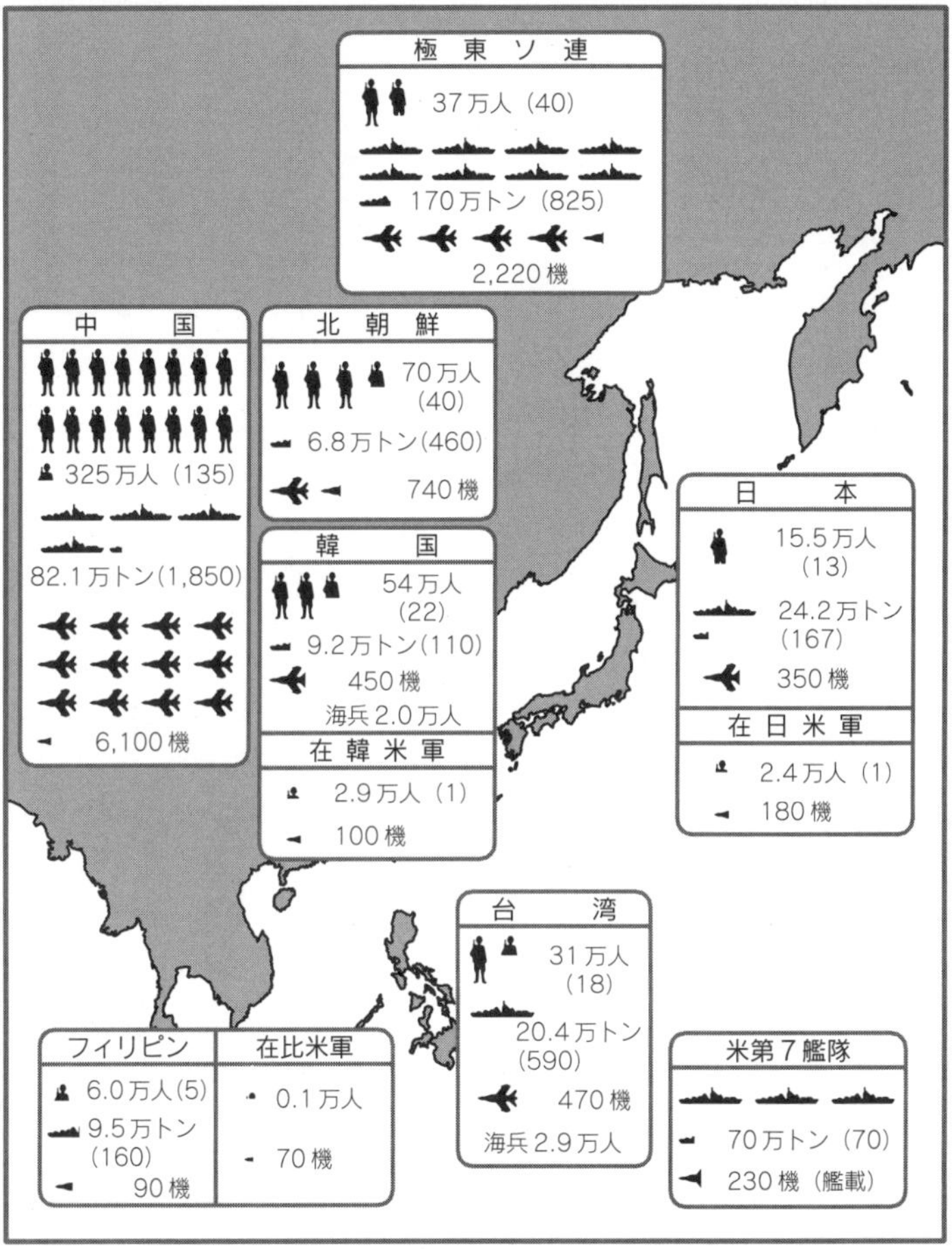

注：1.　資料は，ミリタリー・バランス(1983～84）などによる（日本は昭和58年度末実勢力)。
2.　各国駐留米軍兵員数は，陸軍および海兵隊の総数を示す。
3.　作戦機について，極東ソ連，中国および各国駐留米軍は海軍および海兵隊機を含む。
4.　（　）は師団数または艦艇の隻数を示す。

出所：『防衛白書』(昭和59年版)，33ページ。

ド＝ゴールが自国の防衛を米国に依存せずに自立しておこなうとしたことからきている）に分類し、みずからを、「吉田ドクトリン」を継承する政治的リアリストに位置づけた。論壇では、坂本義和らの理想主義と高坂正堯らの現実主義という対立構図が崩れつつあったことがわかる。

「新保守主義」の潮流——◆

一九七八年四月、京都で二九年ぶりに保守が府政を奪還したのを皮きりに、七九年四月には東京都や大阪府など、革新自治体が次つぎに消えていった。革新自治体の退潮は、老人医療や福祉への支出の拡大が、地方財政の逼迫を招いたことが理由のひとつである。国政でも、一九七五年に三木内閣がはじめて赤字国債を発行して以来、七九年末には国債発行残高は五六兆円を超え、一般会計予算に占める国債依存率は三九・六％にも達した。

一九七九年五月、英国では保守党のサッチャー政権が登場し、一九八〇年一一月、米国では共和党のレーガンが大統領に選ばれた。サッチャーもレーガンも、経済分野には政府が手を染めない「小さな政府」を推進しながら、外交・安全保障面、あるいは市場を守護するという面では政府に権威を回復させる「強い国家」をめざし、伝統的な価値を強調した点で似ていた。これらは、「新保守主義」と呼ばれた。

鈴木善幸内閣も、行政改革と財政再建とを課題としていた。鈴木は、一九八一年三月一六日、第二次臨時行政調査会（第二臨調）を発足させ、会長に、経団連（経済団体連合会）名誉会長の土光敏夫を据えた。行革を所管した行政管理庁の長官が、中曾根康弘であった。

日米「同盟関係」とシーレーン防衛──◆

一九八一年五月に鈴木善幸は訪米し、レーガン大統領と会談した。五月八日に発表された共同声明には、はじめて日米両国が「同盟関係」にあると明記された。また日本は、「日本の領域及び周辺海・空域における防衛力を改善」するとされ、これを受けて鈴木は、記者会見で、グァム以西、フィリピン以北の一〇〇〇カイリのシーレーン（海上交通路）の防衛に責任をもつと発言した（図「一〇〇〇カイリのエリア」参照）。

しかし鈴木は、帰国後、「同盟関係」に軍事的意味あいはなく、首脳会談で、急激な防衛費の増額は財政状況がきびしく容易ではないし、アジア諸国にも配慮しなければならないと発言した内容が、共同声明に反映されなかったと外務省に対する不満をあらわした。伊東正義外相は、日米「同盟」に軍事問題が含まれるのは当然だと述べたうえで、一連の混乱に対する責任をとって辞任した。日本政府は、日米安保条約の締結以来、いっかんして日米安保は軍事同盟ではないといいつづけてきた。この時期にいたっても、日米を「同盟」と表現することはなおはばかられる面があったのである。

レーガン政権のもと、対日防衛力強化の要求ははげしくなっていった。鈴木内閣は、一九八二年度予算編成はゼロ・シーリング、八三年度予算編成は前年度比五％減のマイナス・シーリングを方針とした。しかしC・W・ワインバーガー国防長官は、一九八一年六月二九日、大村襄治防衛庁長官に対して「防衛計画の大綱」の見直しを求め、八二年三月二七日にはシーレーン防衛の具体化と防衛費の毎年一

1000カイリのエリア

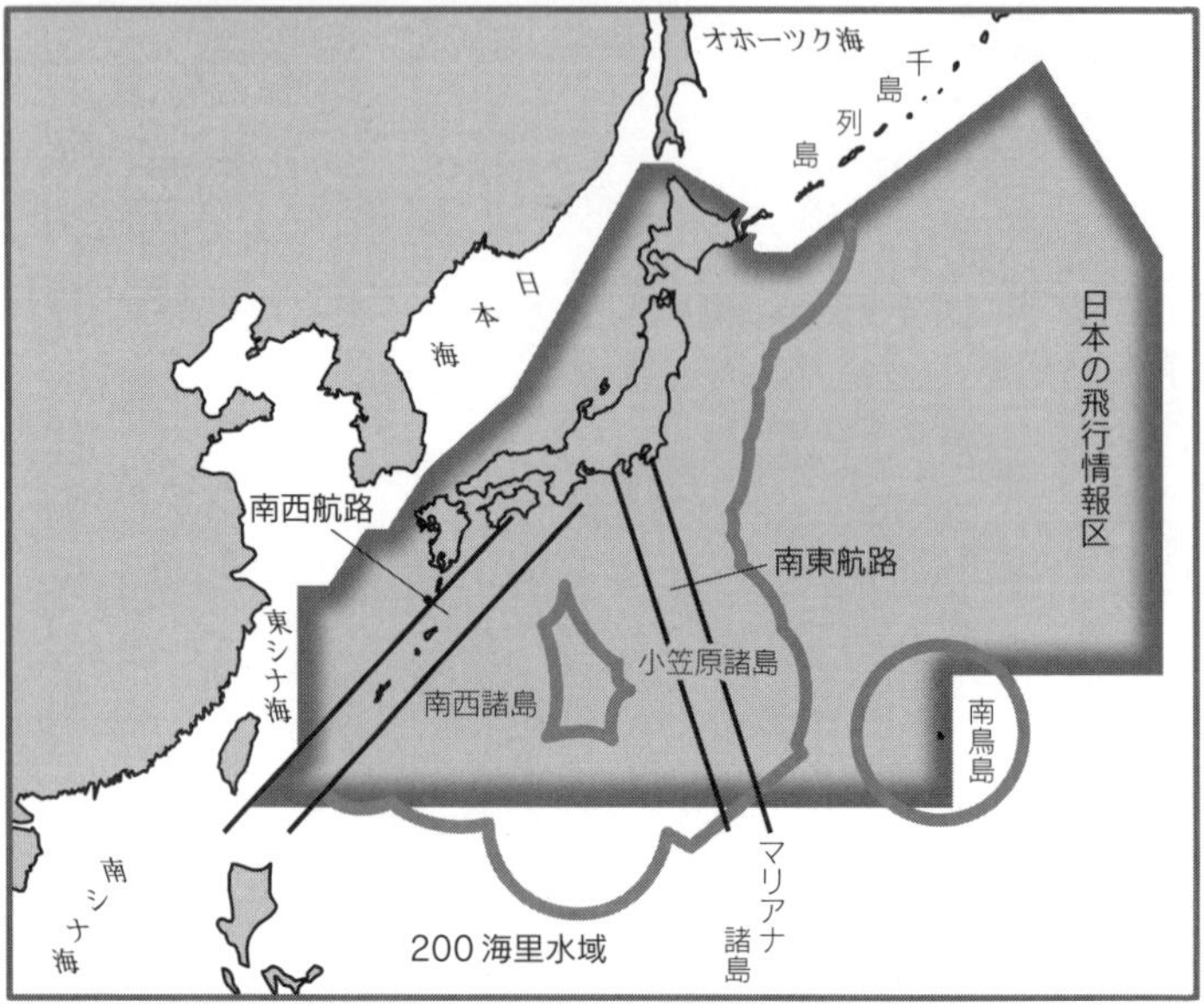

出所：NHK取材班『シーレーン——海の防衛線』日本放送出版協会，1983年，232ページ。

二％増を要求した。また一九八二年八月三〇日の日米安保事務レベル協議では、米国は、日本に津軽・対馬・宗谷の海峡封鎖とシーレーン洋上防空の役割分担によって、日本が米国の対ソ世界戦略を補完することを求めた。

鈴木内閣は、防衛費をシーリングの枠外とし、一九八二年度予算では前年比七・七五四％増の二兆五八六一億円とした。また一九八二年七月二三日には、八三年度から八七年度までの防衛力整備計画（五六中期業務見積り〔五六中業〕、五六は計画を作成した昭和五六年度に由来する）約一六億円を決定した。

「日米運命共同体」

一九八二年一一月二七日、第一次中曾根内閣が発足する。中曾根康弘は、一九八三年一月一四日、米国から要請されていた武器技術の供与を閣議決定した。それまで日本は、一九六七年の武器輸出三原則および七六年の武器輸出に関する政府統一見解によって、どの国に対しても軍事技術を提供していなかったが、同盟国である米国には適用せず、それは紛争時にも同様だとしたのである。民社党をのぞく野党は、一九八一年三月の国会決議を無視するものとしてはげしく反発した。

一九八三年一月一八日、中曾根はレーガン大統領と会談し、「日米は太平洋を挟む運命共同体」であると述べた。第三次佐藤内閣防衛庁長官として自主防衛を追求した中曾根が、日米が同盟関係にあることを日米共同宣言でも確認したのである。ふたりはお互いを、「ロン」「ヤス」と呼び合う信頼関係を築いていった。また中曾根は、同日の『ワシントン・ポスト』紙幹部との懇談で、ソ連のバックファイヤー爆撃機に対して「日本列島を不沈空母とする」とし、潜水艦に対しては「四海峡〔のちに三海峡と訂正〕を封鎖する」などと発言した（図「三海峡」参照）。

中曾根は、一九八三年一月二四日には施政方針演説をおこない、「日本はいま、戦後史のおおきな転換点」にあるとし、「従来の基本的な制度やしくみをタブーなく見直す」と述べた。いわゆる「戦後政治の総決算」路線である。改憲論者であった中曾根の発言だけに、憲法を含む戦後民主主義全体に対する見直しと受けとめられ、革新陣営の反発を招いた。もっとも中曾根は、憲法改正は自分の内閣では沮

三海峡

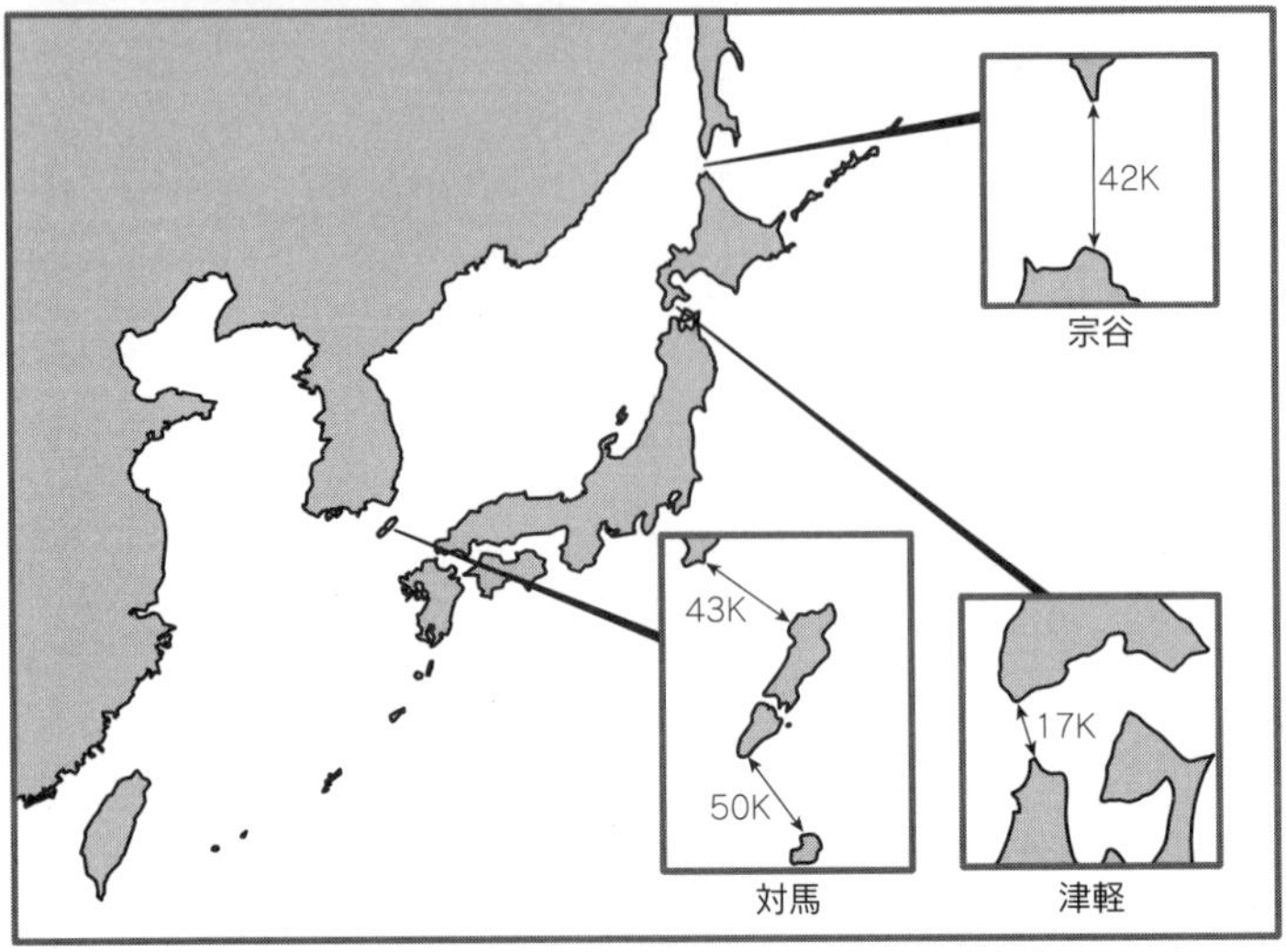

出所：NHK 取材班『シーレーン——海の防衛線』日本放送出版協会，1983 年，264 ページ。

上にのせないとしていた。

こうした中曾根の姿勢は、かならずしも当時の国民に全面的に受けいれられたわけではない。中曾根に好意的な社論を展開した『読売新聞』の世論調査でさえ、一九八二年一二月に約四〇%あった中曾根内閣支持率は、八三年三月には三四・一%に減り、不支持が支持を上回って四六・二%に達した。

しかし中曾根の姿勢は変わらなかった。一九八三年五月二八日に開会したウィリアムズバーグ・サミットは、それまでのサミットが経済問題を話しあうためのものであったのに対して、政治色を帯び、安全保障問題での西側の結束を確認しあった。その席上、中曾根は、中距離核ミサイルＳＳ20が欧州から撤去されてもアジアに配備されれば意味はないとして、あくまでもＳＳ20の配備をソ連にやめさせるために、欧州にパーシングⅡミサイルを配備する必要があると主張した。

「小さな政府」の推進

中曾根は、英米と同じように「小さな政府」論に立って、自由化（規制緩和）、民間活力の導入、特殊法人の民営化などを推進することが必要だと考え、行管庁長官時代にかかわった行政改革を前面に押しだした。

第二次臨時行政調査会（第二臨調）は、一九八三年三月一四日、最終答申を中曾根に提出した。答申には、「増税なき財政再建」が明示され、国債依存の脱却と超緊縮財政の継続、重点政策審議の総合企画会議の設置などがもりこまれた。さらに中曾根は、五月二三日、行革の監視役として臨時行政改革推進審議会（行革審）を設置した。会長には、臨調に引きつづき土光が就任した。行革審は、一九八六年六月の最終答申でも「増税なき財政再建」の立場を堅持した。

中曾根行革のなかでとりわけめだったのが、三公社の民営化であった。日本専売公社と日本電信電話公社は、一九八五年四月に、日本たばこ産業株式会社（ＪＴ）、日本電信電話株式会社（ＮＴＴ）となった。また国鉄（日本国有鉄道）は、一九八七年四月、北海道・東日本・東海・西日本・四国・九州の旅客鉄道株式会社（ＪＲ）、日本貨物鉄道株式会社（ＪＲ貨物）に分割・民営化された。国民の多くは、これらの民営化を支持した。一方、三公社の民営化は、社会党の支持基盤を切り崩すことにもなった。

中曾根は、臨調方式の成功をみて、審議会政治を多用した。たとえば、一九八三年八月に総合的安全保障について検討させる首相の私的諮問機関「平和問題研究会」（座長・高坂正堯京都大学教授）、八四年八月に戦後教育の見直しをはかる首相直属の「臨時教育審議会」（会長・岡本道雄前京都大学学長）、やはり同年に靖国神社への公式参拝の是非を検討させる官房長官の私的諮問機関「閣僚の靖国神社参拝問題に関する懇談会」（靖国懇、座長・林敬三日赤社長）、そのほか「高度情報社会に関する懇談会」「経済政策に関する懇談会」などが設置された。このようなやり方は、国会をバイパスする非民主的なものだと野党などから批判された。

もちろん臨調以前から、首相や閣僚のもとに審議会を設置し、その答申を尊重しながら政策を実施していくというやり方はあった。しかし自民党の通常の政策決定は、官僚主導で作成された政策案を、族議員などが政務調査会で審議し、総務会の了承を得るという合意の積み上げ型である。このやり方では、官庁や族議員の既得権益にかかわる問題や縦割りの垣根を越えた問題にはあまり機能しない。まして中曾根は、大派閥の領袖ではなく党内では田中派に支えられており、自分のめざす政治を自民党を背景に遂行することは困難であった。したがってかれは、自分の考え方に沿う財界人や元官僚、学者、ジャーナリストなど——瀬島竜三・伊藤忠相談役や、佐藤誠三郎、香山健一ら大平から受け継いだブレーン——を審議会や私的諮問機関の委員として登用した。そしてかれらの答申にもとづいて、「大統領的首相」としてトップダウン型の決定をおこない、国民にアピールしてその支持を得ながら、反対者を抑えるという手法を積極的に使ったのである。

GNP一%枠突破と靖国神社公式参拝

防衛庁は、一九八四年、一九八六年度から九〇年度までの防衛計画である五九中期業務見積り（五九中業）の策定作業にはいった。同年三月二六日には、民社党が、防衛費の対GNP（国民総生産）比一%枠の突破はやむをえないという見解を発表し、五月一五日には、自民党の安全保障調査会が、GNP一%枠の見直し作業に着手した。そして一二月一八日、首相の私的諮問機関「平和問題研究会」が、GNP一%枠の撤廃を最終報告書にもりこんだ。

一九八五年一月三一日、中曾根は、衆議院予算委員会で、自衛隊員を含む公務員給与のベースアップによって一%枠を守れる可能性が薄れたと述べた。このため予算委員会は紛糾したが、中曾根は、二月一四日、複数年度の防衛計画費総額を明示することで、一%枠に代わる歯止めを考えていると発言した。七月二五日、自民党最高顧問会議で、三木・福田・鈴木の首相経験者は、一%枠撤廃への慎重論を述べたが、中曾根は、二日後、軽井沢でおこなわれた自民党のセミナーで、五九中業を政府計画に格上げして国民の防衛意識を高める機会にしたいと述べた。またこのとき中曾根は、戦後、「太平洋戦争史観」「東京裁判史観」によって、すべて日本が悪いという自虐的な考えが支配的であるが、新たな国家主義のもとに日本人のアイデンティティを確立する必要があるとし、靖国神社への公式参拝に意欲を燃やすとともに、「戦後政治の総決算」を進めることをあらためて表明した。

政府は、一九八五年八月、五九中業を政府計画に格上げすることを決め、九月一八日には、「中期防衛力整備計画（中期防）」を閣議決定した。総額一八兆四〇〇〇億円で、GNPの見通しに対して防衛費の占める割合は一・〇三八％になり、GNP一％枠の突破は確実となった。中曾根は、一九八六年度予算で一％枠を突破するつもりだったが、かろうじて一％以内となった。そして一九八六年一二月三〇日に決定した八七年度予算案で、防衛費は一％枠を超えた（GNP比一・〇〇四％）。政府は、一九八七年一月二四日、一％枠の撤廃と、中期防の枠内で総額を明示することを閣議決定した。

GNP一％枠は、絶対額を抑制するものではなく、経済成長をしていれば、防衛費もその分増大させられるので、歯止めの意味はあまりない。しかももともとNATO（北大西洋条約機構）方式で軍人恩給などを含めれば、防衛予算は英仏と同規模となり、対GNP比は一・五％程度になる（表「世界の軍事支出」参照）。一％枠は、低成長になってはじめて歯止めとして機能するかどうかが試されていたが、機能しなかった。中曾根にすれば、一％枠を超えたといっても、「わずか一〇〇〇分の四上回っただけ」であり、これをもってすぐに軍事大国になるわけではなかった。実際、その後の防衛予算はほぼGNPの一％前後を推移している（図「防衛関係費の推移と対GNP比」参照）。さらに一般会計歳出に占める防衛関係費の比率は社会保障関係費等より低く（図「一般会計歳出に占める主要経費の構成比」参照）、人件費・糧食費が四割強でほぼ一定である。もちろん（物価上昇を考慮しなければならないが）防衛関係費は年々増大している。しかし中曾根にとっては、一％枠という象徴をなくしたことじたいにおおきな意味があったのであろう。

中曾根は、一九八五年七月の自民党セミナーの発言にあらわれているように、靖国神社への公式参拝も実現した。かれは、藤波孝生官房長官のもとに靖国懇を設けた。靖国懇は、八月九日の報告書で違憲論を付記するにとどめ、政教分離にふれないかたちでの公式参拝を認めた。そして中曾根は、八月一五

世界の軍事支出

ⓐ　英国戦略研究所調べによる上位10カ国の国防費

国　名	順位	国防費1979年度		国防費の対GNP比%（1978年度）
		100万ドル	億　円	
ソ　連	1	＊　148,000	＊　307,396	11～14
アメリカ	2	114,503	237,823	5.0
中　国	3	46,000	95,542	10.0
西ドイツ	4	24,391	50,660	3.4
フランス	5	18,776	38,998	3.3
イギリス	6	17,572	36,497	4.7
サウジアラビア	7	14,184	29,460	15.0
日　本	8	10,083	20,946 参考（38,650）	0.9
イラン	9	＊　9,942	＊　20,650	＊＊　10.9
イタリア	10	7,089	14,754	2.4

注：＊は1978年度，＊＊は1977年度のものである。
参考はNATO基準による1980年度の額。
資料：英国戦略研究所『ミリタリー・バランス1979～1980』。

ⓑ　SIPRIによる世界の軍事支出

順位	国　名	軍事支出額（ドル）	1970年対比
1	アメリカ	1,101億4,500万	0.84(1)
2	ソ　連	1,057億	1.14
3	西ドイツ	216億3,600万	1.28
4	フランス	189億9,300万	1.31
5	イギリス	155億3,600万	1.23
6	サウジアラビア	146億1,000万	6.99
7	日　本	95億1,600万	1.66

注：1. アメリカの1970年の軍事費は，インドシナ戦争のため1,308億7,200万ドルにのぼった。インドシナ戦争の終結後，1976年から増勢に転じた。
2. 中国は除く。
資料：SIPRI（ストックホルム国際平和問題研究所）年鑑（1980年）。
出所：鷲見友好『日本の軍事費』学習の友社，1982年，40ページ。

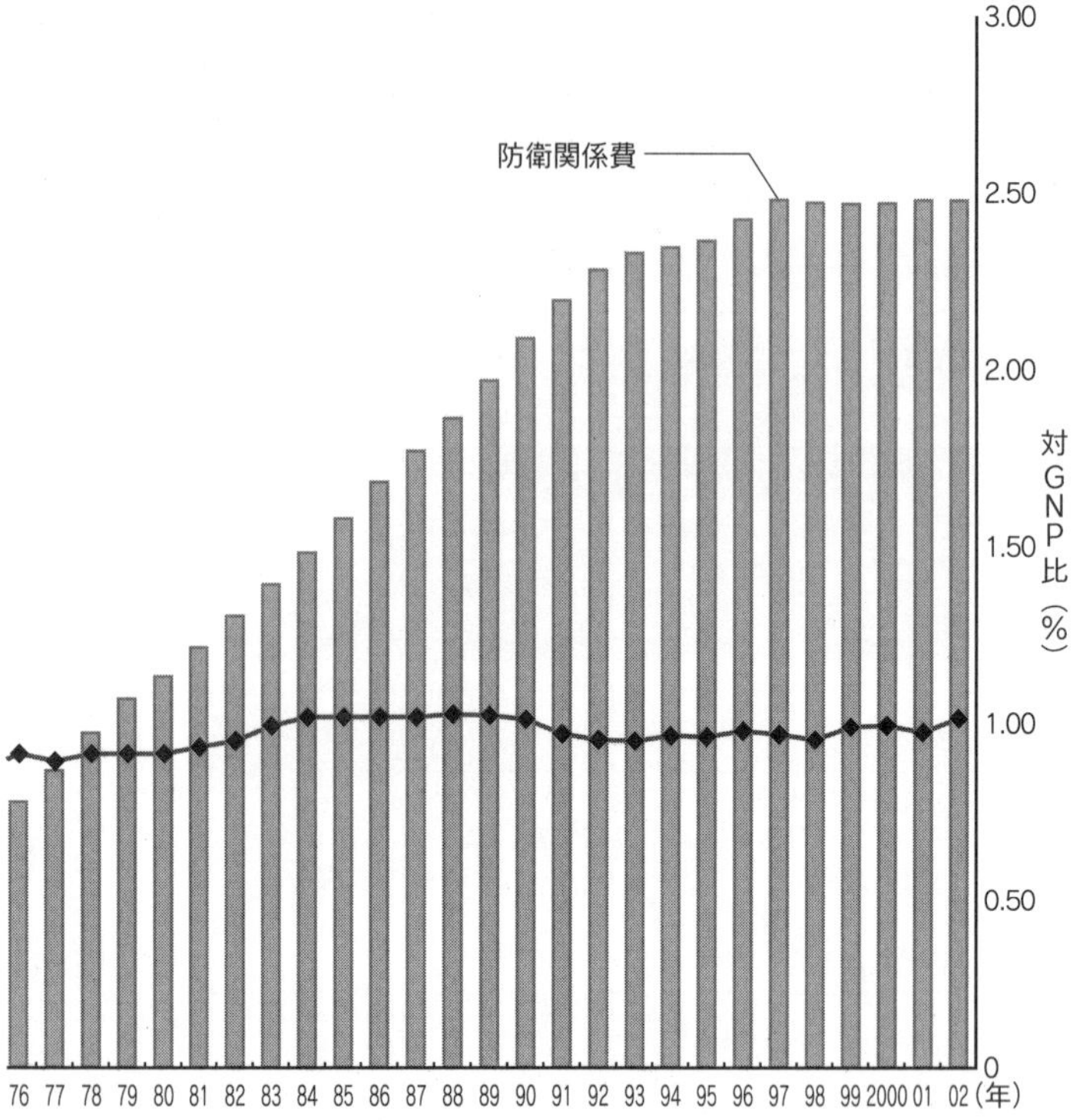

P（国内総生産）の当初見通しに対する比率を示した。
『防衛白書』（平成13年版），285ページ，『防衛白書』（平成14年版），337ページよ

日、戦後はじめて首相の資格で公式参拝したのである。

防衛費のＧＮＰ一％枠突破も靖国問題も、野党や近隣諸国などの反発を招いた。とくに靖国問題に対する中国の反発はおおきく、中曾根はその後の参拝を見送った。しかしＳＤＩ（戦略防衛構想）への研究参加や国家機密法案（スパイ防止法案）制定の動きなど、一連の動きは右傾化

防衛関係費の推移と対GNP比

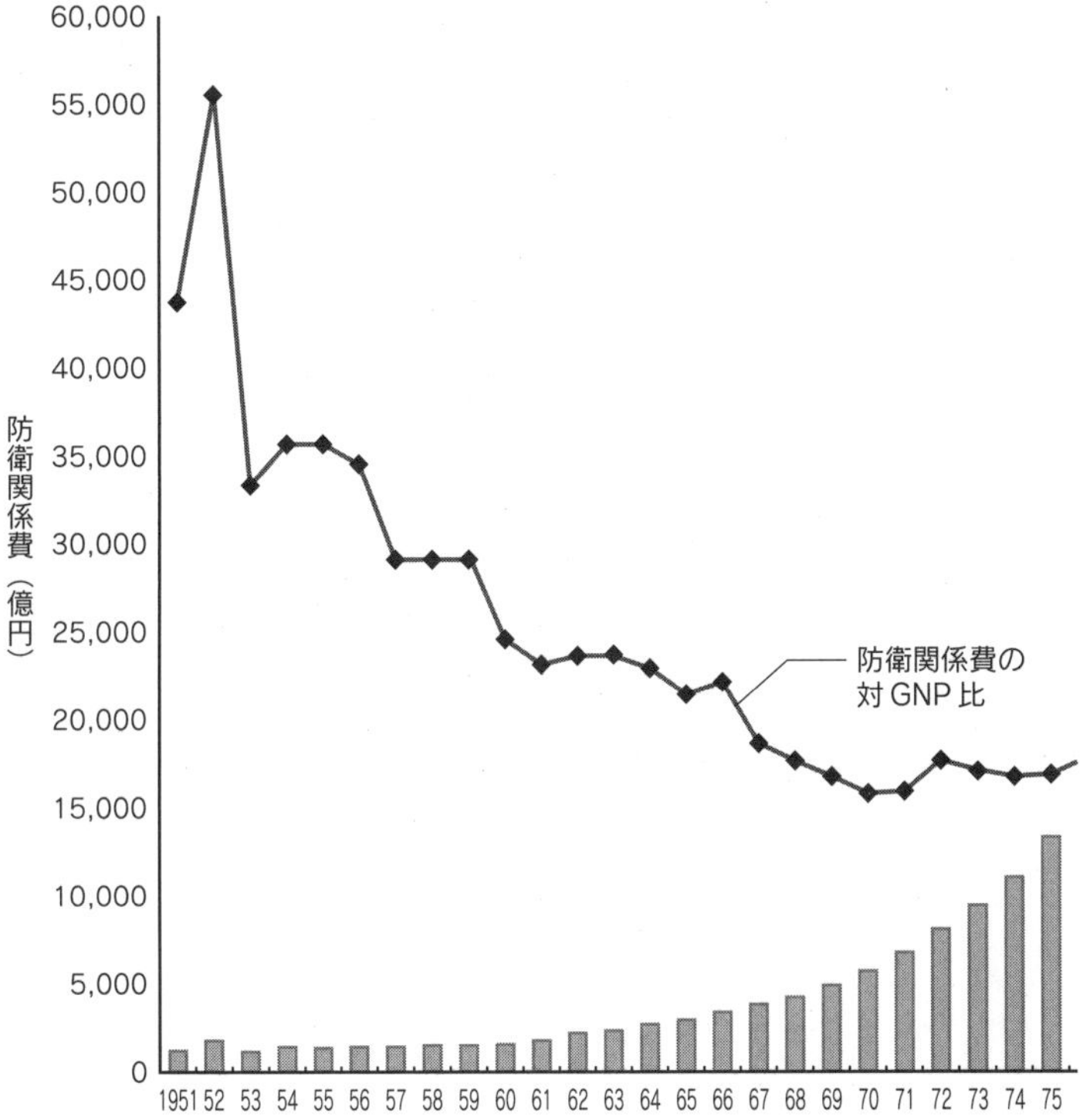

注：1997年度以降の防衛関係費にはSACO関係経費を含む。2001年度以降はGD

出所：『防衛ハンドブック』（平成12年版），朝雲新聞社，2000年，283～88ページ，り作成。

の一環ととらえられた。

日本は、牛肉・オレンジ、自動車、鉄鋼、半導体などをめぐり、米国とたびたび貿易摩擦をくりかえしていた。そのため日本は、貿易摩擦を、防衛問題で米国に譲歩することで切りぬけようとしてきた。しかし米国政府に圧力を加えているのは、軍事産業だけではなく、農業も自動車産業も半導体産業も同様であった。貿易摩擦を

一般会計歳出に占める主要経費の構成比

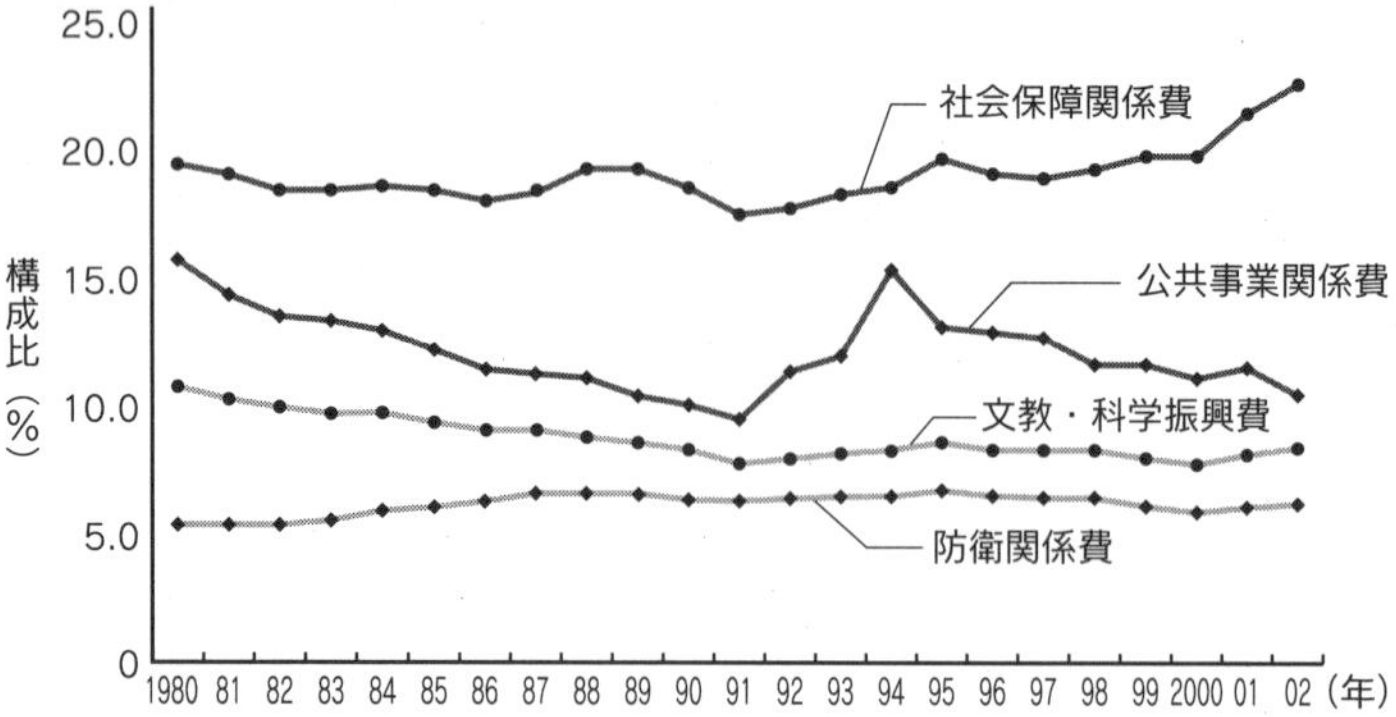

出所：『防衛白書』（昭和59年版），『防衛ハンドブック』（平成4年版），『防衛白書』（平成9年版），『防衛白書』（平成14年版）などより作成。

防衛問題での譲歩で解決できるはずもなく、中曾根内閣は、対米関係を重視し、貿易摩擦についても基本的には米国の要求を受けいれ、対米輸出を自主規制するとともに、日本市場の開放や、プラザ合意に代表される協調政策を進めていかざるをえなくなる。また自衛隊のＦＳＸ（次期支援戦闘機）についても、国産による開発の要求を抑え、日米共同開発に変更した。

このように中曾根は、防衛面でも貿易面でも対米重視の政策をとっていたが、ペルシャ湾への掃海艇派遣は実現させられなかった。イラン＝イラク戦争でイランがペルシャ湾に敷設した機雷を除去するため、中曾根は、レーガンとの約束を果たすべく、海上自衛隊の掃海艇を派遣しようとした。しかし野党は、憲法が禁止している海外派兵にあたると批判し、閣内でも後藤田正晴官房長官が、「蟻の一穴」論、すなわち一度道を開くとそこから平和国家が崩れ落ちてしまうという議論で強く反対したからである。

COLUMN 靖国神社公式参拝

八月一五日に首相をはじめとする閣僚が靖国神社へ公式参拝することの是非がたえず問題になる。なぜなのだろうか。

靖国神社は、一八六二年に京都霊山で安政の大獄以降の志士の霊を祭ったことに起源を有するとされる。一八六九年陰暦六月に東京の九段に戊辰戦争の戦没者を祀る招魂社が創建された。それが一八七九年六月に別格官幣社となり、靖国神社と改称され、内務・陸軍・海軍三省の管理下におかれた。

靖国神社は、明治維新前後以降の戦没者を神として祀っている。ただし遺骨が納められているわけではない。また天皇に反した賊軍などが祀られることはない。靖国神社は国家神道と深く結びつき、とくに太平洋戦争において「英霊」の帰ってくる場所と位置づけられていた。戦友同士が「靖国で会おう」といって別れたという話もある。

敗戦後、GHQによって政教分離が指令され、宗教法人令が公布された。多くの神社は神社本庁に入ったが、靖国神社は単独の宗教法人となった。講和条約発効後、宗教法人令が廃止され、宗教法人法が公布されると、一九五二年九月、靖国神社は東京都知事の認可を受けた。やがて戦没者の慰霊は国家の手でおこなわれるべきだという主張がでてくるようになり、日本遺族会や神社本庁などは政府・自民党に靖国神社国家護持法案を成立させるように働きかけた。一九六九年六月、靖国法案ははじめて国会に提出されたが、審議未了で廃案となった。一九七四年には衆議院本会議で靖国法案を自民党単独で可決したが、参議院では否決された。法案が成立しないため、遺族会などは閣僚、とくに首相の「終戦記念日」への公式参拝を求めるようになった。

戦後はじめて靖国神社に参拝した首相は一九五一年の吉田茂である。以後、春秋の例大祭や就任時などに参拝した首相は多いが、「終戦記念日」にはじめて参拝した首相は三木武夫であった。かれは一九七五年、自民党内の支持をつなぎとめるために私人の資格で参拝した。福田赳夫、クリスチャンの大平正芳、鈴木善幸は公私を明確にせず参拝した。中曾根康弘は、一九八四年一月五日、現職首相としてはじめて靖国神社へ年頭参拝した。そして一九八五年八月一五日、靖国懇が認めた政教分離にふれないかたちで——お祓・玉串奉呈はおこなわず、神道形式の二礼二拍手一礼ではなく一礼のみとし、供花料を公費とする——公式参拝した。中曾根はその後、中国などの反発に配慮し、秋季例大祭や一九八六年八月一五日の参拝を見送った。

靖国神社への公式参拝の問題点はいくつかある。第一は、一宗教法人である靖国神社に公式参拝することは、日本国憲法の政教分離の原理に抵触する可能性があるということである。第二は、東条英機らA級戦犯一四人が一九七八年に合祀されたことである。とくに後者は中国・韓国など近隣諸国の反発を招く。前者を解決するには靖国神社を非宗教の特殊法人にするか、新たな国立の追悼施設をつくるしかない。後者を解決するにはA級戦犯の分祀しかない。

中曾根以降、明らかになっている首相の参拝は橋本龍太郎（一九九六年七月二九日）と小泉純一郎である。総裁選で八月一五日の参拝を公約した小泉は、二〇〇一年が八月一三日、二〇〇二年が春季例大祭（四月二一日）、二〇〇三年が一月一四日と、「終戦記念日」を回避している。それでも近隣諸国の反発は強い。二〇〇一年一二月に発足した福田康夫官房長官の私的諮問機関「追悼・平和祈念のための記念碑等施設の在り方を考える懇談会」（座長・今井敬新日鐵会長）は二〇〇二年末に無宗教の国立戦没者追悼施設が必要だが政府の判断すべきこととする答申をまとめた。靖国神社問題は当面なくなることはなかろう。

SECTION 3

国内冷戦の終焉

「瓶の蓋」としての日米安保――◆

一九八九年から九一年にかけての冷戦終結、ソ連・東欧の社会主義政権の崩壊は、世界的な軍縮の潮流を生みだしていた。日本は、表向き、仮想敵国をもたないとされていたが、実際に自衛隊が想定していたのはソ連・中国・北朝鮮であった。そのうち第一の仮想敵国のソ連が解体したことは、日本にも、自衛隊と日米安保の意義の再検討を迫った。

しかし日本政府は、アジアではまだ冷戦は終わっていないとし、防衛力強化の必要性を否定することはなかった。自衛隊には、主たる任務ではない災害救助活動が積極的に位置づけられるとともに、国際的役割も期待されるようになっていく。

日米安保体制についても同様である。日本政府は、日米安保条約には、軍事的側面だけではなく、第二条の「両国の間の経済的協力を促進する」という経済的側面があることを強調した。軍事的脅威がなくなっても、日米安保には効用があるというのである。

米国は、冷戦終結による「平和の配当」として、一九九二年にフィリピンのスービック基地から撤退するなどしていた。日本やＡＳＥＡＮ諸国などは、中国や北朝鮮、ヴェトナムなどが存在するなかで、アジア・太平洋地域において米国の存在がなくなることを懸念していた。そのため日米安保条約の存続は、アジア・太平洋地域の安全と繁栄のための「リンチピン（車輪止め）」だと位置づけられたのである。同時に日米安保条約は、アジア諸国にとって、日本の軍事大国化の歯止めであった。米国政府も、安保が日本の軍事大国化を抑止する「瓶の蓋（ボトル・キャップ）」であることを認め、その存続を正当化した。

米国は、冷戦下、強大な軍事力によって、社会主義国から西側諸国を防衛するだけではなく、国際公共財としての自由貿易体制を維持した。自由貿易体制のもとで、日本や西独は、多額の軍事費を使うことなく、工業生産と輸出によって経済大国となっていった。冷戦下、米国は経済力がかげりをみせるとともに、西側同盟国に対して応分の責任分担（バードン・シェアリング）を求めたが、冷戦後、社会主義国から同盟国を守る必要性が低下し、同盟国にいっそうの軍事的な責任分担を求めた。一方、軍事的競争相手であったソ連の解体は、経済的競争相手である日本に対する「ジャパン・バッシング（日本たたき）」を生みだしていった。

国連平和協力法案の廃案――◆

湾岸危機および湾岸戦争は、東欧革命とマルタでの冷戦終結宣言の後に生じた問題である。しかし日本国内ではまだ国内冷戦は終わっていなかったので、ここでとりあげておきたい。

一九九〇年八月二日にイラクがクウェートに侵攻すると、米英両国などがペルシャ湾岸に派兵し、海上封鎖などをおこなっていく。海部俊樹内閣は、八月五日には、G・H・ブッシュ米大統領の要請に従ってイラクからの石油輸入を禁止し、経済協力を凍結するなどの制裁を決定した。一四日、ブッシュが、ペルシャ湾岸諸国への支援を要請すると、海部内閣は、経済支援のほか要員派遣などの検討をはじめた。これに対して社会党や公明党は、要員派遣に反対することを表明した。

一九九〇年八月二九日、海部は、民間航空機による食糧・医療品等の輸送、一〇〇人規模の医療協力団の派遣、紛争周辺国への経済援助などの中東支援策を発表した。しかしそこには、米軍をはじめとする多国籍軍への資金協力の額は明示されておらず、翌三〇日、一〇億ドルの資金拠出をするという政治決断がなされた。二週間後の九月一四日、多国籍軍への追加支援一〇億ドル、紛争周辺国への経済援助二〇億ドルという第二次支援策が決定された。だが資金協力は、小出しの印象を与え、"too little, too late"(少なすぎるし、遅すぎる)という批判を受けた。

小沢一郎自民党幹事長は、多国籍軍への人的貢献が必要だと考えていた。そこで小沢らが中心になって国連平和協力法案が作成され、一九九〇年九月一六日、国会に提出された。国連平和協力隊を派遣し、軍事活動には参加しないとするものだったが、自衛官が協力隊員となった場合の身分や携行する武器をどうするか、集団的自衛を禁じていると解釈している憲法第九条との関係をどうするのか、国連軍や多国籍軍の定義はどうなっているのかなどの議論が噴出した。この法案には、社会・共産・公明党が反対し、結局、海部は国会の混乱を受け、一一月五日、同法案を廃案にすることを決めた。

一九九一年一月一七日、多国籍軍の対イラク攻撃がはじまった。翌日、海部は、イラクへの武力行使に「確固たる支持」を表明し、二四日には、追加資金九〇億ドル（約一兆二〇〇〇億円）を支出することと、被災民を移送するため、自衛隊輸送機と政府チャーターの民間機とを派遣することを決定した。社会・共産両党は、自衛隊輸送機の派遣は海外派兵にあたり、憲法違反だと批判したが、民社党は支援策を支持した。

湾岸戦争は、一九九一年二月二七日にイラクが国連決議の受諾を表明して終結したため、自衛隊輸送機の派遣は実施されなかった。しかし海部内閣は、四月二四日、湾岸戦争後のペルシャ湾に掃海艇・母艦など六隻、自衛隊員五〇〇人を派遣することを決定した。掃海艇などは、二六日に横須賀を出港し、機雷三四個を処分して、一〇月三日に呉に戻った。

日本は、合計で一三〇億ドルもの資金を拠出した。この資金がなければ、多国籍軍が戦闘をつづけることはむずかしかったかもしれない。しかし湾岸戦争後、クウェート政府が、新聞の全面広告で感謝を表明した国の一覧のなかに日本の名前はなかった。クウェートは後にミスだと認めたが、自民党や外務省は、資金だけでは評価されなかったという事実が「トラウマ（心的外傷）」のようになり、汗や、場合によっては血を流さなければならないと考えるようになっていった。

小沢は、幹事長辞任後の一九九一年六月に、自民党の「国際社会における日本の役割に関する特別調査会」の委員長に就任した。この小沢調査会は、一九九三年二月三日、集団安全保障と集団的自衛の違いを明確にし、国連軍や多国籍軍に自衛隊を参加させることは合憲とする答申を提出した。かれの著書『日本改造計画』には、この考えが反映されている。

◆PKO法の成立

一九九一年九月一九日、海部内閣は、PKO（国連平和維持活動）協力法案と国際緊急援助隊派遣法改正法案を決定し、国会に提出した。PKO法案は、海部が政治改革に失敗して退陣した後、宮澤喜一内閣によって引き継がれた。同法案は、一一月二七日に衆議院国際平和協力特別委員会で強行採決されて紛糾し、本会議では公明党の賛成を得て修正可決されたものの、一二月二〇日、参議院で継続審議となった。

しかし一九九一年一〇月に、カンボジア和平が合意され、国連が行政管理をおこなうことになり、一九九二年一月九日、UNTAC（国連カンボジア暫定統治機構）が設置され、その特別代表に国連事務次長の明石康が任命された。日本人がUNTAC特別代表になったことで、日本が、カンボジア和平で人的に貢献することが必要だという議論が高まる。

PKOは、平和を脅かす局地的な紛争や事態の拡大を防止するために、国連が受入国の同意を得て、PKF（平和維持軍）や軍事監視団を現地に派遣して、紛争の平和的解決に道を開こうとするものである。PKO法案は、①紛争当事者間での停戦合意、②受入国の同意、③活動の中立性、④前記三条件が失われた場合の撤退、⑤武器使用は、要員の生命等の防護など最小限とすることとするPKO五原則のもと、派遣部隊が危険に直面したときには、日本独自の判断で撤退できるとし、武器使用は、部隊長ではなく個人の判断で、本人および本人と一緒の隊員の正当防衛の場合のみおこなえるとされていた。

しかし民社党は、ＰＫＯ派遣を国会で事前に決定する必要があると主張した。公明党は、ＰＫＯ法案に賛成だったが、国民の合意ができるまで、当分の間、法案中に明記されているＰＫＦ本体業務――停戦や武装解除履行の監視、緩衝地帯等の駐留・巡回など――を凍結することを求めた。自民党は、これらを受けいれ、一九九一年六月一日、三党共同修正案ができる。

一九九一年六月五日、自民・公明・民社三党は、参議院国際平和協力特別委員会で、ＰＫＯ法案の質疑打ちきり動議を可決したため、社会・共産両党は抗議して、議場は混乱した。社会党は、ＰＫＯはあくまで「非軍事・文民・民生」の原則によっておこなうべきだと考え、共産党も、自衛隊の海外派兵へ道を開くものだとしていた。社会・共産両党は、両院の審議で、議院運営委員長解任決議案などを次つぎと提出し、徹底した牛歩戦術をとった。そして社会党と社民連（社会民主連合）は、一五日、衆議院の解散を求めるために、衆議院議員一四一人の議員辞職願を提出するという手段まで使った。桜内義雄衆議院議長は、この辞職願を認めず、ＰＫＯ法案は可決された。こうして八月一〇日に施行されたＰＫＯ協力法にもとづき、宮澤内閣は、カンボジアへはじめてＰＫＯ部隊を派遣した。カンボジアＰＫＯでは、民間ヴォランティアと文民警察官の尊い命が失われたが、任務は遂行され、以後、モザンビーク、ゴラン高原、東ティモールなどにＰＫＯが派遣されていくことになる。

ＰＫＯ活動がノーベル平和賞を受けて脚光を浴びる一九八八年よりも前に、社会党や進歩的な学者のなかにも、北欧やカナダなどが展開してきたＰＫＯへ理解を示し、むしろ自衛隊を縮小して日本に国連待機軍をおき、国際平和維持に寄与することを説く議論があった。しかし湾岸戦争からカンボジアＰＫ

〇までの間、そのような議論は影をひそめた。自衛隊が海外へ派遣されるということに対する警戒心が強く残っていたからである。社会党は、一九九一年七月に田邊誠が委員長に就任していたが、右派出身の委員長のもとで非妥協的な姿勢をつらぬいたことは、社会党の支持を減らす結果となった。一九九二年参院選では、自民党が六九議席と復調したのに対して、八九年参院選で大勝した社会党は二二議席にとどまった。

細川内閣の成立と社会党の転換——◆

宮澤内閣は、政治改革を実現するとしていたが、実現は不可能となった。そこで野党が、一九九三年六月一八日、宮澤内閣不信任決議案を提出すると、自民党から一六人が欠席し、政治改革に積極的だった羽田派三四人と他派閥五人が不信任案に賛成した。その結果、賛成二五五、反対二二〇で不信任案は可決された。宮澤はただちに衆議院を解散したが、武村正義や鳩山由紀夫らが離党して新党さきがけを結成し、羽田派も新生党を結成した（その後の政党の離合集散については図「政党の変遷」参照）。

一九九三年七月一八日の第四〇回総選挙では、自民党は二二三議席にとどまり、過半数を得られなかった。社会党も、結党以来最低の七〇議席であった。他方、一九九二年五月二二日に細川護熙前熊本県知事が結成した日本新党が三五議席、さきがけが一三議席、新生党が五五議席と、新党が合計一〇三議席を獲得し、大躍進をとげた。

一九九三年七月二二日、宮澤内閣は退陣を表明し、八月六日、細川が首相に選出された。八月九日、

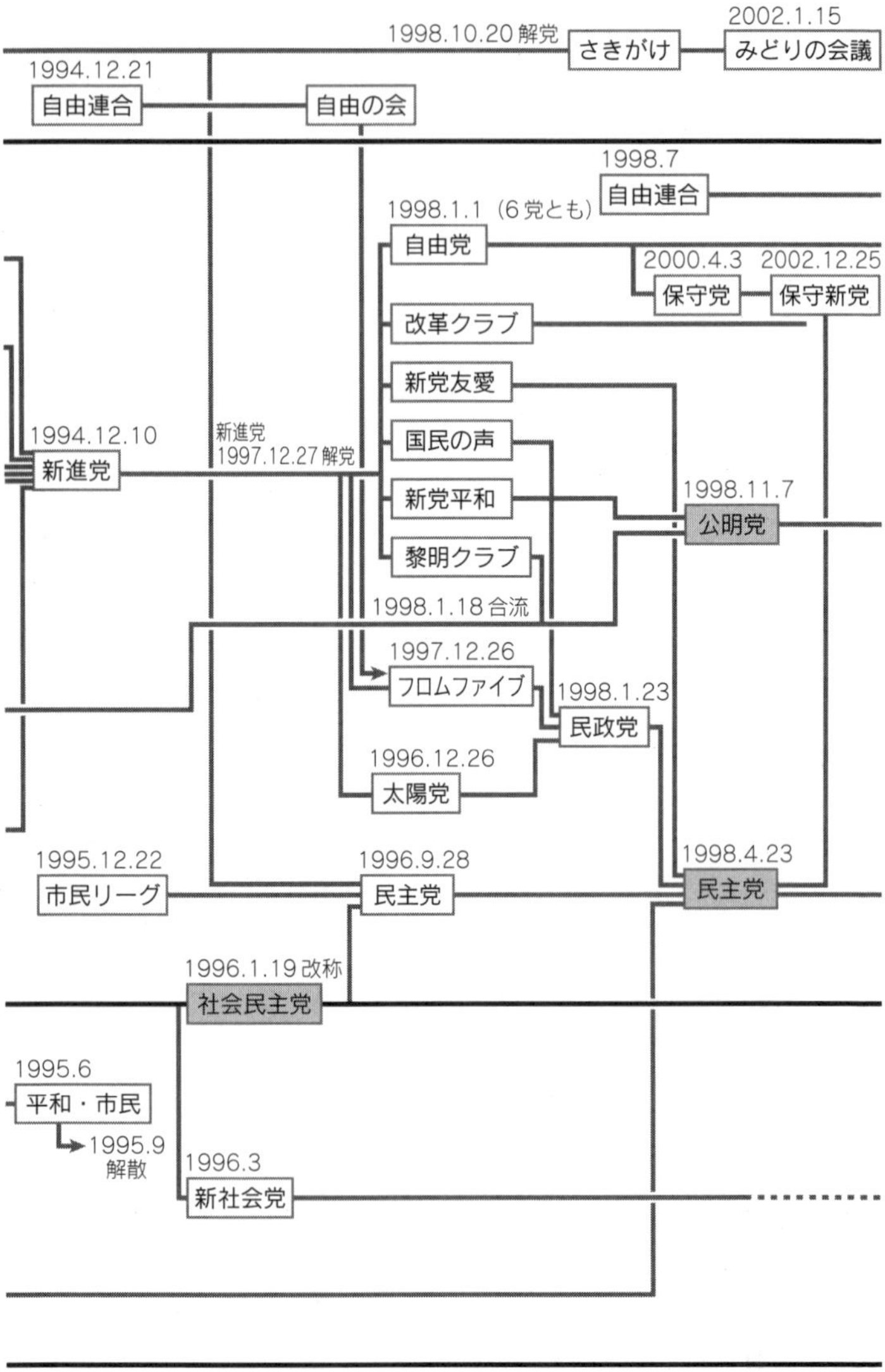
1998.10.20 解党
さきがけ
2002.1.15
みどりの会議
1994.12.21
自由連合
自由の会
1998.7
自由連合
1998.1.1（6党とも）
自由党
2000.4.3
保守党
2002.12.25
保守新党
改革クラブ
新党友愛
国民の声
1994.12.10
新進党
新進党
1997.12.27 解党
新党平和
1998.11.7
公明党
黎明クラブ
1998.1.18 合流
1997.12.26
フロムファイブ
1998.1.23
民政党
1996.12.26
太陽党
1995.12.22
市民リーグ
1996.9.28
民主党
1998.4.23
民主党
1996.1.19 改称
社会民主党
1995.6
平和・市民
1995.9
解散
1996.3
新社会党

年，巻末の図をもとに作成。

政党の変遷

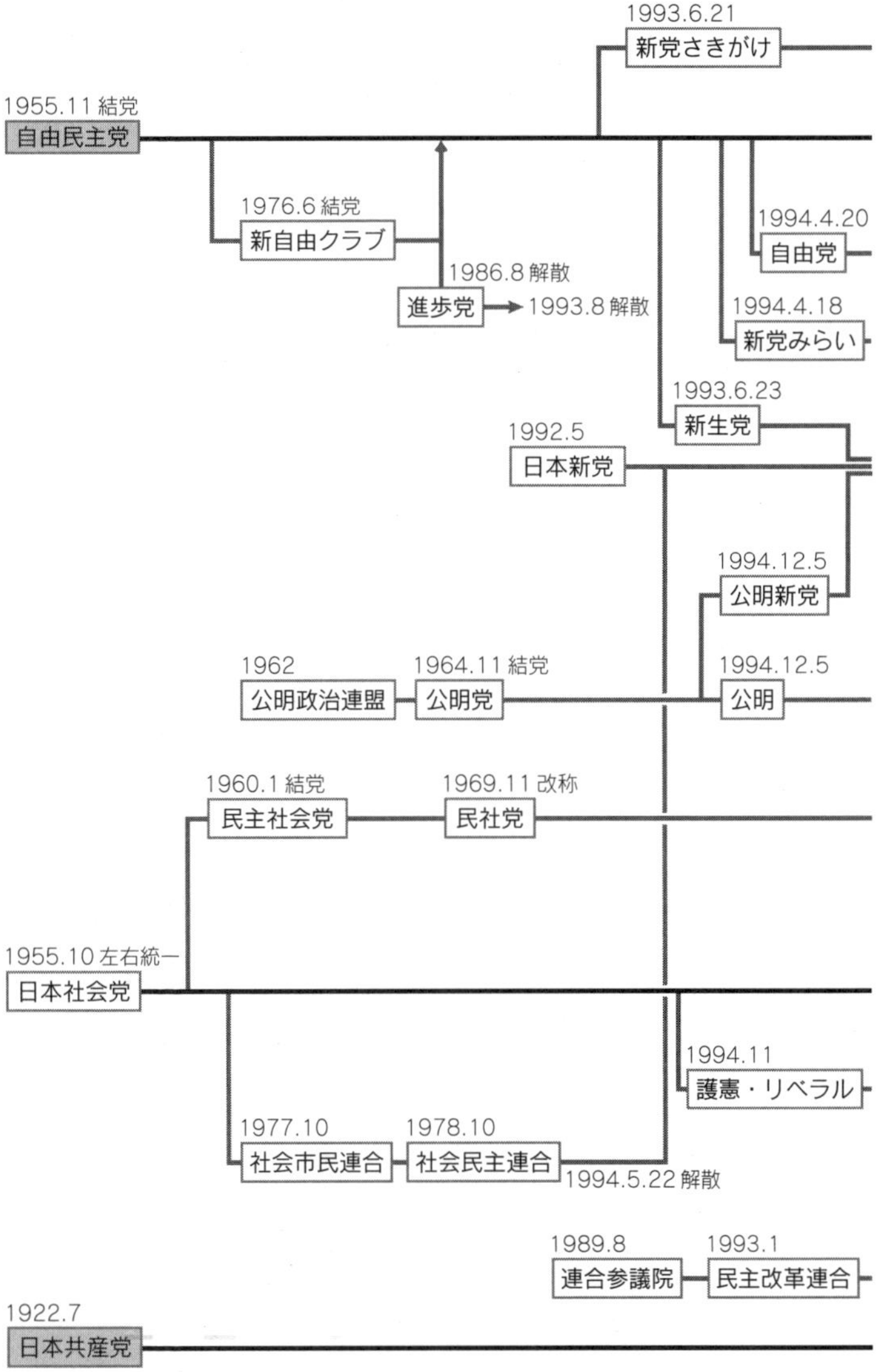

出所：『知っておきたい国会議員の動き』（平成14年版），国政情報センター，2001

社会・新生・公明・民社・社民連・日本新・さきがけ・民主改革連合の八党派による連立政権が発足し、政党レベルの国内冷戦体制としての五五年体制は崩壊したのである。

細川内閣は、与党内の対立が国民福祉税構想をめぐって決定的なものとなり、一九九四年四月に退陣する。次の羽田孜内閣は二カ月で行き詰まり、社会党の村山富市委員長を首班とする自民党・社会党・さきがけの連立政権が発足した。七月二〇日、村山は、衆議院本会議で、自衛隊は合憲だと明言し、日米安保体制を堅持し、日の丸・君が代が国旗・国歌であるという国民認識の定着を尊重すると述べた。九月三日の社会党臨時大会は、自衛隊、日米安保、日の丸・君が代、原発などについての党の基本政策をおおきく変えることを承認した。政策レベルでも国内冷戦が終わりをみせた瞬間であった。

保革イデオロギー構造の変容――◆

現代日本人の保革イデオロギーには、基本的に、①占領期から一九六〇年にかけて形成された旧体制・安全保障をめぐる保守‐革新の対立軸と、②七〇年代に新しく登場した福祉・参加・平等をめぐる保守‐革新の対立軸が存在していた。従来、イデオロギーとは、前者のことをさすものとみられていたが、日本人のイデオロギー構造は、ふたつの主要な対立軸から成り立っている。

一九八〇年代の日本の有権者は、日米安保体制の強化には賛成であっても、防衛力の増強には反対しており、①旧体制・安全保障をめぐる次元では、「保守化」というよりは「現状肯定」化が進んでいた。一九八〇年代の有権者の「保守化」は、②福祉・参加・平等次元で起こっていた。中曾根内閣が国民の高

保革イデオロギー自己認識と政策次元

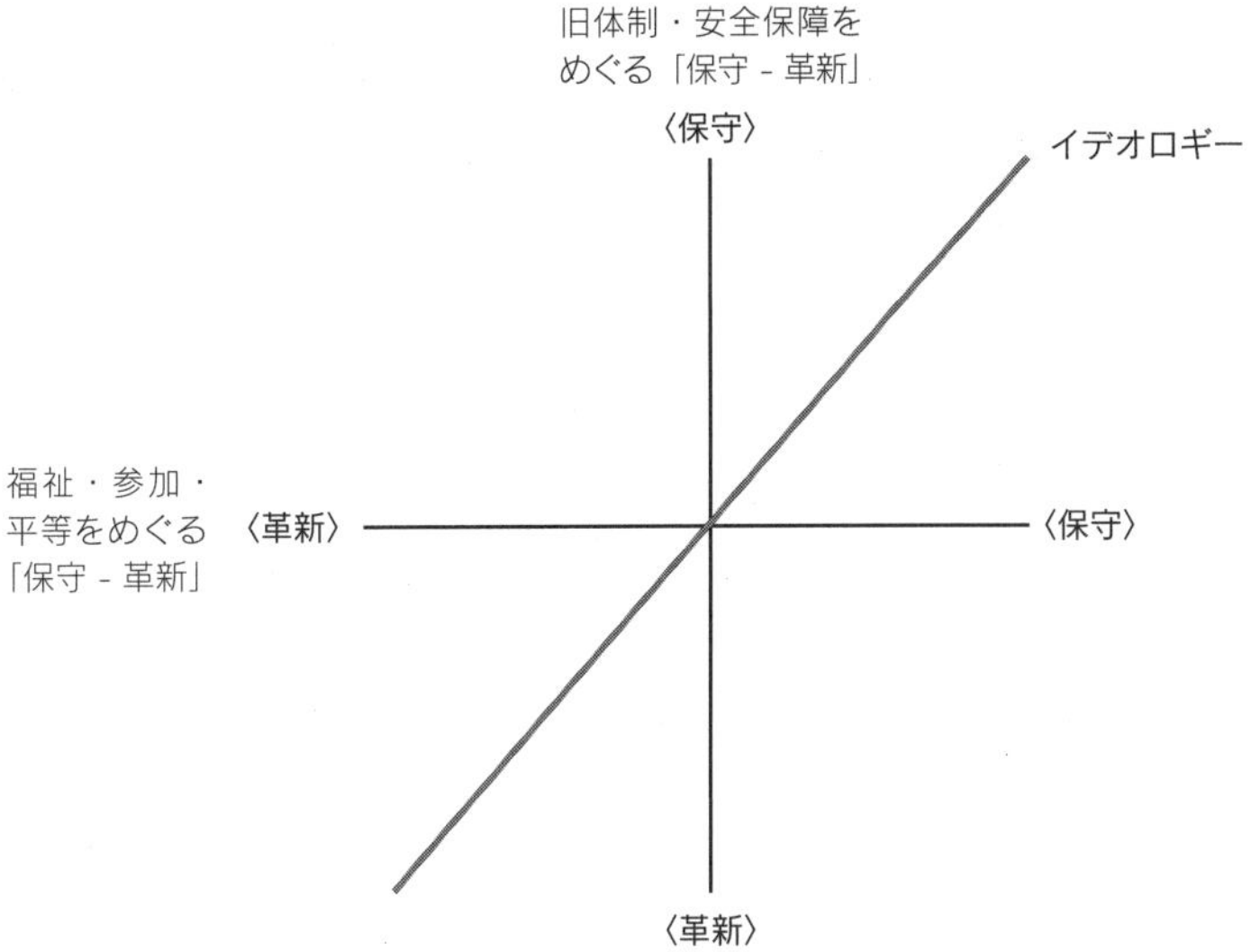

出所：蒲島郁夫・竹中佳彦『現代日本人のイデオロギー』東京大学出版会，1996 年，126 ページ。

い支持を受けたのは、イデオロギー対立を超えて合意争点となった「小さな政府」をうまく利用して、三公社の民営化などを推進したからであったと考えられる。

国内冷戦が終わり、自衛隊や日米安保条約に対する意見の隔たりはあまりなくなってきている。政党の離合集散や政策転換などで、認識枠組みとしてのイデオロギーは動揺をきたし、政治的争点を結びつける拘束力を低下させ、複雑に多元化している。

だが、①旧体制・安全保障をめぐる次元は、国際的軍事貢献や憲法改正などの争点と結びつきつつあるように思われる。②福祉・参加・平等次元の大きな政府と小さな政府との対立も消えてはいない。イデオロギーは、争点に対する拘束力を失いつつも、新たな争点を結びつけて再編されていっているように思われる。

◆アジアの冷戦は終わったのか？——

冷戦の終焉といわれるが、アジアでは冷戦は終わっていないという見方がある。中国や北朝鮮などの共産主義国があり、しかも軍事的緊張がつづいているという理由からだ。

ソ連が解体してからまず喧伝されたのは、中国の「脅威」であった。米国防総省を中心に、中国が着々と軍事力を増強していることが指摘され、それは、アジアの軍事バランスを崩すものとされた。また中国は、一九九四年の六月と一〇月、九五年の五月と八月に核実験をおこなった。たしかに中国の軍事力は増強されていたが、その多くは旧式のものであり、質的には、最新鋭の兵器を備えた米軍のほうが依然として優位であった。また核実験も、中国だけではなく、米国やフランスも行っており、CTBT（包括的核実験禁止条約）採択までのかけこみ実験であった。しかし中国が、冷戦後の米国が一極で覇権を拡大していくことを批判していたことから、軍事大国をめざしているとみなされた。

一方、台湾は、一九八〇年代から経済発展を遂げ、韓国・シンガポールとともにNIES（新興工業経済地域）と呼ばれるまでになり、やがて国民党の独裁政権が終焉した。国民党政権は、共産党政権を認めないという意味で「ひとつの中国」であったが、李登輝総統は、一九九五年五月に米国を訪問するなどし、経済的に自立した台湾の独立を国際社会に認めさせ、「ふたつの中国」をつくりだそうとした。中国は、この動きに警戒感を示し、七月と八月に台湾沖でミサイル演習を実施した。さらに一九九六年三月、台湾ではじめての総統選挙でも台湾独立が争点になったため、中国は、台湾沖でミサイル演習をおこなった。これに対して米国は、空母二隻を台湾海峡へ派遣した。中国には、台湾を武力統一する意思はなく、あくまでも台湾の独立派に対する威嚇であったため、米中の軍事衝突は起こらなかった。中国の意図にもかかわらず、総統選挙では李総統が選ばれた。

この台湾海峡危機を契機に、中国が台湾を武力で統一しようとしたときに、日本は米軍に対して何をおこなうのかという議論が起こりはじめた。中国は、工業生産が増大し、日本や米国への輸出も増え、WTO（世界貿易機関）に加入するまでになっており、日米と軍事的に衝突する危険性のある台湾の武力統一をおこなう可能性がそれほど高いとはいえない。日本国民の多くも、中国を、米国に次いで重要な国と考えている。ただ、中国が、戦争責任などを絶えず問題視したり、日本が多額の経済援助をおこなっているのに軍事力を増強したりすることへの反発もある。

中国以上に「脅威」とみなされているのが北朝鮮である。一九九三年五月、北朝鮮は、弾道ミサイル「ノドン」の発射実験をおこなった。北朝鮮は、核開発を進めているという疑惑がかけられ、IAEA（国際原子力機関）による核関連施設への査察を受けていた。しかし一九九四年三月、IAEAは、北朝鮮が査察を妨害しているとして、査察官をひきあげた。そして羽田内閣下の六月一三日、北朝鮮が、IAEA脱退を表明したことから、いっきに朝鮮半島に危機が高まった。B・クリントン米大統領は、J・カーター元大統領を北朝鮮に派遣し、戦争の危機を回避しようとした。カーターは、金日成主席と会談し、核兵器開発の凍結やIAEA査察官の残留で合意した。一〇月になって、北朝鮮は、核不拡散条約（NPT）への復帰と核査察の受け入れを承諾し、米国は、北朝鮮に核の平和利用に協力することで合意した。これにもとづいて日韓をまきこんでKEDO（朝鮮半島エネルギー開発機構）が設立されることになる。この間、日本政府は極度の緊張状態にあったといわれている。

一九九八年八月、北朝鮮は、弾道ミサイル「テポドン」の発射実験をおこなった。北朝鮮は、人工衛星発射の失敗だとして、ミサイル実験であることを否定したが、ミサイルの残骸は日本を飛び越えて太平洋上に落ちたとされ、弾道ミサイルに核が搭載されたら、日本の安全保障に重大な支障を来すと衝撃を与えた。一九九九年三月には、北朝鮮の工作船とみられる不審船に対し、自衛隊にはじめて海上警備行動が発令された。このときは拿捕できずに批判されたこともあって、二〇〇一年には、海上保安庁の巡視船が中国の排他的水域内で不審船を銃激戦の末、撃沈した。

北朝鮮には工作船や拉致問題などがあり、閉鎖的な国であることもあって、日本政府や国民の多くには、得体の知れない隣人だと不信感が強い。したがって対朝関係がいっきに好転するとは考えにくい。経済的苦境にある北朝鮮が、軍事的攻勢にでても、軍事的優位に立つ米軍に完膚なきまでに叩かれるであろう。核開発をカードに「瀬戸際外交」をくりかえしているため、軍事的衝突の危険性は皆無ではないが、北朝鮮から軍事的侵攻に踏みきる可能性は低いのではないだろうか。

ソ連が解体しても、ロシアを極東の不安定要因だとみる議論もある。一九九七年一一月、橋本龍太郎首相は、エリツィン大統領と、二〇〇〇年までに、北方領土問題を解決して日ロ平和条約を締結することで合意した（クラスノヤルスク合意）。また橋本は、一九九八年四月、伊東市川奈で、エリツィンに、

アジア太平洋地域における主な兵力の状況（概数）

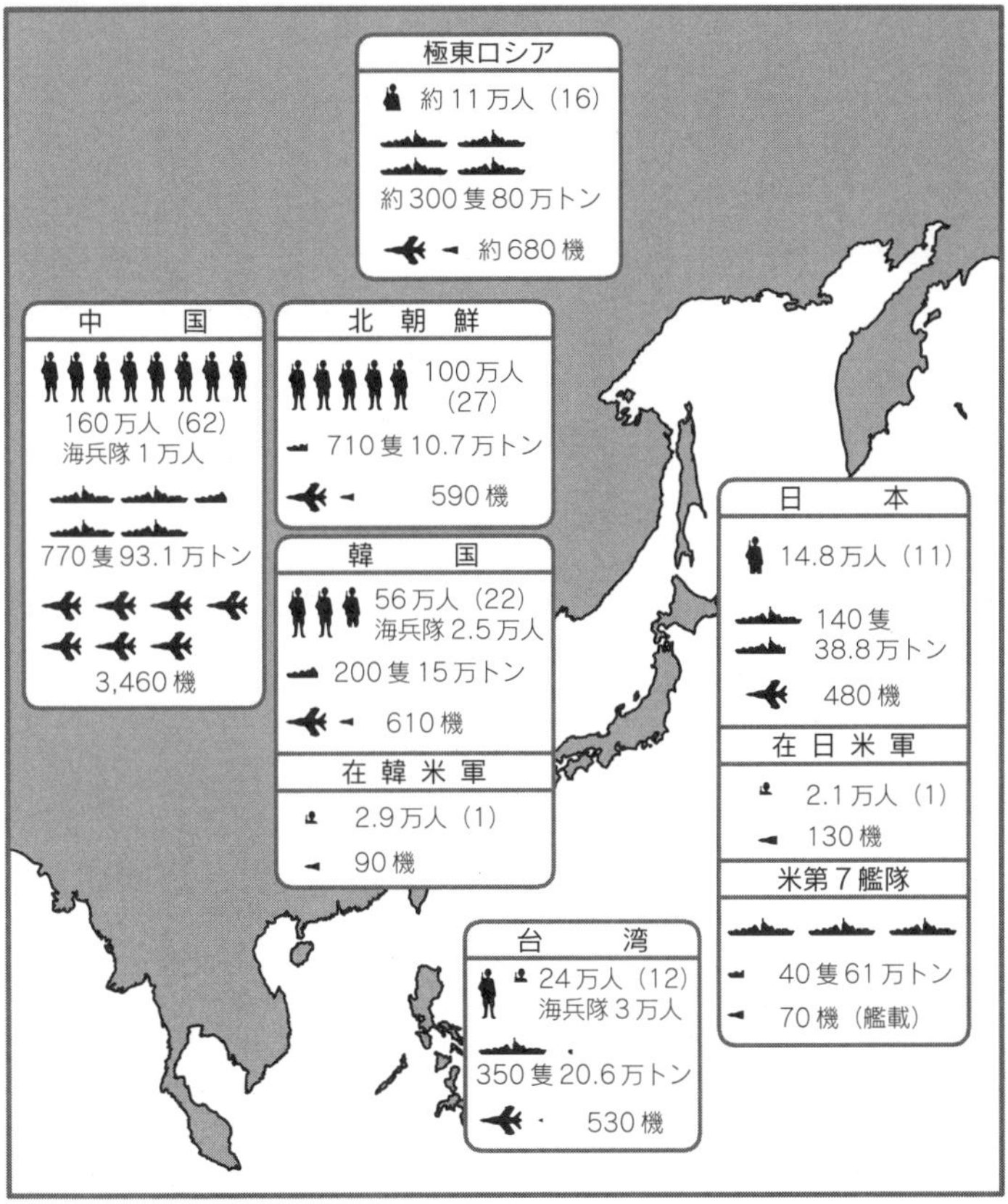

注：1.　資料は，ミリタリー・バランス(2001～2002）などによる（日本は平成13年度末実勢力)。
2.　在日・在韓駐留米軍の陸上兵力は，陸軍および海兵隊の総数を示す。
3.　作戦機については，海軍および海兵隊機を含む。
4.　(　）は，師団数を示す。

出所：『防衛白書』(平成14年版)，44ページ。

歯舞・色丹の二島を先行して返還させ、国後・択捉についてはひきつづき協議するという段階的返還論を提案したようである。小渕恵三・森喜朗両内閣も、基本的にはその線を踏襲したようだが、平和条約締結は実現しなかった。

そのうえ段階的返還論を推進してきた鈴木宗男衆議院議員や東郷文彦元欧州局長らロシアン・スクールが、北方領土支援事業の不正疑惑などによって失脚したため、四島一括返還論に戻りそうな気配である。日本国民の多くは、北方領土を譲ってまでロシアとの関係を進めるべきではないと考えている。しかしロシアは、日本に北方領土の返還を認めれば、欧州でも同様の要求に応ぜざるをえなくなり、日本の主張に全面的に応じる可能性は少ないであろう。そうであれば、対ロ関係の前進はまだまだ先のことになるだろう。とはいえ今後、ロシアが、日本と軍事的対立に入る可能性はほとんどないであろう。

アジアでは、たしかに軍事的緊張がすべてなくなったとはいえまい（図「アジア太平洋地域における主な兵力の状況」参照）。しかし冷戦は、現実の対立であるとともに、政治的アクターが、相手が敵対的に行動していると認知した結果、それにもとづいてみずからの行動に投影するという心理的対立でもある。同じ状況を冷戦の継続と認識するかぎり、国家間関係は非妥協的な態度の応酬となるであろう。しかし日中・日ロ関係が逆行することはなかろう。局地的な問題はあるにせよ、国家同士が全面的に対峙し合う冷戦状況とは異なるという認識に立って、いたずらに脅威を煽らずに、中国・ロシアはもちろん、可能なら北朝鮮とも、二国間の信頼醸成を進めていき、それらの国を、米国、韓国、ＡＳＥＡＮ諸国などを含めた多国間地域安全保障体制にまきこむ努力が必要になってくるのではないだろうか。

おわりに——ポスト冷戦の世界と日本

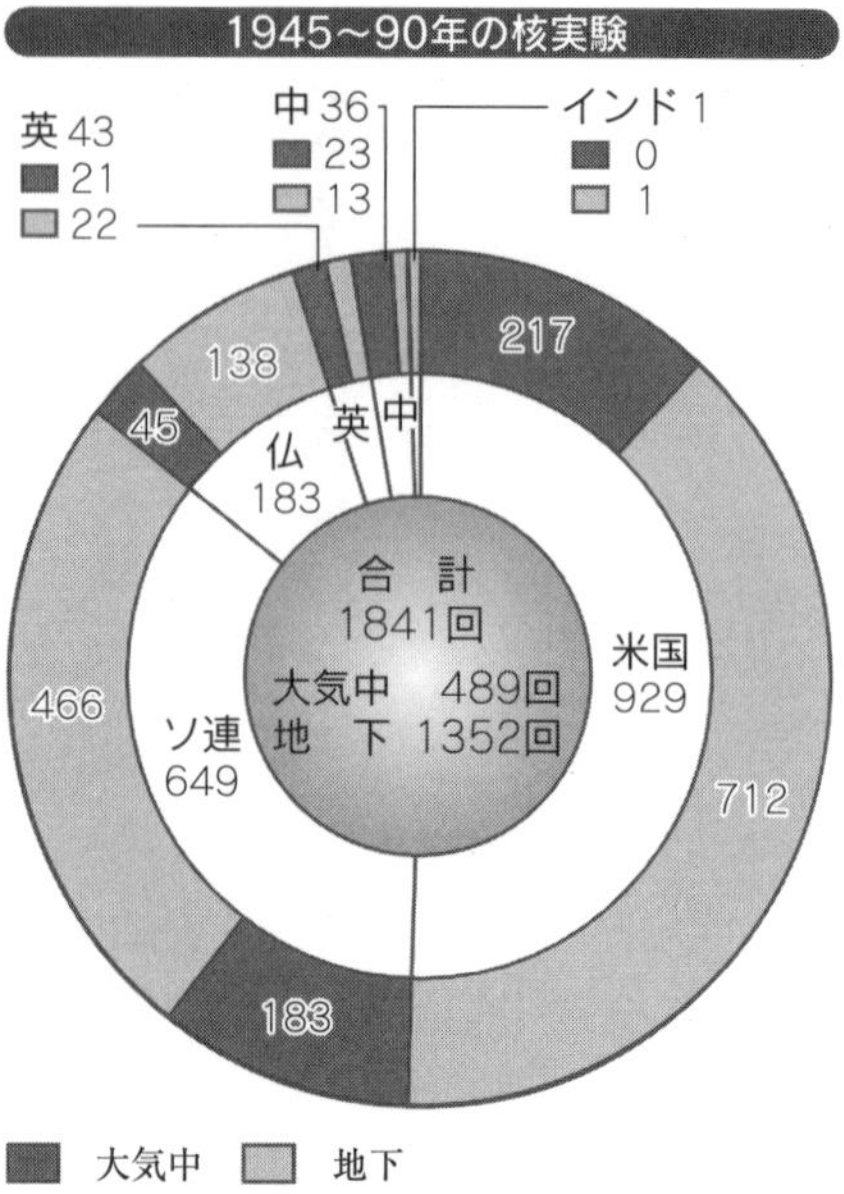

出所：『平凡社百科便覧』1993年（改訂版）をもとに筆者作成。

核軍縮の進展と限界——◆

冷戦は終わった。そのなによりの恩恵は、人類が米ソによる核対決の恐怖から救われたことだろう。ベルリン、キューバ、朝鮮半島、インドシナ半島、台湾海峡など、冷戦期を通じて一触即発の舞台は枚挙にいとまがなかった。核戦争が現実に起こらなかったのは、まったくの僥倖にすぎない。

冷戦の終結で、米ソが核軍縮を真剣に推し進める環境がようやく整った。一九九一年、双方が戦略核弾頭を六〇〇〇個程度に減らすＳＴＡＲＴⅠ（第一次戦略兵器削減条約）が調印された（発効は九四年）。一九九三年には、二〇〇三年をめどに戦略核弾頭を三分の一に削減、多弾頭化ＩＣＢＭも全廃する、ＳＴＡＲＴⅡ（第二次戦略兵器削減条約）も調印された（未発効）。一九九七年、米ソは核弾頭をさらに削減するＳＴＡＲＴⅢ（第三次戦略兵器削減条約）の実現をめざすことで合意した。二〇〇二年には戦略攻撃兵器削減条約が結ばれ、一〇年で戦略核弾頭をそれぞれ一七〇〇発から二二〇〇発の範囲（冷戦終結時のほぼ五分の一）に削減することになった。

だが冷戦期を通じて一八〇〇回を超える核実験が、このかけがえのない惑星の大気や水、土壌などを汚染し、人間の存在を脅かしてきた。こんにちでも、インド・パキスタン・イスラエル・キューバはＮＰＴ（核拡散防止条約）に参加していない。それどころか印パ両国は一九九八年、対抗意識もあらわに核実験をおこなっている。北朝鮮が核開発に手を染め、二〇〇三年早々にはＮＰＴ脱退を表明（一九九三年につづいて二度目）したことも記憶に新しい。一九九六年に国連総会で採択されたＣＴＢＴ（包括的核実験禁止条約）も、発効のみこみがたっていない。

新しい平和の時代——◆

イデオロギー対立の呪縛から解き放たれた世界に、希望に満ちた展開がみうけられたのも事実である。プロテスタント・カトリックの紛争に長く苦しんできた北アイルランドでは、ＩＲＡ（アイルランド共和国軍）が一九九四年に停戦を宣言、九九年には両勢力が連立自治政府を発足させた。キプロスを舞台に対立しつづけたギリシャとトルコも、両国をあいついで襲った大地震での救援活動を機に、恩讐を乗り越えようと懸命である。米国はバスケットボールやサッカーの交流をきっかけにイランと、難民少年の亡命を米国側が認めなかったことを契機にキューバと、それぞれ和解の道を模索しはじめた。一九九一年にはニカラグアで、九六年にはグアテマラで、内戦に終止符が打たれた。

一九九一年のマドリッド中東和平会議開催をはじめ、パレスティナ問題の解決をめざす交渉がおこなわれ、パレスティナ人による蜂起（インティファダ）も鎮静化の傾向をみせた。一九九三年、イスラエルとPLO（パレスティナ解放機構）が相互承認に踏みきり、パレスティナ暫定自治協定が結ばれた。一九九八年、パレスティナは国連のオブザーバーとなった。

冷戦のほとんど最後の舞台となった朝鮮半島でも、一九九二年に韓国と北朝鮮が両国の和解と不可侵、交流や協力の促進などで合意し、朝鮮半島の非核化に関する共同宣言に調印した。一九九八年、韓国大統領となった金大中は北との和解をめざす「太陽（包容）政策」を提唱し、二〇〇〇年には韓国大統領としてはじめて平壌を訪れた。もっともその後、北朝鮮は日本人や韓国人の拉致、核開発問題などをめぐって、近隣諸国を含む国際社会との摩擦を増大させている。

◆湾岸戦争――

冷戦終結がもたらす危険な時代――脆弱な社会構造、飢餓や貧困などを背景とした民族・宗教対立の噴出――を予感させたのが、湾岸戦争である。一九九〇年八月、イラクのS・フセインが突然隣国クウェートに侵攻した。この国がもともとイラクの「一九番目の州」であること、英植民地主義がつくりだしたものであること、クウェートがOPEC（石油輸出国機構）による原油生産割り当てを守らずイラクに損害を与えたこと、ルメイラ油田から二四億ドル相当の原油を「盗んだ」ことなどがその理由とされた。フセインは米ソ世界管理体制の終焉を、中東におけるイラクの覇権確立の好機とみなし、「アラブの大義」を掲げ、イスラエルによる周辺地域占領を放置してイラクのみを非難する国際社会の「ダブル・スタンダード」に挑戦した。

　フセインの前に立ちはだかったのが、いまや唯一の超大国となった米国である。G・H・ブッシュ大統領は「新世界秩序」をうちたてるべく、二八カ国（クウェートをのぞく）による「多国籍軍」を形成した。国連安保理もイラク軍の撤退要求、対イラク経済封鎖、条件つきの武力行使容認など、一二もの決議で多国籍軍の行動をささえた。国内改革やバルト三国の独立阻止に専心したいソ連も、天安門事件直後の中国も、西側との関係改善の欲求を優先させ米国に同調した。

　翌年一月から二月にかけて、まず空爆作戦、そして地上作戦が実施された。中東の軍事大国と畏怖されていたイラク軍は、まさに鎧袖一触だった。だがフセイン自身はその後も権力の座にとどまり、中東の脅威でありつづけた。二〇〇三年三月、大量破壊兵器の蓄積や国内の民主化などを理由に、米国はイラクを攻撃しフセイン政権を崩壊させた。このイラク戦争は「第二次湾岸戦争」とも呼ばれたが、一二年前とは異なり、米国に同調して派兵したのは事実上、英国だけだった。対イラク査察継続を求める世界の声を無視した強引な武力行使に、アラブ世界は反米気運を強め、世界中で米国の独善的態度への批判が高まった。

噴出する民族の自己主張――◆

冷戦終結と前後して、かつての超大国・ソ連が解体した。一九九四年には四万人のロシア軍が、分離を押しとどめようとチェチェン（九一年に独立を宣言）に侵攻した。一九九六年にいったん休戦が成立したが、九九年には紛争が再発、武力衝突やテロ事件があいついでいる。

ソ連や親ソ政府、共産党という怨念の対象が失われ、変革の過程で経済的困難が生じた東欧各地で、偏狭な民族主義感情が噴出した。その典型がユーゴスラヴィアである。一九八九年、連邦を構成するセルビアで、アルバニア人が人口の九割を占めるコソヴォ自治州が主権を宣言した。一九九一年にはクロアティア、マケドニア、スロヴェニアが、翌年にはボスニア＝ヘルツェゴヴィナが独立した。最後まで残ったユーゴスラヴィア連邦も二〇〇二年、セルビアとモンテネグロによるゆるやかな連合国家に移行した。ユーゴスラヴィアの解体は、敵意むきだしの「民族浄化」のなかで進行した。

アフリカも燃える大陸となった。ソマリアは社会主義政権の崩壊後、事実上の無政府状態に陥った。国連安保理は飢餓救済などを目的に、二度にわたって本格的な「人道的介入」に踏みきったが、混乱は解決されなかった。ルワンダ、ブルンジ、ザイール、アンゴラなどいたるところで内戦が起こり、数えきれない死者や難民が発生した。

アジアでは、インドとパキスタンが二つの世紀をまたぎながら武力衝突をくりかえしている。二〇〇二年に東ティモールはインドネシアから独立したが、それも独立派と残留派の流血の争いのはてのことだった。中国はティベットで独立運動の激化に、新疆では少数派のイスラム教徒との衝突に直面し、台湾「独立」という問題も抱えている。東南アジアでは天然資源の豊富な南沙（スプラトリー）諸島をめぐる国際紛争がつづき、また各地でイスラム過激派によるテロ事件もあとをたたない。

中東では、イスラエルが占領地の保持と入植地の拡大をはかった結果、パレスティナなどで過激派の自爆テロと、イスラエルによる軍事行動の悪循環がつづいている。アフガニスタンのタリバーン政権は、その過激なイスラム原理主義によって国内で強い反発を生み、対立する北部同盟との間で虐殺をくりかえした。タリバーンに保護された武装組織アルカイダは二〇〇一年九月、いわゆる全米同時多発テロに踏みきった。しかし米英を中心とする攻撃を受け、タリバーン政権はほぼ一カ月で壊滅した。だが民族・宗派対立、軍閥の群雄割拠、内戦中に培われた敵意など、再建への道を阻むものも多い。

新時代の秩序を担うものは――◆

冷戦後の秩序維持の任を担う存在として、国連が期待を集めた時期もあった。国連自身、冷戦期の麻痺状態からの脱却を真剣に試みた。当該国の事前の合意なしに国連が人道上の理由からＰＫＯ（平和維持活動）にあたる事例も増えている。一九四六年から八九年に一九回だった国連による軍事力行使は、九〇年代だけで三九回を数えた。

だが国連が力ずくの秩序維持に猪突猛進しているとの批判もある。紛争の当事者から国連が敵視されることもまれではない。国連は主権国家の集合体にすぎず、加盟国が自国の利益にかなうと判断した場合しか行動できない。とりわけ近年、国連が米国にふりまわされる事例が増えている。十分な国連安保理決議もなしに強行されたイラク戦争はその典型である。しかもその米国による国連分担金の滞納累積額は、二〇〇〇年までに一〇億ドルの大台に乗った。

国連五大国のひとつ、ロシアは、一九九七年からサミット（先進国首脳会議が主要国首脳会議と改称）にも参加した。だが市場経済の導入が経済を混乱させ、インフレが激化、貧富の差が増大した。犯罪が蔓延し、麻薬患者・アルコール中毒者・自殺者も増えた。軍事力の再建も容易ではない。

中国も大国意識を強めている。香港・マカオの返還につづき、二〇〇一年にはロシアに先だってWTO（世界貿易機関）に加盟したからである。しかし、貧富の差や地域格差の拡大、腐敗の進行など資本主義化にともなう問題は少なくないし、国際社会から人権抑圧などへの批判を浴びている。

ひとつの欧州へ——◆

新時代にむけて存在感をきわだたせているのが、長い東西分断の時代を克服した欧州である。一九九一年、ワルシャワ条約機構とコメコンが解体した。一九九九年にはハンガリー・チェコ・ポーランドがNATO（北大西洋条約機構）に加入した（二〇〇四年には米国・カナダをあわせ二六カ国体制となる予定）。二〇〇二年にはNATO＝ロシア理事会が設置され、両者の関係が大幅に改善された。欧州内外の地域紛争への迅速な対応、大量破壊兵器拡散の阻止などを目的に、多国籍緊急展開軍も創設されている。

一九九三年、EC（欧州共同体）がEU（欧州連合）に姿を変え、経済・通貨・安全保障などの面で一体性を強めた。二〇〇二年には単一通貨ユーロが流通を開始した。EUの政治的・軍事的な役割も増大した。一九九四年に一五カ国となったEU加盟国は、二〇〇四年までに二五に拡大する予定である。

拡大するEU・NATO

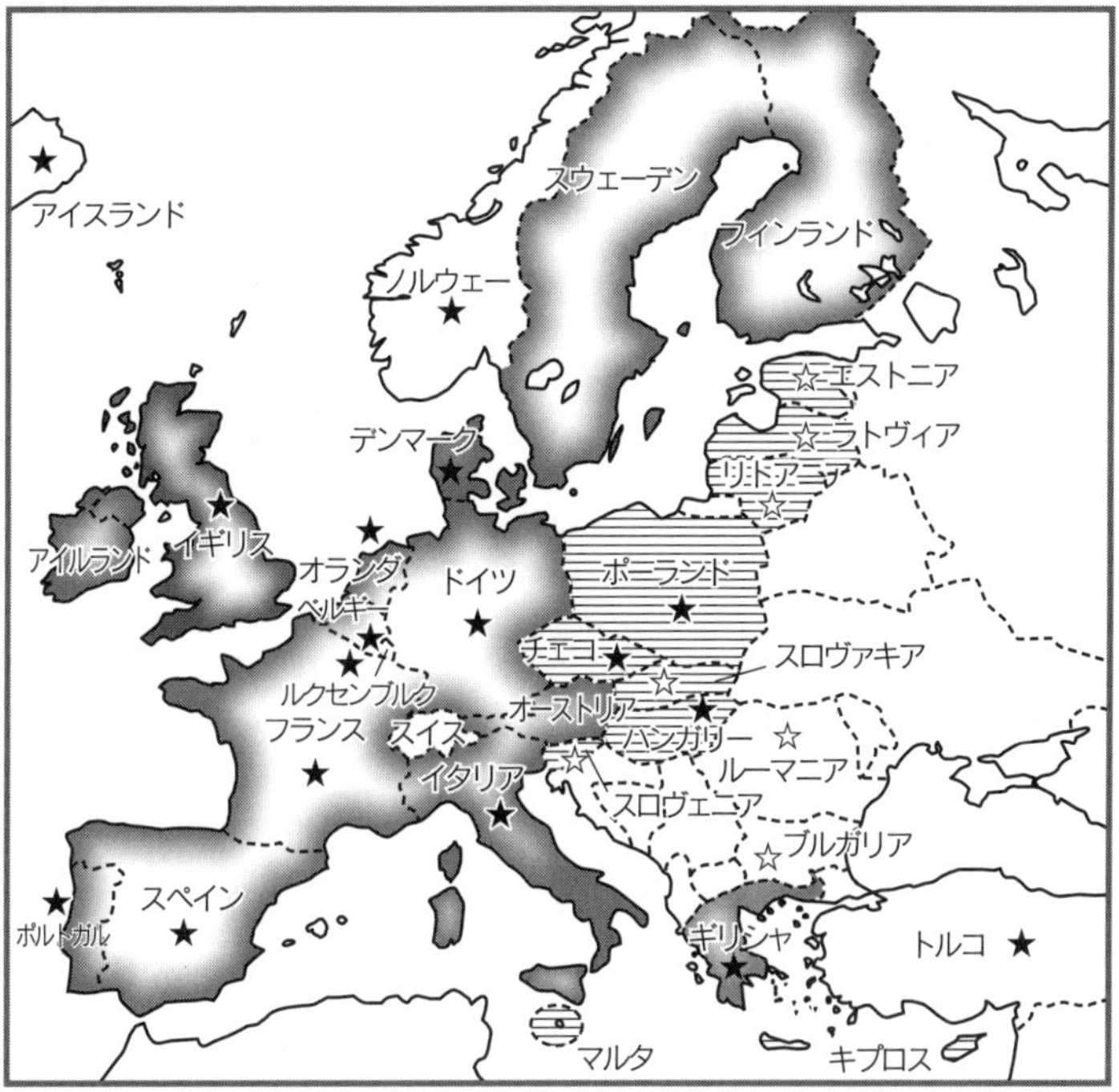

	2002 年末	2004年（予定）		2002 年末	2004年（予定）
EU 加盟国	(濃淡)	(横線)	NATO 加盟国	★	☆

出所：著者作成。

もっぱら西欧だけで進められてきた統合が、ほんものの「欧州統合」となるわけである。

東南アジアや北米、中南米、アフリカなどでも欧州をモデルに地域統合の動きが活性化している。だが欧州自身、問題を抱えていないわけではない。NATOにせよEUにせよ、拡大はそのまま大国と小国、富める国と貧しい国、東と西といった摩擦の増大を意味している。大国どうしの主導権争いもあとをたたな

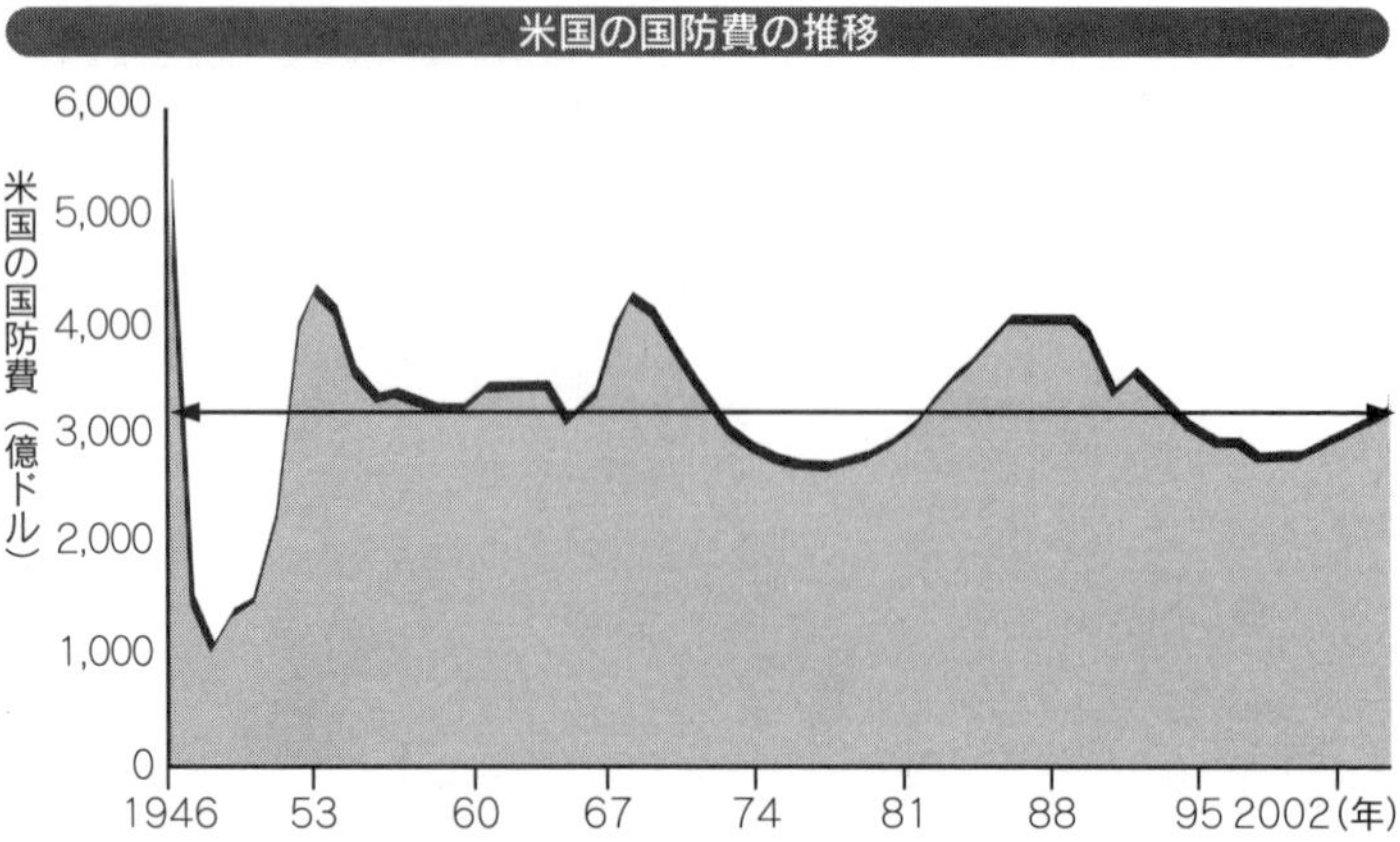

出所：Ivan Eland, *Putting "Defense" Back into U. S. Defense Policy: Rethinking U. S. Security in the Post-Cold War World*, Westport, Conn.：Praeger, 2001, p. 14

い。そもそも「欧州」の範囲がどこまでをさすのかさえ、意見は一致していない。

超大国のアキレス腱——◆

混沌の世界のなかで、秩序の担い手たる自負を強めているのが米国である。だが二〇〇一年に発足したG・W・ブッシュ政権のもとで、米国はユニラテラリズム（単独行動主義）的な傾向を一気に噴出させた。京都議定書による地球温暖化の防止にも、ICC（国際刑事裁判所）創設にも、CTBTを中心とした軍縮にも背を向けた。ABM（弾道弾迎撃ミサイル）制限条約からも一方的に離脱した。冷戦後、米国民は立ち向かうべき強大な敵も、迎え撃つべき脅威も見失い、世界への関心を薄めていった。国防費は一九九〇年代を通じて一四％も減少した。

二〇〇一年九月一一日の全米同時多発テロは、米国民の危機意識と愛国心をいちじるしく高揚させた。ブッシュ大統領をはじめ米国民は、国際秩序をかき乱す「ならず者国家」、とくにイラク・イラン・北朝鮮という「悪の枢軸」への敵意をつのらせ、テロ組織との戦いに邁進している。

だが六〇〇億ドルを超える湾岸戦争の戦費の九割がたをクウェート、サウジアラビア、日本、ドイツなどに負担させたように、また一千億ドルにのぼるともいわれるイラク復興費の分担を先進諸国に求めたように、米国の力は必ずしも無尽蔵ではない。失業の増大、所得格差の拡大、家庭や教育制度の崩壊、麻薬の蔓延、治安の悪化など、内に抱える問題も多い。おそらく鍵となるのは、かれらが冷戦の記憶——世界規模での対外介入がいかにおおきな犠牲をもたらしたか——からなにを学ぶか、だろう。それはわれわれ日本人にとっても同様に、重い課題なのである。

ナイ・イニシャティヴと米軍基地問題——◆

冷戦の終焉にともない、細川護熙首相は、一九九四年二月、「防衛計画の大綱」の見直しを決定し（表「新防衛計画大綱の主要編成・装備」参照）、私的諮問機関「防衛問題懇談会」（座長・樋口廣太郎アサヒビール社長）を設けた。八月に作成された「日本の安全保障と防衛力のあり方」（「樋口レポート」）は、「多角的安全保障協力」や「日米安保協力関係の機能充実」「自衛能力の維持と質的改善」などを提言したが、日本の安保からの離脱指向と受けとられ、米国から警戒された。

一九九四年九月、米国では、J・ナイ・ハーバード大学教授が国防次官補に就任し、一九九五年二月、「アジア太平洋地域に関する米国の安全保障政策」（「ナイ・レポート」）をまとめた。ナイ・イニシ

新防衛計画大綱の主要編成・装備（旧大綱との比較）

	区　分	旧防衛大綱（1976）	新防衛大綱（1995）
陸上自衛隊	編成定数	18万人	16万人
	常備自衛官定員		14万5000人
	即応予備自衛官定員数		1万5000人
	基幹部隊		
	平時地域配備する部隊	12個師団	8個師団
		2個混成団	6個旅団
	機動運用部隊	1個機甲師団	1個機甲師団
		1個空挺団	1個空挺団
		1個ヘリコプター団	1個ヘリコプター団
	地対空誘導弾部隊	8個高射特科群	8個高射特科群
	主要装備		
	戦車	約1200両	約900両
	主要特科装備	約1000門／両	約900門／両
海上自衛隊	基幹部隊		
	護衛艦部隊（機動運用）	4個護衛隊群	4個護衛隊群
	護衛艦部隊（地方隊）	10個隊	7個隊
	潜水艦部隊	6個隊	6個隊
	掃海部隊	2個掃海隊群	1個掃海隊群
	陸上哨戒機部隊	16個隊	13個隊
	主要装備		
	護衛艦	約60隻	約50隻
	潜水艦	16隻	16隻
	作戦用航空機	約220機	約170機
航空自衛隊	基幹部隊		
	航空警戒管制部隊	28個警戒群	8個警戒群
			20個警戒隊
		1個飛行隊	1個飛行隊
	要撃戦闘機部隊	10個飛行隊	9個飛行隊
	支援戦闘機部隊	3個飛行隊	3個飛行隊
	航空偵察部隊	1個飛行隊	1個飛行隊
	航空輸送部隊	3個飛行隊	3個飛行隊
	地対空誘導弾部隊	6個高射群	6個高射群
	主要装備		
	作戦用航空機	約430機	約400機
	うち戦闘機	約350機	約300機

資料：『防衛白書』（1996年版）
出所：田中明彦『安全保障』読売新聞社，1997年，340ページ。

在日米軍施設・区域（専用施設）の状況

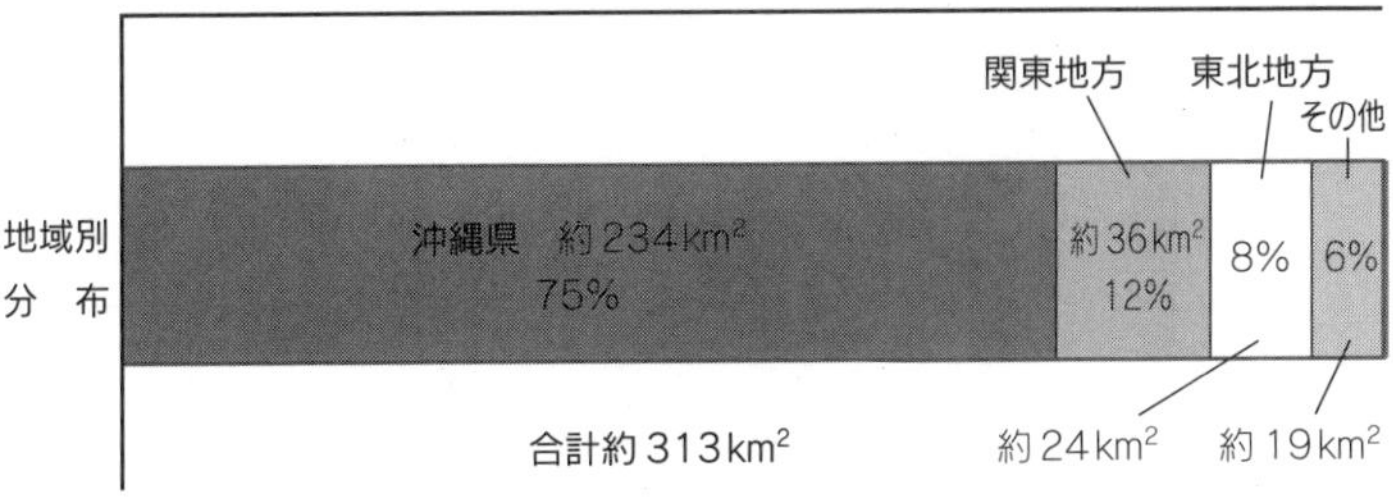

SACO最終報告関連施設・区域

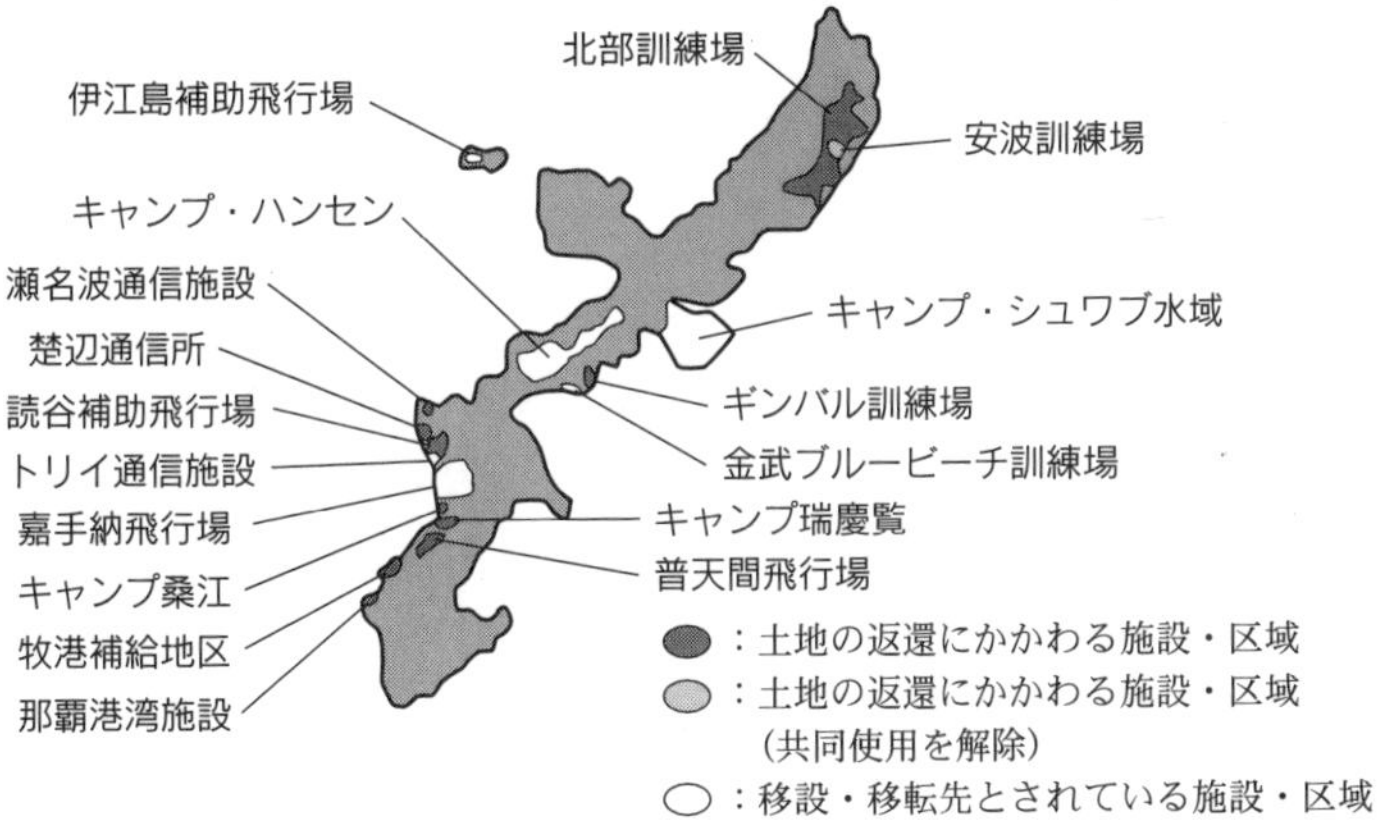

出所：『防衛白書』（平成14年版），291，297ページ。

ヤティヴともいわれるこのレポートは、今後二〇年にわたり、アジアに約一〇万人の前方展開兵力を維持するとし、日米同盟は、アジアの平和と安定、米国の世界軍事戦略などに利益があるとしている。前者は、実質的には、在日米軍兵力は削減しないということを意味していた。一一月二八日に策定された「新防衛計画の大綱（冷戦後の日本の防衛力整備の新指針）」には、ナイ・レポートが反映された。

ところが一九九五年九月四日、沖縄で、米海兵隊による少女暴行事件が起こった。しかし日本側は、日米地位協定によって容疑者の身柄を拘束できず、反基地感情が高まった。沖縄は、日本の国土の〇・六％を占めるにすぎないにもかかわらず、一九九六年三月三一日時点で、在日米軍施設の約七五％が集中しており、それは、県土面積の約一一％、沖縄本島の約二〇％になる。本土復帰後も、米軍機の事故が一二七件（うち墜落事故三六件）、演習による山林火災が一三七件、米軍人による民間人殺害事件が一二件あり、海兵隊員の事件に対して県民の怒りは頂点に達し、一九九五年一〇月二一日には日米地位協定の見直しを求める沖縄県民総決起大会が開催され、八万五〇〇〇人が参加した。

日米両国政府は、一九九五年一一月、ＳＡＣＯ（沖縄に関する特別行動委員会）を発足させ、一九九六年四月には普天間飛行場の返還などについて合意した。ＳＡＣＯは、一九九六年一二月、最終報告をまとめた。最終報告によると、普天間飛行場・安波訓練場など一一施設五二〇〇ヘクタールを返還するとされたものの、県内の既存施設・区域への移設を前提としており、基地面積は約二一％減るが、兵力はほとんど削減されないというものであった（図「在日米軍施設・区域（専用施設）の状況」「ＳＡＣＯ最終報告関連施設・区域」参照）。

日米安保「再定義」と新ガイドライン――◆

一九九六年四月、橋本龍太郎首相とＢ・クリントン米大統領の会談後、「日米安保共同宣言」がだされた。これにより日米安保体制は、冷戦後も「アジア太平洋の平和と安全のための同盟関係」として重要であることが確認され、これまで日本有事のための性格が強かった安保が「再定義」されたのである。そして極東有事の共同研究の結果、一九九七年九月二三日、日米安全保障協議委員会（二プラス二）で新ガイドラインが決定された。

新ガイドラインによって「日本周辺地域有事（周辺事態）」には、日本は米軍の行動に対して、後方支援（燃料補給、武器・弾薬の輸送など）、経済制裁の実効性を確保するための臨検、機雷の掃海、民間空港・港湾の提供などを実施することがとり決められた。また後方支援などは、戦闘行動がおこなわれている地域とは一線を画する日本周辺の公海やその上空でもおこなわれることとされた。従来、安保条約では、フィリピン以北、ならびに日本およびその周辺の地域をさす「極東」概念が用いられてきた。しかし新ガイドラインでは、範囲を限定しないほうが弾力的に運用できることから、「周辺地域」とは「地理的なものではなく、事態の性質に着目したもの」とされた。

ガイドラインをふまえて、周辺事態法案などのガイドライン関連三法案が作成され、一九九九年五月、自民・自由両与党と公明党の賛成で成立した。周辺事態法は、周辺事態に後方地域で米軍に物品・役務の提供などの支援をおこなうための枠組みを定めたもので、武器・弾薬を補給することは認めていないが、輸送することは許されている。武器使用は、本人および本人といっしょの隊員だけではなく、武器・弾薬・車両などを守るためにも認められた。

◆模索する日本――

二〇〇一年九月一一日、全米で同時多発テロが起こった。米国は対テロ戦争としてアフガニスタンを攻撃した。R・アーミテージ米国務副長官は、柳井俊二駐米大使との会談で、"Show the Flag"と発言したと報じられた。「日本がこの戦いに最大限に関与していることを示せという意味」とされた。

小泉純一郎内閣は、湾岸戦争の「トラウマ（心的外傷）」を克服すべく、米軍などへの武器・弾薬を含む輸送と武器・弾薬をのぞく補給という後方支援と、被災民支援をおこなうための時限立法としてテロ対策特別措置法案を作成し、二〇〇一年一〇月二九日にはやくも成立させ、それにもとづいて米軍の後方支援をおこなうことになった。『朝日新聞』一〇月一五日の世論調査では、テロ対策特措法案について賛成が五一％、反対が二九％だったにもかかわらず、同紙の一一月二七日の調査では、海上自衛隊の派遣について、賛成四四％、反対四八％であった。自衛隊の派遣については意見が二分されたのである。また男性が賛成五五％、反対四一％であったのに対して女性が賛成三四％、反対五五％、自民党支持層が賛成五八％であったのに対して民主・公明支持層は反対が六割であった。日本では、性別や政党支持によって、安全保障をめぐる意見の対立はまだつづいている。

二〇〇二年二月二六日、米国防総省が公表した対テロ戦争に貢献した二六カ国のなかに、またもや日本の名前はなかった。国防総省はミスだとし、ブッシュ政権は日本の対応を高く評価した。しかし湾岸戦争の轍を踏まないとしておこなった日本の支援は、影が薄かったのかもしれない。

小泉内閣は、大量破壊兵器の査察継続を主張する国連安保理の一部の国に反してイラクのフセイン政権を崩壊させた米英両国をいちはやく支持した。政府内では世界的な武力衝突の可能性は減ったが、大量破壊兵器の拡散や国際的テロリズムの危険性など不安定要因はむしろ増しており、弾道ミサイル防衛や敵基地攻撃能力の保持、有事法制の整備などが必要だとの声が強まっており、「新防衛計画の大綱」とその背後にある「基盤的防衛力」構想が見直された。

◆二一世紀の日本はどうあるべきなのか――

日本の国内冷戦体制は崩壊した。しかし国内冷戦体制の崩壊によって動揺しているのは、国際冷戦の落とし子である安保ではなく、植民地支配と侵略戦争という二〇世紀前半までの国際体制の終焉の結果として生まれた憲法のほうである。国民のなかに、憲法改正に賛成する者の数が増えつつある。政党も社民・共産両党をのぞけば、憲法改正に消極的ではなくなっている。ただ、国民の意識のなかにはなお、軍事的国際貢献に対する拒否感も残っている。

護憲平和論が、戦後日本に果たしてきた役割はけっして小さくはない。しかし護憲平和論が多くの国民に受容されたのは、厭戦気分によるところがおおきい。そして護憲平和論の最大の弱みは、「憲法に違反するから」という憲法を言い訳にした消極的な反対論に終始し、思考停止に陥ってしまうことが多かったことである。憲法と集団安全保障やＰＫＯとの関係を、理念をふまえながらもう少し現実的にとらえていくことが可能だったのではないか。そうすれば、憲法のもとで積極的な国際協力のあり方を示せたのではないだろうか。

日本国憲法は、「いづれの国家も、自国のことのみに専念して他国を無視してはならない」のであり、「全世界の国民が、等しく恐怖と欠乏から免かれ、平和のうちに生存する権利を有することを」求めている。私たちは、有形・無形の暴力や貧困が厳然と残っている国際社会で、憲法の求めるこのむずかしい課題を達成するための具体的な政策を展開することなく、米国の庇護のもとで、一国の平和と繁栄を享受しただけではなかったか。

世論や政党の多数の動向に従えば、日本は今後、かつて小沢一郎が提唱した「普通の国」の方向をめざしていくのであろう。やがて憲法は改正され、自衛力の保持が明記されるのかもしれない。自衛隊の海外への派遣も増えていくことであろう。

そうだとしても重要なことは、日本は、冷戦時のように硬直的に敵・味方でくくる思考をやめ、可能なかぎり軍事力に依存せずに多角的な国際的相互依存関係を構築し、いわゆる第三世界の生活水準の上昇や地球環境の保持などの世界的課題に率先してとりくむことであろう。そして私たちが守ろうとしている「平和」や「秩序」「安定」はいったいだれのためなのか、実現しようとする「正義」とはなんなのか、たえず自問する必要があろう。

また沖縄の米軍基地の問題は、「沖縄」の問題ではなく、「オール・ジャパン」の問題としなければならない。日米安保によって日本を守ってもらうべきだとする考えが多数であれば、なおさら沖縄だけに負担を強いるべきではないだろう。一九九一年九月、S・ソラーズ米下院外交委員会アジア・太平洋問題小委員長は次のように述べている。「多くのアメリカ人は、米軍が日本に駐留しているのは日本防衛のためであり、撤退すると脅かすだけで、日本政府は在日米軍の駐留経費を大幅に増やすと考えている。実際には在日米軍の大半は地域的任務を担っている。日本以外の地域への侵略を抑止している米軍を、日本が進んでその領土に駐留させ、他のどの同盟国よりも多額の駐留経費を負担してくれていることに、アメリカは感謝すべきである」(『アエラ』一九九五年一〇月三〇日、三二ページ)。

松岡　完
竹中佳彦

二〇〇三年四月

あとがき

本書の執筆にあたった六人は、いずれも筑波大学大学院博士課程（社会科学研究科）において、社会科学系教授・進藤榮一先生のご指導を仰いだ者である。今年三月、進藤先生は無事ご退官を迎えられた。その記念にと、編者三人の間で共同作品の企画が姿を現したのは一昨年のことだったろうか。

冷戦終結からほぼ一〇年、この歴史的な事件についてあらためて考えてみたい。自分たちなりの、新たな冷戦史をつくりだせはしないだろうか。そうした欲求から、各人の専門領域を生かしつつ、半世紀に及ぶ国際政治の歩みを、世界と日本の両面から検証するという形をとった。進藤先生のご薫陶を受け、すでに研究者の道を歩んでいる者は十指に余るが、その一部、政治史・外交史などを専門とする者だけが参加したのも、そうした経緯のゆえである。

なお同文舘出版の長島晴美氏には、本書の企画段階からさまざまな助言をいただき、刊行までの過程でもひとかたならぬお世話になった。ここに記して謝意を表したい。

二〇〇三年五月

編者・著者を代表して　松　岡　完

マイケル・T・クレア（南雲和夫・中村雄二訳）『冷戦後の米軍事戦略――新たな敵を求めて』かや書房，1998年
――――（斉藤裕一訳）『世界資源戦争』廣済堂，2002年
酒井啓子『イラクとアメリカ』岩波新書，2002年
ハリー・G・サマーズ Jr.（杉之尾宣生・久保博司訳）『アメリカの戦争の仕方』講談社，2002年
チャルマーズ・ジョンソン（鈴木主税訳）『アメリカ帝国への報復』集英社，2000年
進藤榮一『アメリカ　黄昏の帝国』岩波新書，1994年
添谷芳秀・赤木完爾編『冷戦後の国際政治――実証・政策・理論』慶應義塾大学出版会，1998年
高木　徹『ドキュメント　戦争広告代理店――情報操作とボスニア紛争』講談社，2002年
高橋和夫『アメリカのイラク戦略――中東情勢とクルド問題』角川書店，2003年
田中明彦『新しい「中世」』日本経済新聞社，1996年
千田　善『ユーゴ紛争――多民族・モザイク国家の悲劇』講談社現代新書，1993年
ノーム・チョムスキー（益岡　賢他訳）『アメリカの「人道的」軍事主義――コソボの教訓』現代企画室，2002年
鳥井　順『軍事分析・湾岸戦争』第三書館，1994年
仲　晃・榎　彰編『米中枢同時テロ事件――21世紀の試練』共同通信社，2001年
デイビッド・ハルバースタム（筑紫哲也訳）『戦争ゲーム』講談社，1991年
サミュエル・ハンチントン（山本暎子訳）『引き裂かれる世界』ダイヤモンド社，2002年
広瀬佳一編『ヨーロッパ変容の国際関係――「冷たい平和」への危機』勁草書房，1995年
藤原帰一編『テロ後――世界はどう変わったか』岩波新書，2002年
文藝春秋編『21世紀の戦争』文藝春秋，2001年
パトリック・ペクストン＆エレノア・ルー（大地　舜訳）『大統領の戦争――イラクと対峙したブッシュの200日』実業之日本社，1991年
防衛問題研究会編『よくわかる日本の防衛』日本加除出版，2000年
町田幸彦『コソボ紛争――冷戦後の国際秩序の危機』岩波ブックレット，1999年
松井芳郎『湾岸戦争と国際連合』日本評論社，1993年
吉崎達彦『アメリカの論理』新潮新書，2003年
読売新聞社調査研究本部編『憲法を考える――国際協調時代と憲法第9条』読売新聞社，1993年
ロバート・S・リトワク（佐々木　洋訳）『アメリカ「ならず者国家」戦略』窓社，2002年
渡邉昭夫編『現代日本の国際政策――ポスト冷戦の国際秩序を求めて』有斐閣選書，1997年

国際戦略研究所編（防衛庁防衛局調査第2課監訳）『ミリタリー・バランス』各年版，朝雲新聞社
坂本義和『軍縮の政治学』岩波新書，1982年
『知っておきたい国会議員の動き』平成14年版，国政情報センター，2001年
進藤榮一『現代の軍拡構造』岩波書店，1988年
鷲見友好『日本の軍事費』学習の友社，1982年
高榎堯『現代の核兵器』岩波新書，1982年
滝沢荘一『SDI――幻想と現実』築地書館，1985年
豊田利幸『新・核戦略批判』岩波新書，1983年
中馬清福『再軍備の政治学』知識社，1985年
――――『'85年軍事危機説の幻』朝日新聞社，1986年
永井陽之助『現代と戦略』文藝春秋，1985年
『中曾根内閣史』全5巻，世界平和研究所，1995～1996年
防衛庁編『防衛白書』各年版，大蔵省（財務省）印刷局
『防衛ハンドブック』平成4年版，平成12年版，朝雲新聞社
毎日新聞社外信部『東西軍事力――ソ連脅威論の虚と実』築地書館，1981年
――――『核時代は超えられるか――この狂気の実体』築地書館，1982年
――――『レーガンの宇宙戦略と軍事衛星』築地書館，1984年
毎日新聞社軍事問題取材班『兵器ビジネス』築地書館，1982年
毎日新聞社軍縮取材班『軍縮――平和とはなにか』築地書館，1983年
前田哲男『兵器大国日本――防衛投資とポスト・カー産業』現代史出版会，1983年
――――『自衛隊は何をしてきたのか？』筑摩書房，1990年

《おわりに――ポスト冷戦の世界と日本》

阿南東也『ポスト冷戦のアメリカ政治外交――残された「超大国」のゆくえ』東信堂，1999年
五十嵐武士『覇権国アメリカの再編――冷戦後の変革と政治的伝統』東京大学出版会，2001年
伊東孝之・林　忠行編『ポスト冷戦時代のロシア外交』有信堂高文社，1999年
植田隆子編『21世紀の欧州とアジア』勁草書房，2002年
――――編『現代ヨーロッパ国際政治』岩波書店，2003年
ボブ・ウッドワード（石山鈴子・染田屋茂訳）『司令官たち――湾岸戦争突入にいたる“決断”のプロセス』文藝春秋，1991年
――――（伏見威蕃訳）『ブッシュの戦争』日本経済新聞社，2003年
マフディ・エルマンジュラ（仲正昌樹訳）『第一次文明戦争――「新世界秩序」と「ポスト・コロニアリズム」をめぐって』御茶の水書房，2001年
岡本道郎『ブッシュ vs フセイン』中公新書ラクレ，2003年
草野厚『日米安保とは何か――その成立から新ガイドラインまで』PHP研究所，1999年
北岡伸一『「普通の国」へ』中央公論新社，2000年

山内昌之『新・ナショナリズムの世紀――分裂する国家と民族の行方を探る』PHP研究所，1992年
――――他『分裂するソ連――なぜ民族の反乱が起こったか』NHKブックス，1990年
山崎雅弘『現代紛争史』学研M文庫，2001年
渡辺光一『アフガニスタン――戦乱の現代史』岩波新書，2003年
ヴォイチェフ・ヤルゼルスキ（工藤幸雄監訳）『ポーランドを生きる――ヤルゼルスキ回想録』河出書房新社，1994年
雪山伸一『ドイツ統一』朝日新聞社，1993年
H・K・ルップ（深谷満雄・山本　淳訳）『現代ドイツ政治史――ドイツ連邦共和国の成立と発展』彩流社，2002年
ジャック・ルプニク（浦田誠親訳）『「中央ヨーロッパ」を求めて』時事通信社，1990年
ヴォルフガング・レオンハルト（村上紀子訳）『大国ロシアの漂流――ゴルバチョフとエリツィンの10年』日本放送出版協会，1996年
ロナルド・レーガン（尾崎　浩訳）『わがアメリカンドリーム――レーガン回想録』読売新聞社，1993年

《第6章　国内冷戦の終焉へ》

朝日新聞社編『平和戦略1　ソ連は「脅威」か』朝日新聞社，1982年
――――編『平和戦略2　総点検日米安保』朝日新聞社，1982年
――――編『平和戦略3　砂あらしの中で』朝日新聞社，1982年
朝日新聞外報部『米ソ核戦略の新展開――カギにぎる宇宙兵器』朝日新聞社，1985年
アジア平和研究会編『アジアの平和を考える』新時代社，1982年
飯尾潤『民営化の政治過程――臨調型改革の成果と限界』東京大学出版会，1993年
岩波書店編集部編『日本の生き方と平和問題』岩波書店，1983年
内田健三・早野　透・曽根泰教編『大政変――細川・羽田「リレー政権」の航跡』東洋経済新報社，1994年
江藤　淳『同時代への視線』PHP研究所，1987年
NHK取材班『シーレーン――海の防衛線』日本放送出版協会，1983年
大江志乃夫『靖国神社』岩波新書，1984年
大嶽秀夫『日本の防衛と国内政治――デタントから軍拡へ』三一書房，1983年
――――『自由主義的改革の時代』中央公論社，1995年
――――『日本政治の対立軸――93年以降の政界再編の中で』中公新書，1999年
大平正芳回想録刊行会『大平正芳回想録』全3巻，鹿島出版会，1983年
岡崎久彦『戦略的思考とは何か』中公新書，1983年
小沢一郎『日本改造計画』講談社，1993年
北岡伸一『日米関係のリアリズム』中央公論社，1992年
――――『政党政治の再生――戦後政治の形成と崩壊』中央公論社，1994年
公文俊平・香山健一・佐藤誠三郎監修『大平正芳　政治的遺産』大平正芳記念財団，1994年

室山義正『日米安保体制』上・下，有斐閣，1992年
若泉　敬『他策ナカリシヲ信ゼムト欲ス』文藝春秋，1994年

《第5章　米ソ二極構造の侵食と冷戦終結》
秋野　豊『ゴルバチョフの2500日』講談社現代新書，1992年
五十嵐武士『政策革新の政治学――レーガン政権下のアメリカ政治』東京大学出版会，1992年
伊藤　剛『同盟の認識と現実――デタント期の日米中トライアングル』有信堂高文社，2002年
今井隆吉『核軍縮――軍備管理の実態』サイマル出版会，1987年
遠藤義雄『アフガン25年戦争』平凡社新書，2002年
吉川　元『ソ連ブロックの崩壊』有信堂，1992年
金　成浩『アフガン戦争の真実――米ソ冷戦下の小国の悲劇』NHKブックス，2002年
木村汎『遠い隣国――ロシアと日本』世界思想社，2002年
D・コッツ，F・ウィア（角田安正訳）『上からの革命――ソ連体制の終焉』新評論，2000年
小林正文『指導者たちでたどるドイツ現代史』丸善ブックス，2002年
斎藤瑛子『世界地図から消えた国――東ドイツへのレクイエム』新評論，1991年
笹本俊二『ベルリンの壁　崩れる――移りゆくヨーロッパ』岩波新書，1990年
佐瀬昌盛『NATO――21世紀からの世界戦略』文春新書，1999年
下斗米伸夫『ゴルバチョフの時代』岩波新書，1988年
ヘルムート・シュミット（永井清彦・萩谷　順訳）『シュミット外交回想録』上・下，岩波書店，1989年
高橋　進『歴史としてのドイツ統一――指導者たちはどう動いたか』岩波書店，1999年
ストローブ・タルボット（加藤紘一他訳）『米ソ核軍縮交渉――成功への歩み』サイマル出版会，1990年
ホルスト・テルチク（三輪晴啓・宗宮好和訳）『歴史を変えた329日――ドイツ統一の舞台裏』日本放送出版協会，1992年
鳥井　順『アフガン戦争』第三書館，1991年
仲井　斌『現代ドイツの試練』岩波書店，1994年
コリン・パウエル，ジョゼフ・パーシコ（鈴木主税訳）『マイ・アメリカン・ジャーニー』上・中・下，角川文庫，2001年
ジェームズ・A・ベーカーⅢ（仙名　紀訳）『シャトル外交――激動の4年』上・下，新潮文庫，1997年
三浦元博・山崎博康『東欧革命――権力の内側で何が起きたか』岩波新書，1992年
南塚信吾編『東欧革命と民衆』朝日選書，1992年
三野正洋『わかりやすいアフガニスタン戦争』光人社，1998年
宮脇昇『CSCE人権レジームの研究』国際書院，2003年
村田晃嗣『大統領の挫折――カーター政権の在韓米軍撤退政策』有斐閣，1998年
百瀬　宏・植田隆子編『欧州安全保障協力会議（CSCE）』日本国際問題研究所，1992年

《第 4 章　国内冷戦の展開》

明田川融『日米行政協定の政治史』法政大学出版局，1999 年
李　庭植（小此木政夫・古田博司訳）『戦後日韓関係史』中央公論社，1989 年
石川良孝『オイル外交日記』朝日新聞社，1983 年
伊藤昌哉『池田勇人とその時代』朝日文庫，1985 年
植村秀樹『再軍備と 55 年体制』木鐸社，1995 年
――――『自衛隊は誰のものか』講談社現代新書，2002 年
岡田　晃『水鳥外交秘話』中央公論社，1983 年
我部政明『沖縄返還とは何だったのか』NHK ブックス，2000 年
小林英夫『戦後アジアと日本企業』岩波新書，2001 年
イワン・コワレンコ（清田　彰訳）『対日工作の回想』文藝春秋，1996 年
澤地久枝『密約――外務省機密漏洩事件』中公文庫，1978 年
サンケイ新聞社『蔣介石秘録』下，サンケイ出版，1985 年
塩田　潮『霞ヶ関が震えた日』講談社文庫，1993 年
R・スウェリンゲン（江川　昌訳）『東京とモスクワの断層』世紀社，1979 年
高崎宗司『検証日韓会談』岩波新書，1996 年
高沢皓司『宿命――「よど号」亡命者たちの秘密工作』新潮文庫，2000 年
高瀬　保『誰も書かなかった首脳外交の内幕』東洋経済新報社，1991 年
武田知己『重光葵と戦後政治』吉川弘文館，2002 年
田中孝彦『日ソ国交回復の史的研究』有斐閣，1993 年
田村重信他『日華断交と日中国交正常化』南窓社，2000 年
陳　肇斌『戦後日本の中国政策』東京大学出版会，2000 年
グレン・デイビス，ジョン・ロバーツ（森山尚美訳）『軍隊なき占領――戦後日本を操った謎の男』講談社プラスアルファ文庫，2003 年
名越健郎『クレムリン秘密文書は語る』中公新書，1994 年
中北浩爾『1955 年体制の成立』東京大学出版会，2002 年
日本国際政治学会編『1950 年代の国際政治』日本国際政治学会／有斐閣，1994 年
日本政治学会編『危機の日本外交』岩波書店，1997 年
原　彬久『日米関係の構図――安保改定を検証する』NHK ブックス，1991 年
――――『岸信介――権勢の政治家』岩波新書，1995 年
春名幹男『秘密のファイル――CIA の対日工作』上・下，共同通信社，2000 年
アーロン・フォーズバーグ（杉田米行訳）『アメリカと日本の奇跡――国際秩序と戦後日本の経済成長 1950 － 60』世界思想社，2001 年
トーマス・ヘイブンズ（吉川勇一訳）『海の向こうの火事――ベトナム戦争と日本 1965 － 1975』筑摩書房，1990 年
ドナルド・ヘルマン（渡邉昭夫訳）『日本の政治と外交――日ソ平和交渉の分析』中公新書，1970 年
松本俊一『モスクワにかける虹――日ソ国交回復秘録』朝日新聞社，1966 年
宮城大蔵『バンドン会議と日本のアジア復帰』草思社，2001 年
宮里政玄『日米関係と沖縄 1945 － 1972』岩波書店，2000 年

佐瀬昌盛『チェコ悔恨史』サイマル出版会，1983年
ニール・シーハン（菊谷匡祐訳）『輝ける嘘』上・下，集英社，1992年
R・W・スチーブンスン（滝田賢治訳）『デタントの成立と変容——現代米ソ関係の政治力学』中央大学出版部，1989年
田久保忠衛『戦略家ニクソン——政治家の人間的考察』中公新書，1996年
谷川榮彦編『ベトナム戦争の起源』勁草書房，1984年
銭　江（神崎勇夫訳）『米中外交秘録——ピンポン外交始末記』東方書店，1988年
ナヤン・チャンダ（友田　錫・滝上広水訳）『ブラザー・エネミー——サイゴン陥落後のインドシナ』めこん，1999年
中嶋嶺雄『中ソ対立と現代』中央公論社，1979年
デイヴィッド・ハルバースタム（金子宣子訳）『ザ・フィフティーズ』上・下，新潮社，1997年
————（浅野　輔訳）『ベスト＆ブライテスト』上・中・下，朝日文庫，1999年
F・フェイト（熊田亨訳）『スターリン以後の東欧』岩波現代選書，1978年
藤本一美編『ケネディとアメリカ政治』EXP，2000年
古田元夫『歴史としてのベトナム戦争』大月書店，1991年
マイケル・R・ベシュロス（篠原成子訳）『1960年5月1日——その日軍縮への道は閉ざされた』朝日新聞社，1987年
————（筑紫哲也訳）『危機の年——ケネディとフルシチョフの闘い　1960－1963』上・下，飛鳥新社，1992年
ジョージ・C・ヘリング（秋谷昌平訳）『アメリカの最も長い戦争』上・下，講談社，1985年
ロバート・マクナマラ（仲　晃訳）『マクナマラ回顧録——ベトナムの悲劇と教訓』共同通信社，1997年
松岡　完『ダレス外交とインドシナ』同文舘，1988年
————『1961　ケネディの戦争——冷戦・ベトナム・東南アジア』朝日新聞社，1999年
————『ベトナム戦争——誤算と誤解の戦場』中公新書，2001年
三野正洋『わかりやすいベトナム戦争——超大国を揺るがせた15年戦争の全貌』光人社，1999年
宮本信生『カストロ——民族主義と社会主義の狭間で』中公新書，1996年
毛里和子『中国とソ連』岩波新書，1989年
————・毛里輿三郎訳『ニクソン訪中機密会談録』名古屋大学出版会，2001年
森戸幸次『中東百年紛争——パレスチナと宗教ナショナリズム』平凡社新書，2001年
八木　勇『キューバ核ミサイル危機　1962』新日本出版社，1995年
山崎雅弘『中東戦争全史』学研M文庫，2001年
吉澤　南『ベトナム戦争——民衆にとっての戦場』吉川弘文館，1999年
ジョージ・レンツォスキー（北澤義之訳）『冷戦下アメリカの対中東戦略』第三書館，2002年

細谷千博『サンフランシスコ講和への道』中央公論社，1984年
升味準之輔『戦後政治――1945－55年』上・下，東京大学出版会，1983年
増田　弘『公職追放――3大政治パージの研究』東京大学出版会，1996年
――――『公職追放論』岩波書店，1998年
三浦陽一『吉田茂とサンフランシスコ講和』上・下，大月書店，1996年
宮澤喜一『東京－ワシントンの密談』中公文庫，1999年
山極　晃・中村政則編（岡田良之助訳）『資料日本占領1　天皇制』大月書店，1990年
吉田　茂『世界と日本』中公文庫，1992年
――――『回想十年』全4巻，中公文庫，1998年
渡辺昭夫・宮里政玄編『サンフランシスコ講和』東京大学出版会，1986年

《第3章　対立と協調のうねり》

赤木完爾『ヴェトナム戦争の起源――アイゼンハワー政権と第1次インドシナ戦争』慶應通信，1991年
グレアム・T・アリソン（宮里政玄訳）『決定の本質――キューバ・ミサイル危機の分析』中央公論社，1977年
生井英考『負けた戦争の記憶――歴史のなかのヴェトナム戦争』三省堂，2000年
泉　淳『アイゼンハワー政権の中東政策』国際書院，2001年
NHK取材班・阿南東也『10月の悪夢――1962年キューバ危機・戦慄の記録』日本放送出版協会，1992年
大前正臣『決断の構造――J・F・ケネディの勇気ある選択』PHP研究所，1980年
小倉貞男『ドキュメント　ヴェトナム戦争全史』岩波書店，1992年
鏡　武『中東紛争――その百年の相克』有斐閣選書，2001年
トッド・ギトリン（疋田三良・向井俊二訳）『60年代アメリカ――希望と怒りの日々』彩流社，1993年
ピーター・N・キャロル（土田　宏訳）『70年代アメリカ――なにも起こらなかったかのように』彩流社，1994年
アルフレート・グロセール（土倉莞爾他訳）『欧米同盟の歴史』上・下，法律文化社，1987～89年
エルネスト・チェ・ゲバラ（五十間忠行訳）『ゲリラ戦争――キューバ革命の戦略・戦術』中公文庫，2002年
ロバート・ケネディ（毎日新聞社外信部訳）『13日間――キューバ危機回顧録』中公文庫，2001年
小沼　新『ベトナム民族解放運動史――ベトミンから解放戦線へ』法律文化社，1988年
ガリア・ゴラン（木村申二他訳）『冷戦下ソ連の対中東戦略』第三書館，2001年
ガブリエル・コルコ（陸井三郎監訳，藤田和子他訳）『ベトナム戦争全史』社会思想社，2001年
西郷従吾『アメリカと西欧防衛』読売新聞社，1981年
佐々木雄太『イギリス帝国とスエズ戦争――植民地主義・ナショナリズム・冷戦』名古屋大学出版会，1997年

リチャード・ローズ（小沢千重子・神沼二真訳）『原爆から水爆へ――東西冷戦の知られざる内幕』上・下，紀伊國屋書店，2001年
和田春樹『朝鮮戦争』岩波書店，1995年
――――『朝鮮戦争全史』岩波書店，2002年

《第2章　国内冷戦の成立》

五百旗頭真『米国の対日占領政策――戦後日本の設計図』上・下，中央公論社，1985年
――――『20世紀の日本3　占領期――首相たちの新日本』読売新聞社，1997年
五十嵐武士『対日講和と冷戦――講和・安保と冷戦後の視点に立って』講談社学術文庫，1995年
石井　修『冷戦と日米関係――パートナーシップの形成』ジャパン・タイムズ，1989年
伊藤之雄・川田稔編『環太平洋の国際秩序の模索と日本』山川出版社，1999年
猪木正道『評伝吉田茂』全4巻，ちくま学術文庫，1995年
江藤　淳編・波多野澄雄解題『占領史録』全4巻，講談社学術文庫，1989年
大嶽秀夫『再軍備とナショナリズム――保守，リベラル，社会民主主義者の防衛観』中公新書，1988年
外務省編『日本の選択　第2次世界大戦終戦史録』上・中・下，山手書房新社，1990年
加藤洋子『アメリカの世界戦略とココム』有信堂，1992年
木下道雄『側近日誌』文藝春秋，1990年
髙坂正堯『宰相吉田茂』中央公論社，1968年
古関彰一『新憲法の誕生』中公文庫，1995年
坂元一哉『日米同盟の絆――安保条約と相互性の模索』有斐閣，2000年
坂本義和『地球時代の国際政治』岩波同時代ライブラリー，1990年
進藤榮一『戦後の原像――ヒロシマからオキナワへ』岩波書店，1999年
――――『敗戦の逆説――戦後日本はどうつくられたか』ちくま新書，1990年
――――『分割された領土――もう1つの戦後史』岩波現代文庫，2002年
――――・下河辺元春編『芦田均日記』全7巻，岩波書店，1986年
竹中佳彦『日本政治史の中の知識人――自由主義と社会主義の交錯』上・下，木鐸社，1995年
竹前栄治『GHQ』岩波新書，1983年
――――『占領戦後史』岩波現代文庫，2002年
ジョン・ダワー（大窪愿二訳）『吉田茂とその時代』上・下，中公文庫，1991年
寺崎英成，マリコ・テラサキ・ミラー編『昭和天皇独白録』文春文庫，1995年
豊下楢彦『安保条約の成立――吉田外交と天皇外交』岩波新書，1996年
――――編『安保条約の論理』柏書房，1999年
西村熊雄『サンフランシスコ平和条約・日米安保条約』中公文庫，1999年
秦　郁彦『昭和財政史3　アメリカの対日占領政策』東洋経済新報社，1976年
――――『史録日本再軍備』文藝春秋，1976年
東野　真『昭和天皇2つの「独白録」』日本放送出版協会，1998年
日暮吉延『東京裁判の国際関係――国際政治における権力と規範』木鐸社，2002年

クリストフ・クレスマン（石田勇治・木戸衛一訳）『戦後ドイツ史―― 1945 － 1955』未來社，1995 年
ジョージ・ケナン（近藤晋一・飯田藤次・有賀貞訳）『アメリカ外交 50 年』増補版，岩波書店，1986 年
アルチュール・コント（山口俊章訳）『ヤルタ会談――世界の分割』サイマル出版会，1986 年
佐々木卓也『封じ込めの形成と変容――ケナン，アチソン，ニッツェとトルーマン政権の冷戦戦略』三嶺書房，1993 年
下斗米伸夫『ソ連＝党が所有した国家―― 1917 － 1991』講談社選書，2002 年
朱　建栄『毛沢東の朝鮮戦争――中国が鴨緑江を渡るまで』岩波書店，1991 年
ジョン・トーランド（千早正隆訳）『勝利なき戦い――朝鮮戦争　1950 － 1953』上・下，光人社，1997 年
A・V・トルクノフ（下斗米伸夫・金　成浩訳）『朝鮮戦争の謎と真実』草思社，2001 年
永田　実『マーシャル・プラン』中公新書，1990 年
西岡達裕『アメリカ外交と核軍備競争の起源―― 1942 － 1946』彩流社，1999 年
西崎文子『アメリカ冷戦政策と国連―― 1945 ～ 1950』東京大学出版会，1992 年
ルイス・ハレー（太田　博訳）『歴史としての冷戦』サイマル出版会，1970 年
平松茂雄『中国と朝鮮戦争』勁草書房，1989 年
平山龍水『東アジア冷戦の起源――朝鮮半島分断の構図』信山社，2002 年
広瀬佳一『ヨーロッパ分断 1943 ――大国の思惑，小国の構想』中公新書，1994 年
藤村　信『ヤルタ――戦後史の帰結』岩波書店，1985 年
ジョン・ベイリス（佐藤行雄・重家俊範・宮川眞喜雄訳）『同盟の力学』東洋経済新報社，1988 年
細谷雄一『戦後国際秩序とイギリス外交――戦後ヨーロッパの形成　1945 年－ 1951 年』創文社，2001 年
ウィリアム・H・マクニール（実松　譲・富永謙吾訳編）『大国の陰謀――米英ソ 3 国の協力と対立』図書出版会，1986 年
ヴォイチェフ・マストニー（秋野　豊・広瀬佳一訳）『冷戦とは何だったのか――戦後政治史とスターリン』柏書房，2000 年
三野正洋『わかりやすい朝鮮戦争』光人社，1999 年
村田晃嗣『米国初代国防長官フォレスタル――冷戦の闘士はなぜ自殺したのか』中公新書，1999 年
矢野　暢『冷戦と東南アジア』中央公論社，1986 年
油井大三郎『戦後世界秩序の形成――アメリカ資本主義と東地中海地域　1944 － 1947』東京大学出版会，1985 年
――――・古田元夫『世界の歴史 28　第 2 次世界大戦から米ソ対立へ』中央公論社，1998 年
葉　雨蒙（朱　建栄・山崎一子訳）『黒雪――中国の朝鮮戦争参戦秘史』同文舘，1990 年
李　國卿『中・米関係の変遷とソ連』文眞堂，1988 年

蒲島郁夫・竹中佳彦『現代日本人のイデオロギー』東京大学出版会，1996年
北岡伸一『20世紀の日本1　自民党——政権党の38年』読売新聞社，1995年
木村　汎『日露国境交渉史』中公新書，1993年
近代日本研究会編『年報・近代日本研究11　協調政策の限界』山川出版社，1989年
————編『年報・近代日本研究16　戦後外交の形成』山川出版社，1994年
久保田正明『クレムリンへの使節——北方領土交渉1955－1983』文藝春秋，1983年
河野康子『沖縄返還をめぐる政治と外交——日米関係史の文脈』東京大学出版会，1994年
————『日本の歴史24　戦後と高度成長の終焉』講談社，2002年
添谷芳秀『日本外交と中国——1945～1972』慶應通信，1995年
外岡秀俊・本田優・三浦俊章『日米同盟半世紀』朝日新聞社，2001年
田中明彦『日中関係　1945－1990』東京大学出版会，1991年
————『20世紀の日本2　安全保障——戦後50年の模索』読売新聞社，1997年
中村政則他編『戦後日本　占領と戦後改革』全6巻，岩波書店，1995年
西川吉光『日本政治外交史論』上・下，晃洋書房，2001～2002年
長谷川毅『北方領土問題と日露関係』筑摩書房，2000年
原　彬久『戦後史のなかの日本社会党——その理想主義とは何であったのか』中公新書，2000年
樋渡由美『戦後政治と日米関係』東京大学出版会，1990年
藤原　彰『大系日本の歴史15　世界の中の日本』小学館ライブラリー，1993年
古川万太郎『日中戦後関係史』原書房，1981年
細谷千博『日本外交の軌跡』NHKブックス，1993年
増田　弘・木村昌人編『日本外交史ハンドブック』有信堂，1995年
升味準之輔『現代政治——1955年以後』上・下，東京大学出版会，1985年
読売新聞戦後史班編『「再軍備」の軌跡』読売新聞社，1981年
歴史学研究会編『日本同時代史』全5巻，青木書店，1990～1991年
和田春樹『北方領土問題』朝日新聞社，1999年
渡邉昭夫『アジア・太平洋の国際関係と日本』東京大学出版会，1992年
————『日本の近代8　大国日本の揺らぎ——1972～』中央公論新社，2000年
————編『戦後日本の対外政策』有斐閣，1985年

《第1章　冷戦勃発》

石井　明『中ソ関係史の研究——1945－1950』東京大学出版会，1990年
石井　修編『1940年代ヨーロッパの政治と冷戦』ミネルヴァ書房，1992年
小倉貞男『物語　ヴェトナムの歴史——1億人国家のダイナミズム』中公新書，1997年
小此木政夫『朝鮮戦争』中央公論社，1986年
神谷不二『朝鮮戦争——米中対決の原型』中公文庫，1990年
川端正久編『1940年代の世界政治』ミネルヴァ書房，1988年
菅　英輝『米ソ冷戦とアメリカのアジア政策』ミネルヴァ書房，1992年
紀平英作『歴史としての核時代』山川出版社，1998年

ポール・ジョンソン（別宮貞徳訳）『現代史　1917－1991』上・下，共同通信社，1992年
進藤榮一『現代紛争の構造――非極モデル構築のために』岩波書店，1987年
――――『現代国際関係学――歴史・思想・理論』有斐閣，2001年
須藤眞志編『戦後世界の潮流』新版，学陽書房，1991年
――――編『20世紀現代史』一藝社／三樹書房，1999年
辻　通男『2つのドイツ――限りなく接近する分断国家』教育社，1996年
東京大学社会科学研究所編『20世紀システム』全6巻，東京大学出版会，1998年
ジョセフ・S・ナイ（田中明彦・村田晃嗣訳）『国際紛争――理論と歴史』有斐閣，2002年
野田宣雄『20世紀をどう見るか』文春新書，1998年
浜林正夫・野口　宏『ドキュメント戦後世界史』地歴社，2002年
ルイス・J・ハレー（太田博訳）『歴史としての冷戦』サイマル出版会，1970年
サミュエル・ハンチントン（鈴木主税訳）『文明の衝突』集英社，1998年
細谷千博・臼井久和編『国際政治の世界――21世紀国際システムの展望』新版，有信堂高文社，1993年
前田哲男編『岩波小辞典　現代の戦争』岩波書店，2002年
松岡　完『20世紀の国際政治――二度の世界大戦と冷戦の時代』改訂増補版，同文舘，2003年
松本三郎他編『テキストブック国際政治』新版，有斐閣，1991年
ジェレミー・マリ＝ブラウン編（越智道雄・宮下嶺夫訳）『権力の肖像――20世紀を揺るがせた人々』評論社，1981年
三野正洋他『データベース　戦争の研究――ひと目でわかる現代軍事の基礎知識』全2巻，光人社，1999～2000年
武者小路公秀『ビジュアル版世界の歴史20　現代の世界』講談社，1986年
柳沢英二郎『戦後国際政治史』全4巻，柘植書房（新社），1985～2002年
――――他『危機の国際政治史　1917－1992』亜紀書房，1993年
読売新聞社編『20世紀』全12巻，中公文庫，2001～2002年
渡邊啓貴編『ヨーロッパ国際関係史――繁栄と凋落，そして再生』有斐閣，2002年

《冷戦史関連全般・日本》

五百旗頭真『日本の近代6　戦争・占領・講和――1941～1955』中央公論新社，2001年
――――編『戦後日本外交史』有斐閣，1999年
池井　優『3訂　日本外交史概説』慶應通信，1992年
――――『駐日アメリカ大使』文春新書，2001年
石川真澄『戦後政治史』岩波新書，1995年
猪木武徳『日本の近代7　経済成長の果実――1955～1972』中央公論新社，2000年
入江　昭『新・日本の外交』中公新書，1991年
NHK取材班『戦後50年その時日本は』全6巻，日本放送出版協会，1996年
鹿島平和研究所編『日本外交史』第27巻～第32巻，鹿島平和研究所，1971～1973年

主要参考文献

●初学者を念頭に置き，日本語で読める本のうち比較的入手しやすいと思われるものを中心に選び，各章ごとに，日本人・外国人を問わず著者（複数いる場合には第1番めの著者）の姓の50音順で配列した。雑誌論文・新聞などは割愛した。史料も直接引用したもの以外は割愛した。

《冷戦史関連全般・世界》

朝日ジャーナル編『戦後世界史の断面』上・中・下，朝日選書，1978～1979年

池上　彰『そうだったのか！現代史』ホーム社／集英社，2000年

――――『そうだったのか！現代史 パート2』ホーム社／集英社，2003年

石井　修『国際政治史としての20世紀』有信堂，2000年

猪口　孝『国際政治経済の構図――戦争と通商にみる覇権盛衰の軌跡』有斐閣新書，1982年

猪木武徳・高橋　進編『世界の歴史29　冷戦と経済繁栄』中央公論新社，1999年

入江　昭『20世紀の戦争と平和』増補版，東京大学出版会，2000年

梅本哲也『核兵器と国際政治 1945－1995』日本国際問題研究所，1996年

NHK取材班『あの時，世界は――磯村尚徳・戦後史の旅』全3巻，日本放送出版協会，1979年

小此木政夫・赤木完爾編『冷戦期の国際政治』慶應通信，1987年

金丸輝男編『ヨーロッパ統合の政治史――人物を通して見たあゆみ』有斐閣，1996年

ヘンリー・A・キッシンジャー（岡崎久彦監訳）『外交』上・下，日本経済新聞社，1996年

木戸　蓊『激動の東欧史――戦後政権崩壊の背景』中公新書，1990年

ジョン・L・ギャディス（五味俊樹他訳）『ロング・ピース――冷戦史の証言「核・緊張・平和」』芦書房，2002年

ゴードン・クレイグ，アレキサンダー・L・ジョージ（木村修三他訳）『軍事力と現代外交――歴史と理論で学ぶ平和の条件』有斐閣，1997年

『現代史の証言　1945～1995』ニューズウィーク日本版別冊，TBSブリタニカ，1995年

高坂正堯『現代の国際政治』講談社学術文庫，1989年

佐々木卓也編『戦後アメリカ外交史』有斐閣，2002年

エイブラム・L・サッチャー（大谷堅志郎訳）『戦争の世界史――燃え続けた20世紀』祥伝社黄金文庫，2000年

――――（――――訳）『殺戮の世界史――燃え続けた20世紀』祥伝社黄金文庫，2000年

――――（――――訳）『分裂の世界史――燃え続けた20世紀』祥伝社黄金文庫，2000年

タッド・シュルツ（吉田利子訳）『1945年以後』上・下，文藝春秋，1991年

［ラ行］

［ワ行］

［マ行］

［ヤ行］

［ナ行］

［ハ行］

［タ行］

［カ行］

［サ行］

人名索引

[や　行]

[ら　行]

[わ　行]

[ま　行]

［な　行］

［は　行］

［た 行］

［さ　行］

[か　行]

事項索引

OPEC　→石油輸出国機構
PKF　→平和維持軍
PKO　→国連平和維持活動
PLO　→パレスティナ解放機構
PWC　→戦後計画委員会
SACO　→沖縄に関する特別行動委員会
SALT　→戦略兵器制限条約
SALT II　→第二次戦略兵器制限条約
SCAP　→連合国最高司令官
SDI　→戦略防衛構想，通称：スター・ウォーズ計画
SEATO　→東南アジア条約機構
SLBM　→潜水艦発射弾道ミサイル
SPD　→社会民主党（西独）
START　→戦略兵器削減条約
START I　→第一次戦略兵器削減条約
START II　→第二次戦略兵器削減条約
SWNCC　→国務・陸軍・海軍三省調整委員会
TBT　→部分的核実験停止条約
UNTAC　→国連カンボジア暫定統治機構
WEU　→西欧同盟
WTO　→世界貿易機関

略語一覧

ABM →弾道弾迎撃ミサイル
ACJ →対日理事会
ADB →アジア開発銀行
ANZUS →太平洋安全保障条約
ARF →アセアン地域フォーラム
ASEAN →東南アジア諸国連合
ASPAC →アジア・太平洋協議会
CDU/CSU →キリスト教民主・社会同盟（西独）
CENTO →中央条約機構
CFE →欧州通常戦力削減交渉
CIA →中央情報局（米国）
CSCE →全欧安全保障協力会議
CTBT →包括的核実験禁止条約
EC →欧州共同体
ECAFE →アジア経済極東委員会
ECSC →欧州石炭鉄鋼共同体
EDC →欧州防衛共同体
EEC →欧州経済共同体
EMS →欧州通貨制度
EU →欧州連合
FDP →自由民主党（西独）
FEC →極東委員会
FLN →民族解放戦線（アルジェリア）
FSX →次期支援戦闘機
GATT →関税と貿易に関する一般協定
GHQ →連合国最高司令官総司令部
　CIE →民間情報教育局
　ESS →経済科学局
　G1 →参謀第一部
　G2 →参謀第二部
　G3 →参謀第三部
　G4 →参謀第四部
　GS →民政局
　NRS →天然資源局
GNP →国民総生産
IAEA →国際原子力機関
IBRD →国際復興開発銀行
ICBM →大陸間弾道ミサイル
ICC →国際刑事裁判所
IMF →国際通貨基金
INF →中距離核戦力
IRA →アイルランド共和国軍
JWPC →統合戦争計画委員会
KCIA →韓国中央情報局
KEDO →朝鮮半島エネルギー開発機構
KOR →労働者擁護委員会
MAAG →軍事援助顧問団
MAD →相互確証破壊
METO →中東条約機構
MIRV →多弾頭ミサイル
MLF →多角的核戦力
MPLA →アンゴラ人民解放同盟
MSA →相互安全保障援助
NASA →航空宇宙局（米国）
NATO →北大西洋条約機構
NIES →新興工業経済地域
NKVD →内務人民委員部（ソ連）
NLF →南ヴェトナム民族解放戦線
NPT →核拡散防止条約
NSC →国家安全保障会議
OAPEC →アラブ石油輸出国機構
OAS →米州機構
ODA →政府開発援助
OECD →経済協力開発機構
OEEC →欧州経済協力機構

平山　龍水（ひらやま　たつみ）［第1章3・4］

1954年　大阪府生まれ。

筑波大学大学院博士課程社会科学研究科修了。

現在，東京国際大学国際関係学部教授（国際政治学専攻）。法学博士。

著作に，『東アジア冷戦の起源――朝鮮半島分断の構図』（信山社，2002年），「朝鮮半島と日米安全保障条約――日米韓連鎖構造の形成」『国際政治』（日本国際政治学会編，第115号，1997年5月），「集団安全保障体制と朝鮮――トルーマン及びアイゼンハワー政権の朝鮮政策」『東京国際大学論叢』（国際関係学部編，第3号，1997年9月），「日韓関係の起点――曖昧なままに残された過去の清算」『日本学年報』（日本研究学会編〔韓国〕，第8輯，1998年12月）ほか。

池田慎太郎（いけだ　しんたろう）［第2章3，第4章］

1973年　愛知県生まれ。

筑波大学大学院博士課程社会科学研究科修了。

現在，広島市立大学国際学部助教授（戦後日本政治外交史専攻）。博士（法学）。

著作に，『日米同盟の政治史：アリソン駐日大使と「1955年体制」の成立』（国際書院，2004年），『池田・佐藤政権期の日本外交』（共著，ミネルヴァ書房，2004年），『安保条約の論理』（共著，柏書房，1999年）ほか。

大黒　太郎（だいこく　たろう）［第5章2・4］

1970年　香川県生まれ。

筑波大学大学院博士課程社会科学研究科満期退学。

現在，福島大学行政社会学部助教授（比較政治学専攻）。法学修士。

著作には，「統一ドイツ：政党システムの起源」『筑波法政』（第24号，1998年），「選挙制度の改編はなぜ成功したか？日本とイタリアにおける『政治改革』比較」『レヴァイアサン』（第25号，1999年），「2000年政権交代とオーストリア・デモクラシー：『連合形式』転換の政治過程」『レヴァイアサン』（第32号，2003年），ほか。

執筆者紹介

（執筆順，＊は編者）

＊広瀬　佳一（ひろせ　よしかず）[はじめに，第1章1・2，第5章1・3・5]
1960年　東京都生まれ。

筑波大学大学院博士課程社会科学研究科修了。

現在，防衛大学校人文社会科学群教授（国際政治史，ヨーロッパ安全保障論専攻）。法学博士。

著作に，『ポーランドをめぐる政治力学――冷戦への序章　1939-1945』（勁草書房，1993年），『ヨーロッパ分断　1943――大国の思惑，小国の構想』（中公新書，1994年），『ヨーロッパ変革の国際関係――「冷たい平和」への危機』（勁草書房，1995年），『ヨーロッパ国際関係史――繁栄と凋落，そして再生』（共著，有斐閣，2002年）ほか

＊竹中　佳彦（たけなか　よしひこ）[はじめに，第2章1・2，第6章，おわりに]
1964年　東京都生まれ。

筑波大学大学院博士課程社会科学研究科修了。

現在，筑波大学人文社会科学研究科助教授（政治学・日本政治論専攻）。法学博士。

著作に，『日本政治史の中の知識人』（上・下）（木鐸社，1995年），『現代日本人のイデオロギー』（共著，東京大学出版会，1996年），『現代デモクラシー論のトポグラフィー』（共著，日本経済評論社，2003年）ほか。

＊松岡　完（まつおか　ひろし）[第1章3，第3章，おわりに]
1957年　熊本県生まれ。

筑波大学大学院博士課程社会科学研究科修了。

現在，筑波大学人文社会科学研究科教授（アメリカ政治外交史専攻）。法学博士。

著作に，『ダレス外交とインドシナ』（同文舘，1988年），『ワールドカップの国際政治学』（朝日新聞社，1994年），『1961　ケネディの戦争――冷戦・ベトナム・東南アジア』（朝日新聞社，1999年），『ベトナム戦争――誤算と誤解の戦場』（中公新書，2001年），『20世紀の国際政治――二度の世界大戦と冷戦の時代』（改訂増補版）（同文舘，2003年），『ベトナム症候群』（中公新書，2003年）ほか。

平成15年6月30日　初版発行　《検印省略》
平成18年4月1日　4版発行　略称—冷戦史

冷　戦　史
—その起源・展開・終焉と日本—

編著者 ©　松　岡　　完
広　瀬　佳　一
竹　中　佳　彦
発行者　中　島　治　久

発行所　**同文舘出版株式会社**
東京都千代田区神田神保町1-41　〒101-0051
電話　営業03(3294)1801　振替00100-8-42935
編集03(3294)1803　http://www.dobunkan.co.jp

Printed in Japan 2003
印刷：中 央 印 刷
製本：イマヰ製本

ISBN4-495-46331-4